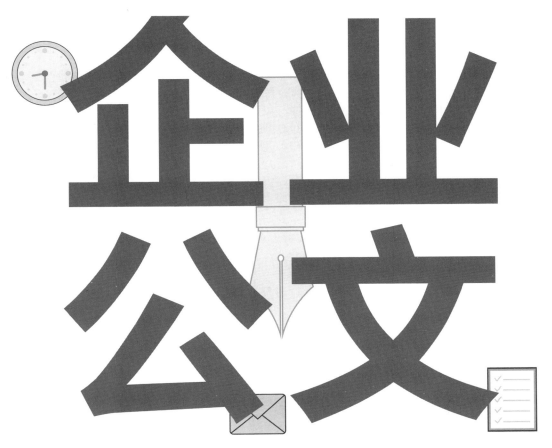

企业公文

写作技巧与范本精讲

罗　浩◎编　著

U0274519

清华大学出版社

北京

内 容 提 要

这是一本关于如何在工作中进行公文写作的工具书，全书通过"知识点＋范例精讲"的模式予以阐述。全书共 9 章，可以分为两个部分。第一部分（包括第 1 章）是公文写作的入门内容，主要介绍公文写作的基础知识、基本流程和技巧；第二部（包括第 2~9 章）分介绍了 8 种公文类型，包括行政类、规约类、总结类、契约类、沟通类、计划类、事务类以及公关类，并详细讲解了各类文书的不同写法。

本书定位于进入职场工作的人士，还可作为公文写作的参考教材，希望读者通过本书的学习能够更顺利、更流畅地进行公文写作。

图书在版编目(CIP)数据

企业公文写作技巧与范本精讲 / 罗浩编著 .—北京：清华大学出版社，2023.8
ISBN 978-7-302-64298-5

Ⅰ . ①企… Ⅱ . ①罗… Ⅲ . ①企业—公文—写作 Ⅳ . ① H152.3

中国国家版本馆CIP数据核字(2023)第139159号

责任编辑：李玉萍
封面设计：王晓武
责任校对：张彦彬
责任印制：刘海龙

出版发行：清华大学出版社

网　　　址：http://www.tup.com.cn，http://www.wqbook.com
地　　　址：北京清华大学学研大厦A座　　邮　　编：100084
社 总 机：010-83470000　　　　　　　邮　　购：010-62786544
投稿与读者服务：010-62776969，c-service@tup.tsinghua.edu.cn
质 量 反 馈：010-62772015，zhiliang@tup.tsinghua.edu.cn

印 装 者：天津鑫丰华印务有限公司
经　　销：全国新华书店
开　　本：170mm×240mm　　印　　张：17.25　　字　　数：332千字
版　　次：2023年10月第1版　　印　　次：2023年10月第1次印刷
定　　价：59.80元

产品编号：095973-01

前　言

编写目的

　　进入职场工作，除了要具备优秀的业务能力和专业技能外，职场人士还需要一定的公文写作能力，这在日常工作中却常常被忽略。其实，无论是行政岗位员工还是普通员工，都免不了公文写作。常见的公文类型有通知、制度、会议纪要、总结、聘书、商务函件、计划以及声明等，这些是工作中常用的文书。但在日常工作中，职工们很难系统地了解到不同公文的写作要点、书写格式，为此，本书通过不同的分类，介绍了各种不同的公文写作方法，可供读者借鉴学习。

本书内容

　　本书总共有9章，从公文写作入门，介绍公文写作的基础知识和技巧，到将工作中会用到的各种公文类型进行分类讲解，力求尽可能详尽地说明。全书主要分为两个部分，具体介绍如下。

部分	章节	内容
快速入门知识	第1章	该部分是公文写作的入门内容，介绍了公文写作的基础知识、基本流程和技巧，帮助读者对企业公文有一个基础的认识
各类公文写作与范例	第2～9章	该部分主要介绍了各种公文类型，包括行政类、规约类、总结类、契约类、沟通类、计划类、事务类以及公关类。每种公文类型列举了几个常用的文书，对文书的特点、写作格式以及注意事项展开分析，通过案例让读者看到文书的实际运用，其中对例文的解析能帮助读者很快抓到重点

本书特点

◎基础知识+范例展示

为了更详尽地解析公文写作，本书针对每类公文都分成两部分进行介绍，即基础知识和范例展示。基础知识部分主要对该种公文的特点、作用、基础格式和注意事项进行介绍；范例展示部分则选择有代表性的文书进行内容展示，让读者能直观看到例文的具体内容和格式。另外，也可通过扫码获取书中的范例文件进行学习。

◎范例精讲

范例精讲能够进一步对例文内容作出详细说明，帮助读者厘清行文逻辑，了解主要的写作项目，以及一些容易忽视的要点，避免读者无从下手或增加工作量。

◎小栏目用来补充知识点

为了丰富本书的内容与结构，编者特别增加了小栏目内容，灵活插入书中各处，补充各种公文写作的知识点。其中，很多内容都是实用且易被忽视的，读者能从中掌握更多技巧。

读者对象

本书主要适用于进入职场的员工阅读借鉴，尤其是行政岗位的员工对公文的使用频率更高。同时，该书还可作为公文写作的参考教材使用。

由于编者知识有限，书中难免出现纰漏或不足之处，恳请专家和读者不吝赐教。

编　者
2023年1月

扫码获取本书范例

目　录

第 1 章　企业公文书写快速入门

第 2 章　行政类文书写作与范例

第 3 章　规约类文书写作与范例

第4章　总结类文书写作与范例

第6章 沟通类文书写作与范例

第 7 章　计划类文书写作与范例

第9章 公关类文书写作与范例

第1章 企业公文书写快速入门

　　企业公文的类型很多，行文方式各有不同。在对不同公文类型深入了解前，我们首先应该对公文有基本的认识，包括写作的基本规则、基本流程和常用技巧。

认识企业公文
公文写作的基础知识
公文写作的基本流程
掌握公文写作的技巧

扫码获取本章课件

1.1　认识企业公文

一般我们说起公文时多是指政府性公文，即公务文书，是法定机关或其他社会组织在公务活动中具有法律效力和规范的文体。而在企业中，也会通过公文的形式来传递信息、处理事务，其中涉及的公文类型各不相同，为了能更好地运用企业公文，首先来简单认识一下企业公文的类别、特点、作用和表达方式。

1.1.1　企业公文的主要类别

企业公文一般是指企业在生产经营过程中使用的各种形式的书面材料，日常工作中我们一般用文件来指代企业公文。

根据不同的划分依据，可将企业公文分为不同类型，具体如下所示。

1. 依据功能分类

在企业事务中的不同公文，带给企业的影响是不同的。有的用于表彰员工，有的用于管理工作，有的用于传达上级意思等，根据公文的功能导向不同，有如下分类。

（1）**指导性公文**。有指导作用的公文，多是公司上级领导对下级员工发布的指示性文件，如制度、通知、指示等。

（2）**报告性公文**。用于报告相关工作的文件，多是下级员工向上级领导的行文，如报告、总结、简报等。

（3）**计划性公文**。为企业活动提供方向和设计的公文，一般在企业活动开始前拟制，对企业后续工作有很大影响，如计划、安排、方案、规划等。

（4）**交际性公文**。企业想要发展壮大，需要与各界建立良好的关系。交际性公文能发挥维持企业与各方联系的作用，无论是面对内部员工、客户，还是面对合作者，都要按规矩进行交往。交际性公文包括商务函、传真、请柬、声明等。

2. 依据属性分类

根据企业公文的不同属性，即正规性和严肃性，可将其分为三大类，如表 1-1 所示。

表 1-1　企业公文分类

分类	具体介绍
一般公文	结构简单、内容单一的文件，如会议记录、启事、聘书等
行政公文	企业内部普遍使用的正式文件，这类文件一般带有严肃性和权威性，适用于特定的场合和事件，如通告、通报等
事务公文	企业处理日常事务时使用的文件，常见的有规章制度、传真、会议纪要、计划、报告等

1.1.2　企业公文有哪些基本特点

企业公文在实际工作中使用广泛，作为各种信息的载体，其之所以能在各项事务中发挥作用，主要源于以下几个特点。

1. 实用性

企业的各种公务文书都是根据现实需要和具体问题而产生的文件，有着明确的写作目的，如交际目的、上下协调的目的、指导工作的目的等，在内容上十分重视实用性。

2. 规范性

企业公文虽然不似政府公文那样"丁是丁、卯是卯"，要求极为严格，但每个公文都有对应的格式，且较为固定，有约定俗成的，也有国家统一规定的。所以在书写企业公文时，我们不能自由发挥，而应依照规定的格式、字号进行书写，以便其他人员阅读、知悉。

3. 时效性

企业公文的基本作用是传递信息、解决实际问题，因此必须要讲究效率，需要在特定的时间内将信息或规定传递给相关人员。很多公文时过境迁后便不再有实际意义，变成一纸空文。

4. 针对性

公文写作不是私人写作，公文一定会传递出去，而传递的对象根据文种的不同会有差别，写作公文时需要采用特定的格式和语言风格，所以公文写作有着很强的针对性。

5.真实性

公文写作中陈述的内容和引用的材料必须是真实的，不需要进行艺术加工或运用各种修辞手法，以避免在传递的时候引起歧义，不能准确地表达意思。

1.1.3　企业公文的基本作用

企业公文使用广泛，在不同的场景中能够发挥不同的作用，具体有哪些作用呢？如图 1-1 所示。

指导作用	为了更好地指导下级工作，上级领导会通过公文的形式发布各种信息、意见，对企业各人员、各项事务提出要求，这样能保证企业内部分工明确，朝着共同的目标发展
约束作用	越是大型的企业，越需要在管理上严格要求，制定统一的规章制度，按照统一的标准规范员工的行为，最大限度地约束企业员工，避免出现懒散、推脱责任的情况
凭证作用	上级领导发布的公文可作为下级开展工作的依据，下级员工上报的公文可作为上级作出决策的依据。公文发布后都会进行存档，成为证明事件发生或资金往来的依据，帮助我们厘清责任
沟通作用	沟通可以说是公文最基本的作用了，可在上下级之间、外界与企业内部之间搭建桥梁，分享和反馈信息。可以一对一传递信息，也可以由个人向公众发布，形式多样
宣传教育	有的公文如通报、通告，能达到有效宣传教育的目的，为员工树立优秀榜样，或是对不良行为进行批评；而有些公文，如制度、章程，又能统一员工对工作的认知，增强其执行任务的自觉性

图 1-1　企业公文的基本作用

1.1.4　企业公文的表达方式

表达方式是传递内容的方法与手段，公文这种特殊的文种，所用的表达方式主要有 3 种——叙述、议论和说明。

1. 叙述

在生活中，所谓的叙述就是将事情的前后经过记载下来或说出来。进行公文写作时，几乎都会用叙述的方式将任务或情况的发展变化表述出来。叙述一般包括时间、地点、人物、事情的起因、经过、结果 6 个要素，书写者需要按照这 6 个基本要素呈现相应的内容。

公文叙述要求直截了当、平铺直叙、抓住主体、详略得当，尤其不需要情节的起伏和生动，或是设置悬念。正确的公文叙述方式如图 1-2 所示。

> ### 郑重声明
>
> 　　××市××车业有限公司是集两轮交通工具研发、制造、销售和服务于一体的高新技术企业，旗下有包括"××"在内的多个电动车品牌，目前已在全国建立了健全的销售和服务网络。
>
> 　　近期，我们发现某些不法厂商以"××"等名义，冒充"××"品牌，蓄意欺骗消费者，误导消费者购买其劣质电动车。为避免消费者上当受骗，维护××车业的合法权益，特发布以下声明：

图 1-2　声明文件

2. 议论

议论是一种主要的行文方式，对人或事物的好坏、是非等表示意见，要求论点明确、论据充分、论证周密。一篇或一段完整的议论，通常由论点、论据和论证 3 个要素组成。

公文中议论多被用于总结、调查报告、方案等文体，用说理的办法，以概念、判断、推理等逻辑形式，直接对客观事物进行分析、评论、证明。书写时要注意不能脱离实际，不带入个人情感，简洁明了地得出结果。举例如图 1-3 所示。

从上述预测指标可见，小额贷款公司的信用风险都控制在较低的风险水平内，同时贷款损失备充足率和资本充足率均较高，具有较强的风险控制和风险抵补能力，符合监管要求。

四、结论

国内经济特别是西部经济正处于高速发展期，相对落后的国内农村金融业将在政策的大力支持下迎来新的历史发展机遇，而且竞争和混沌状态的市场将为行业带来新的变局，农村金融市场新兴金融组织形式必将大量涌现，小额贷款公司正是其中之一。在此背景下，综合考虑和分析各种因素，在××省××县设立小额贷款公司，符合国家对农村金融改革的客观要求，可以更加主动地应对农村金融改革变局所产生的机遇与挑战。

图 1-3　可行性研究报告选段

3. 说明

公文中的说明即用简洁、准确的语言，将事物或事件解释清楚。书写时往往会用到各种表格资料或调查数据进行辅助说明，还要对一些规章制度或法律文书的条款进行解释说明。举例如图 1-4 所示。

三、拟投资设立公司的基本情况

1. 公司名称：××能源有限公司。

2. 出资方式：以自有资金现金方式出资。

3. 注册资金：人民币 20000 万元，其中公司认缴 4000 万元，占总股本的 20%；××新能源有限公司认缴 16000 万元，占总股本的 80%。

4. 注册地址：××市××区。

5. 拟从事的主要业务范围：××城市、××能源、新能源汽车充电设施、××停车场系统等业务。

上述事宜均以工商部门核准的最终批复为准。

图 1-4　企业投资议案选段

拓展贴士 *公文中的其他表达方式*

除了主要的3种表达方式外，公文中还会穿插一些图表。相较于文字，图表更加直观、引人注目，对于不同数据间的关系也能具象化，有利于阅读者理解、分析及判断，提高表达的精准度和效率。

1.2　公文写作的基础知识

公文写作具有严肃性与权威性，因此其格式布局、字体字号甚至如何用印，都有一般性准则。不了解这些基础知识，工作人员日常书写很难得心应手，还有可能导致文件版面混乱，增加阅读难度。

1.2.1　公文字体、标点的正确使用

公文写作中对字体字号有详细的规定，不似我们平常写作可以自行选择合适的字体字号。针对不同的公文内容，其所用字体字号有特殊的要求，具体如表1-2所示。

表1-2　公文字体书写要求

公文内容	字体样式	字号要求
标题	小标宋体	二号
密级、保密期限（文字）、紧急程度	黑体	三号
签发人姓名	楷体	三号
签发人（固定汉字）、正文	仿宋体	三号
抄送机关、印发机关、印发日期（文字）	仿宋体	四号
附件（固定汉字）、附件顺序号	黑体	三号
页码	半角宋体阿拉伯数字	四号

续表

公文内容	字体样式	字号要求
份号、保密期限（数字）	阿拉伯数字	三号
印发日期（数字）	阿拉伯数字	四号

虽然公文的字体字号有标准规定，但是在特殊情况下可以适当调整，如企业有特殊要求的，书写人应按照企业的要求行文。

公文中对标点符号的书写同样具有规范性要求，在日常书写中我们对标点符号的书写可能不怎么在意，但运用到公文中就极易出现不严谨的情况，因此更要多加注意。

我们可以从几个特殊的部分着手，对标点符号的运用规则进行了解，分别是标题、段落标题、主送机关以及抄送机关。

1. 标题

一般来说，标题是简短精悍的，很少用到标点符号。但在公文中很容易出现长标题，为了方便理解，可能会用到书名号、引号、括号、破折号和顿号等，有时根据需要，标题末尾还会使用问号或叹号。在标题中使用标点符号时，我们需要注意以下 4 点。

① 若标题中出现缩略语、特定称谓和活动名称等，可用引号标注。

② 对标题中需要解释说明或补充的语句，可通过括号和破折号进行标注，以免混乱。

③ 对标题中并列的名称、词组或短语，中间应用顿号隔开。

④ 若标题中出现规章名称、书名、报刊名、文件名或法律法规等内容，应用书名号标注。

2. 段落标题

对于篇幅较大的公文，需要分出不同的层次，才能展开全部内容，而不同的层级会有对应的段落标题，对各个方面的内容进行梳理和划分。

段落标题会分为一级标题、二级标题、三级标题和四级标题等，一般来说，四级标题就算较多的层级了。不同层级的段落标题所用序号格式不同，对应的标点符号也不同，应按照约定俗成的方式书写，如表 1-3 所示。

表 1-3 段落标题的标点符号

段落层级	标题格式	所用标点符号
第一层级	一、	顿号
第二层级	（一）	括号
第三层级	1.	英文句号
第四层级	（1）	括号
第五层级	① / 1）	无标点符号 / 单括号
第六层级	A. /（A）	英文句号 / 括号
第七层级	a. /（a）	英文句号 / 括号

对于段落标题中是否使用标点符号，尤其是句末是否使用句号，这个没有统一的规定。

3. 主送机关、抄送机关

主送机关、抄送机关是公文中特有的布局，有关该部分的标点符号的使用，应该遵循以下规则。

① 主送机关末尾用冒号，抄送机关末尾用句号。

② 有多个主送机关或抄送机关时，可用"，"或"、"进行间隔，用顿号表示同级单位或部门间的并列关系，用逗号表示不同层级单位间的并列关系，如"公司各部，××研发中心："。

拓展贴士 *常见标点符号使用不规范情况*

对于公文书写时常见的标点符号使用不规范的情况，书写者应该有所注意并规避，如下所示。

① 省略号（……）为横向居中排列的六连点，书写时容易出现点数多了或少了的误用情况，如"…"或"………"，这种不规范的标点符号要尽量规避。

② 省略号（……）与等、等等不能同时使用，选择其一即可表达省略意思。

③ 标有引号的并列成分之间、标有书名号的并列成分之间通常不用顿号。

1.2.2 企业公文的布局

企业公文由于文种不同，所呈现的形式也不同，因此书写者可以看到各种不同的公文布局，要想自如地开展公文写作，书写者首先要了解不同的公文布局。公文布局一般可以分为两大类，一是行政类公文布局，二是一般性公文布局。

1. 行政类公文布局

行政类公文布局与常说的红头文件布局差不多，是一种非常严肃规范的布局格式，常用于通知、通报、通告等公文类型。

下面通过图 1-5 和图 1-6 来直观地了解该公文结构，并通过批注对细节处进行掌握。

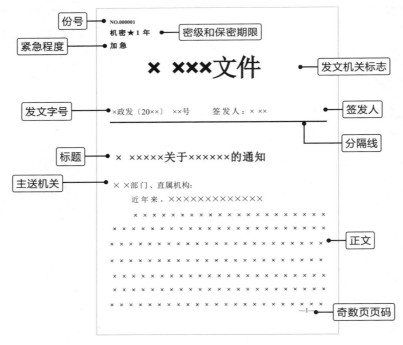

图 1-5 行政类公文首页布局

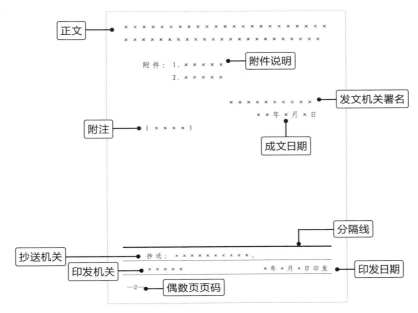

图1-6　行政类公文尾页布局

从整体来看，此公文结构可分为三大部分，具体如下所示。

◆ **版头部分**：该部分包括份号、密级和保密期限、紧急程度、发文机关标志、发文字号、签发人和分隔线（红色）。

◆ **主体部分**：该部分包括标题、主送机关、正文、附件说明、发文机关名称、成文日期、印章、附注和附件。

◆ **版记部分**：该部分包括分隔线、抄送机关、印发机关、印发日期和页码。

对于不了解红头文件或是日常没有接触过的人来说，可能会对以上公文结构的内容不甚了解，下面通过表1-4来详细了解各部分书写内容及其排版要求。

表1-4　行政类公文组成要素及其排版要求

组成要素		具体介绍	排版要求
版头	密级和保密期限	涉密公文依据保密法的规定按涉密程度标注"绝密""机密""秘密"，同时注明保密期限	密级和保密期限一般顶格编排在版心左上角第二行

续表

组成要素		具体介绍	排版要求
版头	份号	同一件公文印制若干份时，每份公文的顺序编号即为份号。份号并不是必要的，只有涉密公文一定要标注份号	份号一般用6位阿拉伯数字，顶格编排在版心左上角第一行（在"NO："之后）
	紧急程度	紧急程度是指公文送达和办理的时限要求，一般会在公文上标注"特急"或"加急"字样；在电报上标注"特提""特急""加急""平急"等字样	如需标注紧急程度，顶格编排在版心左上角。如需同时标注份号、密级和保密期限、紧急程度，需按照份号→密级和保密期限→紧急程度的顺序自上而下分行排列
	发文机关标志	发文机关标志是公文版头部分的核心，主要有两种形式：一是发文机关全称或者规范化简称加"文件"二字；二是发文机关全称或者规范化简称	发文机关标志一般用套红大字居中印在公文首页上半部，推荐使用小标宋体，字号应不大于上级机关的发文机关标志。联合行文时，可并用联合发文机关名称，主办机关排列在前，或单独使用主办机关名称
	发文字号	发文字号是指发文机关制发公文的编号，由机关代字+年份+发文顺序号+"号"字组成。如"×字〔2018〕12号""×政发〔2020〕41号"。多个机关联合行文时，只标注主办机关发文字号	发文字号编排在发文机关标志下空两行位置，居中排布。上行文的发文字号居左空一字编排，与最后一个签发人姓名处在同一行
	签发人	上行文应当标注签发人姓名，标注签发人应注意只标注姓名，不标注职务	居右空一字，编排在发文机关标志下空两行位置。如有多个签发人，签发人姓名按发文机关的排列顺序从左到右、自上而下依次均匀编排，一般每行排两个姓名，回行时与上一行第一个签发人姓名对齐，最后一个签发人姓名应与发文字号处在同一行并距红色分隔线4毫米

组成要素		具体介绍	排版要求
主体	标题	标题由发文机关名称、事由和文种组成，发文机关名称可省略	标题编排于红色分隔线下空两行位置，一行或多行居中排布，标题排列应使用梯形或菱形
	主送机关	公文的主要受理机关，应使用机关全称、规范化简称或同类型机关统称	编排于标题下空一行位置，居左顶格，回行时仍顶格
	正文	正文是公文的主体，用来表述公文的内容。公文首页必须显示正文	编排于主送机关名称下一行，每个自然段左空二字，回行顶格
	附件说明	公文附件的顺序号和名称（若公文存在两个或两个以上附件，需要在公文正文之后标注附件的序号和名称）	① 如有附件，在正文下空一行左空二字位置编排"附件"二字，后标全角冒号和附件名称。 ② 使用阿拉伯数字标注附件顺序号，如"附件：1.×××××"。 ③ 附件名称后不加标点符号。 ④ 附件名称较长需回行时，应与上一行附件名称的首字对齐
	发文机关名称	署发文机关全称或规范化简称，且应与标题中的发文机关名称一致	① 单一机关行文时，发文机关名称在成文日期之上、以成文日期为准居中编排。 ② 联合行文时，应将各发文机关署名按发文机关顺序整齐排列在相应位置，并使印章加盖其上。 ③ 不加盖印章的公文，单一机关行文时，在正文（或附件说明）下空一行右空二字编排发文机关署名；联合行文时，应先编排主办机关署名，其余发文机关署名依次向下编排
	成文日期	成文日期是公文的生效时间。联合行文时，署最后签发的机关负责人签发的日期	成文日期一般右空四字编排，加盖签发人签名章时，在签发人签名章下空一行右空四字编排成文日期

续表

组成要素		具体介绍	排版要求
主体	印章	公文中有发文机关署名的，应当加盖发文机关印章，并与署名机关相符	① 单一机关行文时，印章端正、居中下压发文机关署名和成文日期，使发文机关署名和成文日期居印章中心偏下位置，印章顶端应上距正文（或附件说明）一行之内。 ② 联合行文时，印章之间排列整齐、互不相交或相切，每排印章两端不得超出版心
	附注	对公文需要注意的事项加以说明，主要标注公文的发布层次、印发传达范围	如有附注，居左空二字加圆括号编排在成文日期下一行
	附件	公文正文的说明、补充或者参考资料	① 附件应另面编排，并在版记之前与公文正文一起装订。 ② "附件"二字及附件序号顶格编排在版心左上角第一行。 ③ 附件标题居中编排在版心第三行
版记	抄送机关	除主送机关外需要执行或者知晓公文内容的其他机关	如有抄送机关，在印发机关和印发日期之上一行，左右各空一字编排
	印发机关和印发日期	公文的送印机关和送印日期	① 编排在末条分隔线之上，印发机关左空一字，印发日期右空一字。 ② 版记中若需书写其他要素，应将其与印发机关和印发日期用细分隔线隔开
	页码	公文页数顺序号	编排在公文版心下边缘之下，数字左右各放一条一字线。单页码居右空一字，双页码居左空一字

拓展贴士 *行政类公文布局注意事项*

除了表 1-4 所示的排版要求外，还有以下几点容易被忽略的排版注意事项。

① 虽然行政类公文布局规范，但在企业中实际运用时，会对有些部分进行省略或改变，有些结构简单的公文就只有标题、主送对象、正文和落款 4 个部分。而有的企业会编制特殊的发文字号，这些都是可变通的。了解了基本布局后，变通起来就更游刃有余了。

② 版头中的分隔线即于发文字号下 4mm 处印一条与版心等宽的红色分隔线，其高度一般不小于 0.5mm。

③ 版记中的分隔线与版心等宽，首条分隔线和末条分隔线用粗线（0.35mm），中间分隔线用细线（0.25mm）。首条分隔线在版记中第一要素之上，末条分隔线与版心下边缘重合，各要素之间均加一条细分隔线隔开。

2. 一般性公文布局

一般性公文布局是指制度、会议纪要、信函、传真、申请书等公文文种的布局，这些公文的布局结构多样且不统一，大致有以下一些常见结构。

- ◆ 标题＋主送机关＋正文＋落款。
- ◆ 标题＋正文＋落款。
- ◆ 首部＋正文。
- ◆ 标题＋正文。
- ◆ 标题＋日期＋正文。
- ◆ 信头＋正文＋信尾。

在后面的章节中，将通过案例的形式，详细分析各种公文的结构，这里简单了解即可。

1.3　公文写作的基本流程

由于公文的特殊性，其写作要求更加严格，因此书写者应按相应的步骤，有序完成写作任务。一般来说，可通过以下 4 个步骤完成公文写作：包括前期准备、整理材料、拟写提纲以及审核定稿。下面一起来了解具体内容。

1.3.1　前期准备

公文写作是一件非常正规的工作任务，所以不能随意下笔或是边写边改，书写者应做好前期准备，有规划地完成写作任务。

首先，书写者应该问自己 3 个问题："我要写什么？""为了什么要写公文？""写给谁看？"确定写作目的、写作内容和写作对象，是书写者的首要任务。其次，书写者可罗列写作主题要素，简单分析，为自己提出方向，主要从以下几点入手。

- ◆ **写作主旨**：写作主旨是公文的核心内容，整篇公文都是围绕主旨内容展开的。常见的写作主旨有"解决员工差旅费报销问题""周年庆活动策划""招聘设计方面的人才"等。
- ◆ **文种**：依据写作主旨和上级要求确定文种，如汇报工作多为报告、总结、简报；公布事情多为通告、通知。
- ◆ **发送范围和受文对象**：由于公文的阅读对象不同，选择文种也会有差别。有的向上级发送，有的向下级发送，有的向公众发送，只有事先确定才能选择上行文或下行文，在用词方面也会特别注意。
- ◆ **发文目的**：发文目的即通过此篇公文想要达到的效果，或是希望受文对象学习、了解、回复、执行、参考相关内容，做好后续工作。

1.3.2　整理材料

收集资料是为了在书写时更好地利用资料，充实公文内容，且无须浪费时间临时查找，影响写作思路。想要找到需要且适用的资料，合适的渠道非常重要，常见的可利用的渠道包括内部渠道和网络渠道两种。

① **内部渠道**。企业内部储存着大量的资料文件，如历年的报告、法律文书、统计表格等，涵盖企业的各项业务，可以满足基本的资料利用需求。

② **网络渠道**。若是内部资料不能满足书写需求，那么书写者可在网络上搜寻，从专门的网站、论坛寻找到海量的资讯。

除此之外，书写者还可以从行业人脉、个人收藏文件夹入手，获取更多有效的行业资讯，帮助写作。

收集资料后，书写者还需对资料进行整理，才能有效利用。如何整理资料也是公文写作必备的一项技能，主要经历4个阶段，如表1-5所示。

表1-5 整理资料的4个阶段

阶段	具体介绍
筛选	收集的资料若是很多，便要筛选一遍，剔除无用或价值微小的资料。筛选时最忌犹豫不决，留着那些作用微小的资料，增加自己的工作量，书写者应该将目光聚焦在核心资料上，充分利用核心资料
分类	为了方便查找，也为了给资料定性，分门别类是很好的办法。每个人都有自己的分类习惯，可以按文字、图表、声像进行分类，也可以按重要资料、次要资料分类，还可以按日期分类等
删减	材料分类后需要进一步分析和加工，删减掉冗余的部分，取其精华，得到真正有价值的内容
汇总	若是收集的资料很多，可以给资料编号，做好统计汇总，对一些重要资料应加上特殊标记，便于之后使用

1.3.3 拟写提纲

书写公文时，尤其是篇幅长的公文，没有纲领就很容易越写越混乱，最后变成一团乱麻。有了提纲，就能框定写作方向，并提示我们下一步写什么内容。那么如何拟写提纲呢？

拟写提纲有一个基本原则——从大到小，先提出粗纲，再细分细纲。具体可分为以下两种情况。

◆ 对于篇幅不长的公文，可大致划分几个大的结构，列出先写什么，依次再写什么。

◆ 篇幅较长的公文，首先要分出几个核心内容和观点，然后针对每一部分细分几个问题……以此类推，确定各大小问题的题目和要点。

提纲就像标题一样，不需要太多文字，简短精练更突出醒目，且不需要在文字上过多推敲。拟写提纲能够帮助书写者构思公文内容、结构与层次，完成提纲后，书写者会豁然开朗。如下所示为某企业年度工作计划的提纲，主要分为 3 个部分。

一、完成年营销任务，工程进度不脱节

1. 实行置业任务分解，确保策划代理合同兑现

2. 合理运用广告形式，塑造品牌扩大营销

3. 努力培育营销队伍，逐步完善激励机制

二、全面启动招商程序

1. 结合医药市场现状，制定可行的招商政策

2. 组建招商队伍，良性循环运作

3. 明确招商任务，打好运营基础

4. 做好物流营运打算，合理有效适时投入

三、以开发员工潜能为前提，不断充实企业发展基础

1. 充实基础工作，改善经营环境

2. 充实各类人才，改善员工结构

拟写提纲的过程当然不可能顺顺当当，而是需要反复修改、删减、添加，才能确定最后的提纲。

1.3.4　审核定稿

拟制好提纲后，就可以着手起草公文了，不过，书写者行文时还要注意以下 3 点内容。

资料与观点统一。根据收集的资料得出相应的观点，互相印证，让内容更有逻辑，更具参考性。若是出现材料与观点相互矛盾的情况，那么整篇公文的观点就无法体现。

文种与表达方式相符。在前面说过公文主要有 3 种表达方式——议论、叙述、说明，不同的文种要采用相应的表达方式，才能更好地输出内容，如通知类公文应按说明的方式来书写。

参考他人意见。公文书写虽然是个人的任务，不过企业内部的各项工作会牵涉不同的部门和人员。适当征询他人的看法和意见，能帮助书写者建立一个大的视角，完善个人的不足。

初稿完成后，离最终定稿还差关键一步，即审核修改。重要的文件常常要经历反复的确认、校对，可从表 1-6 所示的几个方面展开校对。

表 1-6　校对要点

要点	具体介绍
主题	对主题进行最后确认，审核标题是否紧扣主题，正文表述是否与各层标题一致，表述观点是否与主题相关
文字	检查文中的错别字及不标准的标点符号，理顺语句，确保公文内容表述准确。检查各项要素的内容是否正确，如时间、地点、人、物发文和受文对象，序号数字是否连贯等
结构	检查行文结构是否有前后逻辑，修补逻辑漏洞
版式	审核公文的字体格式、成文时间，确保整体版式符合要求

1.4　掌握公文写作的技巧

很多人刚开始进行公文写作时总是不得要领，需要经过长时间的摸索，其实，若能掌握一些公文写作的技巧，书写者便可快速步入正轨。

1.4.1　企业公文标题的形式

公文标题虽然占全文的篇幅很少，但却有总领全文的意义，因此，书写者应重视对标题的编写。首先明确标题的构成，其次规范标题排版。

1. 标题的构成

公文标题的基本框架有以下几种。

◆　发文机关名称＋事由＋文种。如××公司批转××公司第一分公司关于安全质量检查方案的通知。

- 会议名称＋事由＋文种。如"公司研讨会会议纪要""公司安全专题会议纪要"。

- 事由＋文种。如"'阅读文化经典 共建书香企业'捐书活动计划书""设备采购询价函"。

- 时间（多指年份）＋事由＋文种。"2022年第2季度××抽查情况通报""关于表彰2022年度公司优秀员工、优秀新人的通报"。

- 文种。如"通知"。

企业公文不似政府公文那样要求苛刻，但基本的标题框架还是要遵循的，不应省略的要素要展示出来，便于阅读者一眼了解全文内容，也有利于传阅。

2. 标题的排版

通常来说，标题都是居中排列在正文上方。若是正文内容丰富，提炼标题时就会出现过多要素，导致标题太长不能在一行显示，在特殊情况下，标题要2行或是3行才能完全显示。

这时，标题的排版就需要统一规范，当然第一原则是居中排列。其次，回行时不能割裂词组，避免导致词义错误。长标题可分为两种排列形式——双行式和多行式。

1) 双行式

若是标题能分作2行展示，会出现上下等长、上短下长和上长下短3种排列样式，如表1-7所示。

表1-7　2行标题的不同样式

样式	具体展示
上下等长	公司2022年上半年 安全生产工作总结
上短下长	××装饰工程集团有限公司 2022年度区域分公司管理实施办法（试行）
上长下短	关于规范电动车停放充电 加强火灾防范的通告

2）多行式

多行式标题一般分作上、中、下 3 行，很少出现多于 3 行的情况，可以忽略不计。3 行标题的排列方式有 3 种，如表 1-8 所示的。

表 1-8　3 两行标题的不同样式

样式	具体展示
正梯形	×× 集团公司 第 × 届第 × 次 职工代表大会筹备方案
倒梯形	关于拟注销北京 ×× 通信投资有限公司 等 5 家企业跨地区增值电信业务 经营许可的公示
上下短、中间长	坚定信念　开拓进取 为推动 ×× 公司战略调整 快速发展而努力奋斗

拓展贴士 *编写标题的注意事项*

除了注意标题的框架与排列，书写者还应注意以下两点内容。

① 尽量缩减标题，标题越精练，主题越明确。一般来说，应避免标题过长，一行能够展示完全是最好不过的。

② 不能随意省略标题要素。虽然书写者不追求"标题过长"，但也要从标题内容中向阅读者传递关键的信息，这也正是标题的意义所在。

1.4.2　公文写作常见的开头

公文的开头往往不需要铺垫，而是开门见山总领全篇。常见的公文开头方式有目的式、原因式、概述式、致意式和时间式 5 种，如表 1-9 所示。

表 1-9　5 种公文开头方式

方式	具体展示
目的式	常以"为了"等开头，例如： 为了全面提升公司全员的职业素养、岗位技能及综合能力，加强团队建设和企业文化建设，经公司研究决定，由××组织，全公司各部门通力配合，特举办此次培训活动，现将培训相关事宜通知如下
原因式	常以"鉴于""由于""随着"等开头，例如： 鉴于公司目前区域性发展业务扩大，区域分公司有效的管理控制是目前面临的一大难题，能否及时有效地将区域分公司相关问题反馈至总部成为关键点。目前建议公司拟采用"统分结合"、弹性授权的管理模式进行局部调整和完善，特编制以下试行办法，希望通过大家的共同探讨，力争找出一条符合公司发展的思路
概述式	常以事件本身直接展开，平铺直叙，不拖泥带水，例如： 兹通告 ×× 控股有限公司（以下简称"本公司"）谨定于 ×××× 年 ×× 月 ×× 日（星期一）上午 10:00 举行股东周年大会，借以处理以下事项
致意式	常以打招呼的形式开篇，更为日常，就像与人面对面沟通一样，此类公文的受文对象一般是多人或大众，例如： 各位董事、各位来宾、各位同事： 大家下午好！ 光阴似箭，岁月如梭，不知不觉之间 ×××× 年又过去了，这不是普通的一年，是公司逆势上扬、快速发展的一年。面对中国经济进入新常态、经济增速放缓、行业产能过剩、市场竞争异常激烈的复杂形势，许多企业停产歇业，而我们公司在各位员工的共同努力下，在众多合作伙伴的支持下，取得了产量增高、品质提升、成本下降、销售增长、利税增加的不菲业绩
时间式	常以"最近""近期""近年来"等开头，例如： 近期，我们发现某些不法厂商以"××"名义，冒充 ×× 品牌，蓄意欺骗消费者，误导消费者购买其劣质电动车。为避免消费者上当受骗，维护 ×× 车业的合法权益，特发布以下声明

1.4.3　公文写作常见的结尾

公文结尾会随着文种和内容的不同发生变化，主要有专用语结尾、号召式结尾、小结式结尾以及希望式结尾 4 种，具体介绍如下所示。

1. 专用语结尾

由于公文文种的特殊性，在结尾时，一定要采用符合规范的专门用语，以显示正规性。常见的有：

◆ 以上请示，妥否，请批示。

◆ 特此表彰。

◆ 特此声明。

◆ 特此函告。

◆ 特此函复，顺颂商祺。

2. 号召式结尾

号召式结尾带有鼓舞士气、提高团队凝聚力的目的，一般出现在工作总结、工作汇报中，模式如下：

让我们 ×××××××××××××××××××××××××××××××××××××，一起 ××××××××××。

3. 小结式结尾

小结式结尾即专门在公文内容结束后，另外添加一个板块，对全文的内容做概括总结。模式如下：

小结

×××。

4. 希望式结尾

希望式结尾，即在结尾处要提一些希望和要求，对后面工作有所安排，一般在计划、安排、规划等公文中出现。模式如下：

×× 是 ××，希望 ××。

1.4.4　掌握公文结构的模式

一般我们说公文结构，多是指公文的正文结构。文种不同，选用的内容结构也不同，像通知、信函、声明类的公文多用全文贯通式结构；总结、计划、意向书类的公文多用全面分块式结构；会议纪要、细则、规则类公文多用撮要分条式结构；而规章制度类公文多用条款式结构。如图 1-7 所示为 4 种常见的公文结构。

全文贯通式

×××××

〔201×〕第×号

×××：

　　××××××××××××××××××××
××××××××××××××××××××××
××××××××××××××××××××××
××××××××××××××××××××××
××××××××××××××××××××××
××××××××××××××××××××××
××××××××××××××××××××××
××××××××××××××××××××××
×××××××××××××××。

　　　　　发文机关、单位：××
　　　　　××××年××月××日

全面分块式

×××××

〔201×〕第×号

×××：

　　××××××××××××××××××××
××××××××××××××××××××××
　　一、×××××××××××××××××
××××××××××××××××××××××。
　　二、×××××××××××××××××
××××××××××××××××××××××。
　　……

　　　　　发文机关、单位：××
　　　　　××××年××月××日

撮要分条式

×××××

××××××××××××××××××××××
××××××××××××××××××××××
××××××××××××××××××××××
　　一、×××××××××××××××××
　　1. ××××××××××××××××××。
　　2. ××××××××××××××××××。
　　……
　　二、×××××××××××××××××
　　1. ××××××××××××××××××。
　　2. ××××××××××××××××××。
　　……

　　　　　发文机关、单位：××
　　　　　××××年××月××日

条款式

××××××

　　　　第一章 ××××
　第一条 ××××××××××××××××××
　第二条 ××××××××××××××××××
　　……
　　　　第二章 ××××××
　第×条 ××××××××××××××××××
××××××××××××××××××××××。
　第×条 ××××××××××××××××××。
　　……
　　　　第三章 ××××
　第×条 ××××××××××××××××××
　第×条 ××××××××××××××××××。
　　……

　　　　　发文机关、单位：××
　　　　　××××年××月××日

图 1-7 公文结构模式

1.4.5　企业公文的编写思路

进行公文写作一定要形成自己的思路，不同的思路可以体现不同的逻辑结构，清晰地表达公文内容。不同的文种和写作目的，内在的构思逻辑是不同的，书写者只有了解并熟悉本质的东西，才算会写公文。常见的公文编写思路有以下几种。

1. 总分思路

总分思路是日常写作中常见的一种，背后的逻辑简单明晰，这种结构还有总分总、分总、分总分等几种变式。

◆ **总**：中心意思，想表达的第一层意思。

◆ **分**：分层叙述。

总体来说，总分思路就是表示总叙和分述的关系的结构方式。开头提出论点，中间若干分论点，结尾总括论点（或重申论点，或总结引申），几个分论点之间可以是并列关系、层递关系、对比关系等，但不能是包含关系或交叉关系。

2. 因果思路

因果思路，即利用公文构成要素之间的因果逻辑关系对公文内容进行组合，形成公文结构形式。在此逻辑下，公文可分为"因"与"果"两项要素，指代公文中的不同内容。

◆ "因"是指制发公文，或列出提出要求，或事项现状的缘由，包括目的、背景、事实（时间、地点、人物、问题）、理论数据（上级指示、规条、官方数据）等要素。

◆ "果"是指公文中的具体事项，主要包括实施政策、建议、要求、执行措施等要素。

因果思路的写作要点在于"因"与"果"的连接，主要有两种展现方式，显性和隐性。

显性展现因果，即通过过渡语句或是逻辑关联词突出因果关系，如"为此，做以下改进××××""特此通告如下××××"。

隐性展示不靠语言，而是靠内容连接，一般将原因与结果分段展示，第一段讲原因，后面几段讲结果，或加上小标题辅助，赋予内容内在逻辑。

3. 并列思路

并列思路的逻辑性没有总分思路和因果思路那样强，主要是将主题内容进行整理，并列展示，通过序号理顺，在通知、制度、会议纪要等公文中运用最多。

4. 递进思路

递进思路即通过由浅入深、由表及里的方式阐述复杂的问题和事项，说明较为复杂的关系。公文中递进思路的运用形式主要有以下两种。

◆ 提出问题→分析问题→解决问题。

◆ 由浅入深认识问题。

1.4.6 企业公文的行文规则

企业公文行文规则是指公文往来时各发文机关和受文对象需要共同遵守的制度和原则。进行公文书写，必须正确认识行文关系、行文方向、行文方式及行文规则。

1. 行文关系

行文关系是指依照机关职权范围和组织系统确定的各机关之间、机关内部的公文往来关系，是收发文单位之间组织、业务等工作关系在文件运行中的体现。行文时书写者应依据不同的行文关系采用相应的行文方向与行文方式。行文关系一般包含如下4种。

◆ **上下级关系**：领导和被领导的关系，如总公司和分公司之间便是上下级关系。这种关系常使用上行文或下行文，且一般逐级行文，不能出现越级行文的情况，涉及指示、决定和报告等文体。

◆ **平级关系**：同等级别的关系，如总公司下属的各个分公司之间都是平级关系，主要涉及计划、契约协议和书信类文体。

◆ **隶属关系**：同一垂直组织系统中存在直接职能往来的上下级机关之间

的关系，一般使用上行文或下行文。

◆ **非隶属关系**：即不是同一垂直系统、不发生直接职能往来的机关及其部门、单位之间的关系，如公司内部各个职能部门之间，不论是相同级别还是不同级别，其行文都要通过平行文，如"函"进行协调。

2. 行文方向

简单来说，行文方向就是文件发送的去向。单位根据不同的行文关系和行文目的，选择不同的行文方向。一般可分为上行文、下行文、平行文和泛行文 4 种。

◆ **上行文**：向上级机关单位运行。

◆ **下行文**：向下级机关单位运行。

◆ **平行文**：向同级单位或不相隶属的单位运行。

◆ **泛行文**：指公文既向上级单位、下级单位和平行单位运行，又向不相隶属的单位运行，方向不定。

3. 行文方式

行文方式是根据行文关系、行文方向以及公文性质、效力范围等多种因素而确定的公文发布、传递的层次与形式。行文方式依据不同角度可以有不同的分类，如表 1-10 所示。

表 1-10　行文方式分类

不同角度	分类	具体介绍
发文单位个数	单独行文	只有一个单位署名发出的公文
	联合行文	由两个或两个以上平行单位联合署名发出的公文
行文对象的主次	主送	行文单位直接向与行文内容关系最密切、需主要负责受理或贯彻执行的单位行文
	抄送	行文单位在主送的同时，向需要执行或知晓行文内容的其他单位行文

不同角度	分类	具体介绍
公文的发送、效力范围	逐级行文	为了维护正常的领导关系，有隶属关系或业务指导关系的机关之间应基本采取逐级行文的方式，逐级上报或下发文件，即只对直属上一级机关或下一级机关制发公文，如果需要，再由上一级或下一级机关转发
	多级行文	为加快公文传递，在必要时可采取同时向若干层级的上级机关或下级机关一次性行文
	越级行文	发文单位越过自己的直接上级或直接下级，向非直接上级或非直接下级行文。为了维护组织或专业系统中的合理分工和正常的工作秩序，防止工作上的脱节、被动或抵触，一般情况下避免越级行文
	直达行文	与广大群众（基层）直接见面的公文

拓展贴士 *越级行文的特殊情况*

一般来说，越级行文是不提倡的，但在某些特殊情况下也可允许。

① 发生了严重紧急情况。

② 直接上级单位的上级单位越级交办某些事项，同时指令越级上报的。

③ 询问只有直接上级单位的上级单位才能答复的某些重要问题或事项，且这些问题和事项与直接上级单位没有任何联系的。

④ 数次向直接上级单位行文请求解决某项工作中急需解决的问题，但是直接上级单位长期不予解决，以致对工作或即将对工作产生严重的负面影响的。

⑤ 经过多次请示直接上级单位，长期没能得到解决的问题。

4. 行文规则

为了保证公文的规范性，正常有效的行文应当遵循以下普遍适用的基本规则。

1）联合行文规则

同级部门与部门之间可以联合行文，既可联合向上行文，也可联合向下行文。同时要注意以下两点。

① 就某些互相有关的业务，经过会商一致后联合行文。

② 联合行文应明确主办部门。

2）请示规则

进行请示的公文，需要遵循以下 3 项规则。

（1）**一文一事**。部门分工明确，各自处理职责范围内的事，一文一事可方便上级判断、批复。如果一文数事，必然涉及多个主管部门，给公文交办带来困难，即使勉强交办出去，可能谁也不愿牵头办理，造成互相推诿的情况。

（2）**请示公文只主送一个单位**。主送机关有责任对请示内容研究并作出答复，相关部门采用抄送形式，以便主办机关征求意见或会签。如果多头呈送，上级机关一般不予受理。

（2）**不同时抄送下级机关**。请示内容是未决事项，在上级机关还没有批准前，向下级机关抄送透露，会引起不必要的误会或矛盾，不利于工作的开展。因此，请示事项只能在上级机关答复或批准之后，再通知下级机关。

3）**报告规则**

报告是向上级部门汇报工作，反映情况，或向上级机关提出意见、建议，上级部门对报告一般不作 答复，所以报告中不得夹带请示事项，很容易误事，且不作越级报告。如果既想汇报工作，又想请示上级解决问题，有两种解决办法：

一是将“报告”和“请示”分开，形成两份公文分别上报。

二是以请示公文为主，将报告的内容作为附件，附在请示后面作为背景材料，让上级了解请示的充分理由。

4）**抄送规则**

公文行文的过程中若涉及抄送，需要区分下行文抄送和上行文抄送，对应的规则如表 1-11 所示。

表 1-11　抄送规则

分类	规则
下行文抄送	向下级单位行文，或是本单位的重要行文（包括撤换下级单位的主要领导人、增设重要机构、审批大型建设项目和进行重要的涉外活动等），应同时抄送直接上级单位。 上级单位向受双重领导的下级单位行文，必要时应抄送给其另一上级单位。如某公司仓管部门既受公司领导，也受生产部门领导，当公司要向仓管部行文时，需同时抄送生产部门
上行文抄送	上行文不得抄送给其下级单位，受双重领导的单位向上级单位行文的，应写明抄送单位和主送单位

扫码做习题

扫码看答案

第2章 行政类文书写作与范例

　　行政类文书多是企业管理层和行政部发布的各类指示性公文，对员工工作要点做出要求，或是对有关事项进行表扬或批评。此类文书需要注意语言的逻辑性，对背景结果的阐述清晰有理。

通知

通告

通报

扫码获取本章课件

2.1　通知

通知，是运用广泛的知照性公文，是向特定受文对象告知或转达有关事项或文件，让对象知道或执行的公文。适用于发布规章制度，转发上级机关、同级机关和不相隶属机关的公文，批转下级机关的公文，任免和聘用人才、要求下级机关办理某项事务等。

2.1.1　通知的特点与适用范围

1. 通知的特点

通知是我们日常工作中经常可以看到的，在企业布告栏、学校、公共场所都能看见。通知的应用极为广泛，具有多种功能特性，具体有以下一些特点。

1）指示性

由于通知多用于发布上级单位指示，具有下行文的特点，所以自带指示性，下级单位和群众可按通知的内容和消息安排有关工作。

2）中转性

通知可用来批转有关工作信息，且行文方向更加自由，具体可分为3种情况：一是上级转下级；二是下级转上级；三是平级转发。

3）泛向性

通知既可以普遍告知，也可以特定告知，其受文对象可以是一个人，也可以是大众，面向大众的通知可以没有主送机关。

4）简短性

一般来说，通知仅围绕一个事项进行写作，所以内容比较精简，篇幅不会很长。为了保证通知信息能被受理对象理解，书写者在行文时要懂得提炼关键信息，删除多余的细枝末节，将通知的发布缘由、具体的通知事项和相关的执行要求以简明扼要的语言概述即可。

2. 通知的适用范围

根据适用范围的不同，可以将通知分为六大类。

（1）**发布性通知**。用于发布行政规章制度及党内规章制度。

（2）**批转性通知**。用于上级机关批转下级机关的公文给所属人员，让他们周知或执行。

（3）**转发性通知**。用于转发上级机关和不相隶属的机关的公文给所属人员，让他们周知或执行。

（4）**指示性通知**。用于上级机关指示下级机关如何开展工作。

（5）**任免性通知**。用于任免和聘用干部。

（6）**事务性通知**。用于处理日常工作中带事务性的事情，常把有关信息或要求用通知的形式传达给有关机构或群众。

2.1.2　通知的一般格式

通知一般由标题、主送单位（受文对象）、正文和落款 4 个部分组成。各组成要素的写法如下所示。

1. 标题

通知的标题采用公文标题的常规写法——发文机关＋主要内容＋文种。多数时候也可以省略发文机关，由主要内容＋文种组成标题，如"关于进一步规范集团日常公文管理的通知"。

发布规章的通知，所发布的规章名称要在标题的主要内容部分出现，并使用书名号。如"关于《××互助基金管理办法》的通知"。

批转和转发文件的公文，所转发的文件内容要在标题中出现，但不一定使用书名号。如"关于印发 2022 年度公司行业评级结果的通知""关于印发 ×× 有限公司采购管理制度的通知"。

2. 主送单位（受文对象）

通知的发文对象广泛，对应的主送机关较多，由于级别、名称不同，主送机关的称法和排列也会变得复杂。因此，要注意主送机关排列的规范性，尤其要注意并列关系和从属关系。

3. 正文

通知的正文主要包括通知缘由、通知事项和执行要求三大内容，分别做如下介绍。

1）通知缘由

不同类型的通知，写作缘由会有所差别，如表 2-1 所示。

表 2-1　通知缘由的不同侧重

类型	区别
发布指示、安排工作的通知	该部分的写法跟决定、指示很接近，主要用来表述有关的背景、根据、目的、意义等
晓谕性的通知	可采用根据与目的相结合的开头方式，或以"为了"领起的"目的式"开头方式
批转、转发文件的通知	可在开头表述通知缘由，但多数以直接表达转发对象和转发决定为开头，无须说明缘由
发布规章的通知	多数情况下无明显的开头部分，一般情况下也不交代缘由

2）通知事项

通知事项是正文的主体部分，表达有关的指示内容、工作安排、提出的方法、解决措施等，内容复杂的事项需要有条理地组织并逐一分条列款。

3）执行要求

发布指示、安排工作的通知，可以在结尾处提出贯彻执行的有关要求。如无必要，可以没有这一部分。

其他篇幅短小的通知，一般无须设专门的结尾部分。

4. 落款

通知的落款内容一般包括发文机关和成文日期两大要素，有时会覆盖上机关单位的印章，体现权威性。

2.1.3　通知范例解析

通过前面的介绍，相信书写者对通知这种公文类型有了一定的了解，下面通过几种常见的通知范例，对通知的行文特点进行详解。

1. 指示性通知

指示性通知是上级对下级的工作进行部署、指示与指导的一种公文，内容较为重要、丰富，一般要求说明工作背景、工作内容与工作要求。

范例精讲｜关于进一步规范公司公文处理工作的通知

范例内容展示

关于进一步规范公司公文处理工作的通知

各全资及控股企业、项目办，机关各部门：

近年来，集团公司公文处理规范化、制度化和信息化水平不断提高，总体上满足了企业发展和工作开展需要，但仍存在明显不足，特别是一些单位和部门对公文处理的重视程度不够，一些工作人员的公文处理业务能力不强，导致公文质量不高、公文格式不当、文种应用不准现象较为普遍，公文处理流程不严谨、紧急重要文件办理不及时、公文整理归档不规范问题时有发生。

为进一步提高公文质量和办理效率，根据《党政机关公文处理工作条例》等有关规定，针对常见问题，现就进一步规范公文处理工作通知如下：

一、规范发文管理

（一）严格公文上报。上行文一律由主要领导签发，并标明签发人，请示件须标注联系人及联系电话。送签前，一般应报请分管领导会签。二级机构主送集团的公文，原则上通过 OA 系统向集团办公室报送，文种除特殊情形外限于"报告""请示""意见"，请示件应提前与集团对口职能部门对接。

（二）合理选用文头。集团文头主要分为正式和信函式两类，其中对二级机构的批复、日常会议或事务性通知，原则上采

用信函式文头。二级机构发文主要为正式文头，比照集团样式制作。

（三）统一公文抬头。集团下发的文件，主送机关依照性质分为机关部门、项目办、企业三类，根据具体情形厘定。二级机构上报集团的行政文件，抬头统一为"××集团"，报集团工会等的文件以此类推。

（四）严守格式要求。集团公文字体、行字间距、附注等严格执行《党政机关公文格式》。二级机构公文比照集团格式，不得自创。

（五）把握审签流程。严格执行拟稿、部门审核、办公室或综合部门校核、相关人员会签、领导签发的书面审签流程。二级机构发文审签单比照集团"发文稿纸"样式。

（六）提高文稿质量。机关部门、二级机构负责人要切实履行文稿质量把关责任；拟稿人员要摆脱"下一环节会把关"的惯性思维，自我加压，研习《党政机关公文处理条例》和范文，不断提高拟稿水平；集团办公室要加强指导，对文稿失范的要及时指正。

二、规范收文管理

（七）把紧收文入口。集团及二级机构收文员对收到的公文核对无误后方可编号、登记、发起后续办理流程，对问题件应作退文处理。集团 OA 系统改版后，机关部门收文工作一律由部门指定的内勤人员参照上述程序收处。

范例内容精讲

该篇指示性通知的主题为"规范公司公文处理工作"，全篇分为 5 个部分——标题、通知缘由、通知事项、执行要求和落款。

该篇通知的标题由"主要内容＋文种"组成，主题明确，一目了然，由于发文机关对主题诠释的意义较小，所以进行了省略。

主送机关涉及多个，所以排列顺序和标点符号的运用就变得尤其重要，可以看出"全资及控股企业"和"项目办"为同一层级的单位，用顿号隔开，

而"机关各部门"在下一层级，用逗号分隔，并排在之后。

逗号和顿号的同时使用，让从属关系一目了然，且有序地展示了不同的主送机关。由此可见，在书写主送机关时，书写者应恰当地使用标点符号。

正文书写了 3 个主要内容。

① 前两段介绍通知缘由，对公文处理的背景和通知目的进行展示。

◆ **背景：**一些工作人员的公文处理业务能力不强，导致公文质量不高、公文格式不当、文种应用不准现象较为普遍……

◆ **通知目的：**为进一步提高公文质量和办理效率。

② 接着，划分了 4 个二级标题：规范发文管理，规范收文管理，规范文档管理，相关要求。

③ 前 3 个二级标题对具体的指示性内容进行了诠释，并进一步分列条款，指导相关人员从哪些方面入手改善公文质量。最后一个二级标题提出了执行要求，包括加强组织领导、完善工作机制和增进沟通联系。

整篇通知，内容完整，结构清晰，用词考究。且为了让阅读者更快地掌握每条指示性内容，文中对每段指示性条款进行了概括，并将小标题置于每段内容前，极大地减小了阅读的障碍。如下所示：

严格公文上报。××××××××××××××××××××。

合理选用文头。××××××××××××××××××××。

统一公文抬头。××××××××××××××××××××。

严守格式要求。××××××××××××××××××××。

2. 事务性通知

事务性通知与指示性通知的作用差不多，都对相关部门或人员有指导工作的功能。只不过事务性通知注重对待办事项和工作重点的列示，常见的有开会通知、放假通知和缴费通知等。

范例精讲 | 关于召开制造事业部 2022 年预算会议的通知

范例内容展示

> ### 关于召开制造事业部
> ### 2022 年预算会议的通知
>
> 制造事业部各后勤职能部门、分厂：
>
> 　　按集团公司的要求，并报集团公司的批准，制造事业部定于 2021 年 11 月 25 日召开制造事业部 2022 年第一次预算会议，相关事宜通知如下：
>
> 　　一、会议时间：2021 年 11 月 25 日 8:30 开始，会期一天。
>
> 　　二、会议地点：制造事业部办公楼三楼会议室。
>
> 　　三、参会人员：各分厂厂长、制造事业部各后勤职能部门负责人。
>
> 　　四、准备材料：各分厂、各后勤职能部门 2022 年预算草案。
>
> 　　请参会人员准备好相关材料，届时准时参加，不得请假，不得迟到。
>
> 　　特此通知！
>
> 成都市××家具（集团）有限公司
制造行政部
2021 年 11 月 20 日

范例内容精讲

　　事务性通知的篇幅都不大，一般一页 A4 纸就足够了。与指示性通知的内容相对比，该篇通知对开会事宜的安排进行了列示，却并没有具体介绍会议主题，也没有介绍会议资料的准备。具体细节该如何执行，需要相关人员自行处理。

　　该篇事务性通知的正文内容比较完整，包括了通知缘由、通知事项和执行要求三大标准结构。

　　首先在第一段将该篇通知的根据进行介绍，开门见山，"按集团公司的要求……"；中间罗列了 4 条通知事项，包括会议时间、会议地点、参会人员、准备材料 4 个会议要素；最后一段提出了参会的基本要求——准备材料，准时参加，不得请假，不得迟到。

该篇公文最后添加了一句"特此通知",是公文中常见的结束用语。在长期的公文写作实践中,形成了一些特定用语,这些特定用语的含义是大家公认的。

像文中这样的结束语就能表达重申和强调,引起受文者的重视,而且简明扼要,成了公文结尾的常见形式,使全文结构变得更完整。

3. 批转性通知

批转性通知是用于将有关公文作为附件下发的通知。可用于颁布本机关单位制定的规章制度;批准发向下级机关或业务部门的公文;转发、印发上级、平级和不相隶属机关的公文。

范例精讲 | ×× 公司批转 ×× 公司第一分公司关于安全质量检查方案的通知

范例内容展示

××公司批转××公司第一分公司
关于安全质量检查方案的通知

各分公司、中心、部:

公司同意第一分公司提出的《安全质量检查方案》,现转发给你们,请认真贯彻执行。

××公司
××××年1月10日

(此件公开发布)

安全质量检查方案
××部 ××部 ××编办

为保证公司承办项目的质量和安全,贯彻集团"质量高于一切,安全高于一切"的理念,结合项目部的实际情况,制订本《安全质量检查方案》。

一、检查时间:××××年1月17日~××××年1月20日

二、整改时间:××××年1月21日~××××年1月26日

三、现场复查时间:××××年1月27日

四、检查范围:××公司所有在建项目(含代建项目)

五、复查带队领导:王×

六、检查安排

(1)1月20日前监理单位组织对所有在建项目进行质量安全检查,并将检查结果反馈现场负责人。

(2)1月21日至1月26日由监理单位和现场负责人督促施工单位对照质量安全检查结果进行整改。

(3)1月26日下班前监理单位将填写齐全并盖章的质量安全检查表上交公司资料室。

(4)1月27日对在建项目进行质量安全情况复查。

××××年1月5日

范例内容精讲

　　与其他通知对比，批转性通知的标题格式要显得特殊一些，一般包括 4 个要素，除了发文机关、事由、文种以外，还需加上"原发文机关"，且标题中还应有"批转""转发"字样。常见模式如下：

　　发文机关＋批转/转发＋原发文机关＋事由＋通知

　　值得特别注意的是，批转性通知的标题事由多指被转发文件的全称，如该篇通知的事由为"关于安全质量检查方案"。

　　一般来说，批转性通知只涉及两个单位，由一单位转发另一单位的文件。如果出现层层转发的情况，除了发文机关和原发文机关，还会涉及中转机关，这样一来，标题的编写就会变得比较复杂，如下所示：

　　××公司转发生产部转发仓储部关于××的通知的通知

　　为了避免重复和累赘，写作时书写者可以将中转机关进行省略，仅提原发文机关和原文件标题。即：

　　××公司转发仓储部关于××的通知

　　批转性通知的正文大多非常简短，多数只有几行字，其写作逻辑为"先批后转"，即先表达同意的意见，再转发文件给其他单位。如该例中正文有 3 句话，第一句表示公司同意质量检查方案，第二句进行转发，第三句提出要求。

　　批转性通知在结构上还有一大特点，即在正文结构后，还有批转文件部分。写法上没有特殊要求，将原文件附在通知后即可，注意空行排版，将两个部分加以区隔。

　　最简单的方法是通知内容为一页，转发文件在另一页开头排版，这样更方便阅读。

拓展贴士 *添加附注*

　　在本例中，"此件公开发布"就属于附注内容，用括号框起来。附注编排在成文日期下一行，对公文需要注意的事项加以说明。若是该通知转发的文件不可以公开，那么可以附注"此件不公开"，用来提示受文对象。

4. 紧急通知

紧急通知是在面对突发事件或紧急事件时，向有关人员传递重要讯息的通知，且往往会在时间紧迫的时候发出通知，让受文对象及时做好应对措施。

范例精讲｜关于加强高温天气施工安全生产工作的紧急通知

范例内容展示

关于加强高温天气施工安全生产工作的
紧急通知
×××〔2022〕××号

各总监办、设代处、监理试验室、项目经理部：

目前，我省已经进入汛期和高温季节，为切实加强强降雨及高温等恶劣气候条件下的施工安全工作，有效防范次生灾害的发生，现将有关事项通知如下：

一、本通知所称高温天气，是指市气象台发布高温天气预告最高气温在35℃以上（含35℃）的天气。

二、在高温天气期间，各项目部应根据下列要求，合理安排工人作息时间，确保工人劳逸结合、有足够的休息时间。但因人身财产安全和公众利益需要，必须紧急处理或抢险的情况除外。

1. 日最高气温达到39℃时，当日应停止作业。

2. 日最高气温达到37℃时，当日工作时间不得超过4小时。

3. 日最高气温达到35℃时，应采取换班轮休等方法，缩短工人连续作业时间，并不得安排加班。

三、施工现场应视高温情况向作业人员供应符合卫生标准的清凉饮料。现场应设置休息场所，内设有座椅、风扇等设施。

四、改善集体宿舍的内外环境，宿舍内有必要的通风降

温设施，确保作业人员的充分休息，减少因高温天气造成的疲劳。

五、加强对高温天气作业人员的防暑和中暑急救知识的宣传教育，增强工人的自我保护意识。

六、对患有心、肺、脑血管性疾病，持久性高血压，肺结核，中枢神经系统疾病及其他身体状况不适合在高温天气露天作业的人员，应调离露天作业岗位。

七、施工现场应配备常用的防暑药品，有相应的兼职中暑急救员，一旦中暑人员病情严重应立刻送医院治疗。

八、夏季时有暴雨，要重点预防深基坑积水、支护结构、滑坡、隧道进出口、弃土场、临时工棚、堆放料等区域，加强安全管理，确保人员和财产安全。

九、总监办、项目经理部要高度重视，防止和减少生产安全事故的发生。各单位要确保24小时通信畅通，对发生安全事故，要按有关规定及时上报，妥善处置，严禁迟报、漏报和瞒报。

特此通知。

二〇二二年七月五日

范例内容精讲

该篇通知的标题格式比较简单，由"事由＋紧急通知"构成，一般常见的紧急通知标题格式有3种：

◆ 事由＋紧急通知。

◆ 发文机关＋通知事由＋紧急通知。

◆ 紧急通知。

紧急通知多用于通知突发事件，包括气温变化、不可抗力、原计划改变、临时任务等情况，不但要在标题中添加"紧急"字样，还要在正文内容中体现紧急性和重视。

如范例中使用了"不得超过""重点预防""高度重视""严禁"等字眼，来表达通知内容的严肃性。全文围绕主题"高温天气施工安全生产工作"，指导特殊情况下企业的日常工作。

由于通知内容的篇幅并不多，所以全文的层次结构很简单，采用撮要分条式结构，分列了 9 条通知内容，一目了然。

正文开头用"目前"引出后文，十分自然又具时间意义。开头可分为 3 个层次。

① 概述目前情况，即"进入汛期和高温季节"。

② 表明通知目的，即"为切实加强强降雨及高温等恶劣气候条件下的施工安全工作，有效防范次生灾害的发生"。

③ 固定过渡语——"现将有关事项通知如下"。

开头简单的几句话就将通知的背景、目的介绍清楚，并引出下文内容，非常值得借鉴模仿。

5. 任免性通知

任免性通知是指上级机关任免下级机关的领导人员，或者上级机关的有关任免事项需要下级或平级机关知道时所发出的通知。任免性通知的内容主要围绕人事的变动情况，包括任用或免去职务。

一般的人事任免多使用通知文种，也有部分人事任免使用命令或决定文种。

由于人事任免的情况在职场中时有发生，日常工作中接触得很多，书写的情况也较频繁，所以，书写者对任免性通知的写作要点应充分了解，下面通过具体的案例来认识。

范例内容展示

关于孟×女士职务任免的通知

各部室、各分公司、物流公司：

　　根据公司发展需要，经董事长提名、各董事同意、总经理办公会议研究决定：

　　自××××年××月××日起，聘请孟×女士为××有限公司总经理助理。主要负责协助总经理做好各部门、各分公司及各产业链条的经营决策、安全生产、仓储管理、财务核算、行政人事、企业文化等全方位的管理工作，为总经理提供合理化建议，并促进各项具体工作的落实。

　　特此通知。

　　　　　　　　　　　　　　　　××有限公司
　　　　　　　　　　　　　　××××年××月××日

范例内容精讲

　　本例中任免通知的标题由"事由＋文种"组成，对发文机关进行了省略，不过此类通知的基本格式还是为公文写作常用的三要素形式。注意，虽然可以视情况对发文机关进行省略，不过，对于任免的事项还应进行明确，如：

◆　对某人的任免情况，突出具体的人员。

◆　与具体的人员任免无关，是对企业内部组织人员的调整，如"关于调整财务部审核小组组成人员的通知"。

　　任免通知的正文一般包括 3 个部分，一是任免依据，二是任免事项，三是结束语。本例中，正文内容也都涵盖了这 3 个部分。

　　首先是任免依据，非常精简的一句话——"经董事长提名、各董事同意、总经理办公会议研究决定"就阐明了任免依据。该类表述在任免通知中非常常见，使用广泛，是书写任免依据的经典概括。

　　可以说任免依据是一种模式化的书写，主要包含组织决定、会议讨论通过、领导提名、会议研究等表述。很多书写者可能会犯一个错误，即详细说明任免依据，对任免人员的能力进行综合评述，突出其任职条件，让任免依据变得翔实可靠。其实不然，书写者在通知中不宜对任免对象提出褒贬意见，以免造成不利影响，节外生枝。

其次，任免事项的写作，一般由"任免对象 + 任职职务"构成（若对同一人有任命也有免职，则先写任命后写免职）。本文中主要说明了任命时间、任命对象、职位以及岗位职责 4 部分内容。对于岗位职责这部分内容，多数情况下会省略，这里由于篇幅不长，涉及人员只有一位，所以稍加说明。

不同的任免事项，选择的写法是不同的，如涉及多位任免对象的通知与本例有所不同，如图 2-1 所示。

关于任免王五等职务的通知

公司各部门、各分公司：

　　根据公司经营发展需要，经总经理办公会研究决定，对部分人事任免调整如下：

　　任命王五女士为总经理助理，免去王五女士 ×× 分公司总经理职务。

　　任命李四先生为分公司总经理，免去李四先生 ×× 部门经理职务。

　　以上任免调整自通知发布之日起开始执行。

×××× 年 ×× 月 ×× 日

图 2-1　涉及多位任免对象的通知

图 2-1 中的任免通知，涉及了两位员工的任命，所以省略了岗位的具体职责，只是按顺序分段书写每位员工的任免情况，且先写任命职位，后写免去职位，格式如下：

任命 ×× 女士 / 先生为 ××，免去 ×× 女士 / 先生 ×× 职务。

拓展贴士　*涉及多人任免的标题格式*

任免通知的书写方式与任免对象的多少紧密联系，一人任免与多人任免在标题和正文上的写法都不同，尤其是标题格式有更多的变化，如下所示：

×× 关于免去 ×× 等职务的通知

×× 关于任免 ××、×× 等职务的通知

×× 关于 ×× 等 ×（数字）名同志职务任免的通知

6.会议性通知

会议性通知是上级对下级、组织对成员或平行单位之间传达会议召开事项所使用的公文。在企业各部门内，总免不了召开各种各样的会议，如研讨会、培训会、技术交流会，所以会议通知的使用十分广泛。

范例精讲｜关于召开 2022 年度经营工作会议的通知

范例内容展示

关于召开 2022 年度经营工作会议的通知

各单位、子公司：

经公司研究决定，兹定于 2022 年 4 月 25 日（星期一）在公司总部召开"2022 年度经营工作会议"，现将相关事项通知如下：

一、参会人员：公司高管、各部室负责人、各子公司总经理。

二、会议地点：××大厦四层报告厅（××市××区××路 36 号）

三、会议期限：1 天

四、会议主要内容

1.各子公司汇报目前经营生产情况。

2.确定各子公司年度生产经营计划。

3.讨论"公司经营工作管理制度"。

4.公司领导对经营工作提出要求。

五、报到时间与地点

请各单位在 2022 年 4 月 20 日前将参会人员名单及联络方式发至经营开发部，并于 4 月 21 日到公司办公室（××大厦 205 室）报到并领取会议材料。

六、会务联系电话

联系人：张三，150825××××

联络邮箱：××××× @163.com

附件：会序册

××工程咨询有限责任公司

2022 年 4 月 10 日

范例内容精讲

会议通知的标题一般由"发文机关＋事由＋通知"构成，本例中省略了发文机关。有时候为了体现会议的特殊性和限制性，会在标题中突出时间期限，如"2022 年度""2022 年 3 月"等字样常常出现在会议通知的标题中。

会议通知的正文一般包括 3 个部分——通知缘由、会议事项、结束语（可有可无）。

通知缘由在正文开头部分进行写作，多为开会目的、开会根据、会议名称、过渡语等内容。本例中开头部分简洁明了，可分为 3 个部分。

◆ 会议根据——"经公司研究决定"。

◆ 会议名称——"2022 年度经营工作会议"。

◆ 过渡语——"现将相关事项通知如下"。

会议事项是通知内容的核心，一般会分条列项交代会议召开的关键信息，包括会议主题、会议时间、会议地点、参会人员以及参会要求等。

本例同样围绕会议人员、地点、期限等常规要素进行说明，值得注意的是，有关会议的主要内容，这里分 4 点进行概括，能够帮助参会人员提前准备。可见虽然通知大多简短，但核心内容是不会省略的，这也是为了更好地开展工作。

另外，会议通知通常都会在正文最后展示会务联系的有关信息，方便有关人员咨询。

2.2 通告

通告是适用于在一定范围内公布应当遵守或者周知事项的周知性公文。通告的使用面比较广泛，一般机关、企事业单位甚至临时性机构都可使用。

通告具有鲜明的告知性、一定的制约性等特点，由于内容多涉及具体的业务活动或工作，所以，通告在内容上还具有专业性的特点。

2.2.1 通告的规范格式

通告一般由标题、事由、通告事项和结语 4 个部分组成。下面就来对这 4 个部分的基本写作要求进行了解。

1. 标题

通告标题的常见写法有4种，具体格式分别如下所示。

◆ "发文机关+文种"，如"市场部通告"。

◆ "事由+文种"（关于××的通告），如"关于控股股东周年大会通告""关于交易编码系统修复通告"。

◆ "发文机关+事由+文种"（××关于××的通告），如"××公司工会关于困难职工帮扶捐款的通告"。

◆ 只写"通告"二字，如遇紧急情况，可在通告前加上"紧急"二字。

2. 事由

通告的事由一般在正文部分的开头进行书写，主要说明发布通告的背景、根据、目的及意义等。在书写该部分内容时，常用到一些特定的逻辑关联语和过渡语，帮助带出书写内容。

◆ "为……，特通告如下。"

◆ "根据……，决定……，特此通告。"

◆ "为……，提高……，根据……现就有关事项通告如下。"

◆ "按照……标准，对……进行了修订，现予以公布。"

3. 通告事项

通告事项是正文的核心部分，也是主体部分，涉及的内容包括周知事项、执行要求及有关措施。书写此部分时多采用分条列项的方式，这样受文对象能够对通告事项一目了然。

若是通告事项简单，篇幅较小，也可采用贯通式书写，这样在结构上不会显得累赘。

4. 结语

通告的结语部分根据具体情况可有可无，若想要加以强调，或规范格式，可在结尾处添加特定的短语，如"特此通告"或"本通告自发布之日起实施"。

2.2.2　通告的特点

通告按用途可分为周知性（事务性）通告和规定性（制约性）通告两大类。

（1）**周知性（事务性）通告**。即在一定范围内公布需要周知或需要办理的事项，政府机关、社会团体及企事业单位均可使用。

（2）**规定性（制约性）通告**。用于公布应当遵守的事项，只限行政机关使用，如《关于禁止燃放烟花爆竹的通告》，与企业无关。

在企业中，一般接触的通告类型都是周知性通告，其具体的特点如表 2-2 所示。

表 2-2　周知性通告的特点

特点	具体介绍
业务性	通告牵涉的内容多为对企业内部某些事务的处理结果，如对某人的处罚结果
规范性	通告事项常常为员工划定了行为准则，是需要员工特别注意的，所以对员工的工作活动有制约性，需要员工遵守执行
庄重性	通告一般由企业管理部门或行政部门发出，发布内容需要各相关员工重视并履行，所以具有庄重性，用词也应符合庄重特性，简单、直接、有效
广泛性	有的通告不仅在公司内部宣告，还会向社会大众展示，其告知范围较广，适用范围也广，且通告发布的形式多种多样，有报刊、广播、电视、张贴发文等

2.2.3　通告范例解析

从上一小节书写者了解了通告的两大类别，其中一类规定性通告仅限行政机关使用，因此，接下来就重点对紧急通告和周知性通告进行解析。

1. 紧急通告

紧急通告即针对紧急事件或紧急情况所发布的通告，该类通告的标题中一定会有"紧急"二字，用以突出和提示。

范例精讲｜交易编码系统修复紧急通告

范例内容展示

交易编码系统修复紧急通告

各尊贵的客户及代理：

　　兹因本公司于××月初进行后台报表系统升级，及后发现交易编码未能自动发送至客户电邮，现进行修复，在修复完成前，如已付费客户，需收到交易编码，请联络客服中心再次确认邮箱资料。

　　系统升级后如果贵客户及代理在业务办理过程中遇到疑问，请与本公司 24 小时客服中心联络。

　　查询电话：135××××××××

　　特此通告，敬请垂注。

　　　　　　　　　　　　　　　　××贵金属有限公司

　　　　　　　　　　　　　　　　××××年××月××日

范例内容精讲

　　本例中通告标题由"事由＋紧急通告"组成，正文内容简单，遂采用贯通式书写，主要分为两大段。

　　第一大段开头直接写明紧急通告的缘由，即"后台报表系统升级"；然后对目前遇到的问题进行阐述，即"交易编码未能自动发送至客户电邮"；最后，通知客户处理方法，即"联络客服中心"。

　　第二大段是对第一大段的补充，不是核心内容，也不是必需内容，意在提醒公司客户，若有任何疑问都可致电公司客服中心。

　　最后给出客服中心的联络信息，该部分内容虽然篇幅很短，但却是必不可少的，是整篇通告的关键信息，若少了该部分内容，通告也失去了意义。一般来说，联络信息这类附加条件要单独成段展示，这样更引人注意，若嵌到文章里就很难突出。

结语部分，用特定性结语"特此通告"为正文画上句号，自然规范。

2. 周知性（事务性）通告

周知性通告一般用于传播企业内各种事务信息，大多时候不会要求受文对象执行事项，仅作注意参考，这也是周知性通告与规定性通告最大的不同。

范例精讲 | 关于在厂区区域内严禁吸烟的通告

范例内容展示

关于在厂区区域内严禁吸烟的通告

进驻厂区的各公司及人员：

为加强厂区以内防火安全管理，现对进驻厂区办公的所有公司及人员就严禁吸烟的事情通告如下：

1. 凡所有进入厂区区域内的人员，除指定场所（集团办公楼 4 楼天井区域；驾驶员休息室；厂区大门 5 米范围内），其他区域一律不准吸烟。

2. 集团将组成检查小组不定期对各公司及人员进行检查，检查小组由赵×、李×、周×、孟×、林×五人组成。

3. 凡发现进驻公司人员在指定场所以外的区域吸烟，将予以罚款人民币 200 元，由检查小组告知其公司行政办或人力资源部，从工资中扣罚（外来人员进入厂区吸烟，带入人员应予以劝导至指定场所吸烟）；上级部门至厂区检查工作则另行处理。

4. 本通告自发布之日起三天内发现在指定场所以外的区域吸烟的，将予以告诫；通告发布三天后将按照上述规定执行。

××有限公司

××年×月×日

范例内容精讲

本例通告标题由"事由＋文种"组成，本篇通告主要对厂区内严禁吸烟的有关事项进行说明。

正文分为两大部分，一是开头，二是通告事项。

开头部分对通告的发布目的进行介绍，并引出后文，用"为……，现对……通告如下"的句式，两句话就说清了开头内容。从开头内容中阅读者一下便知道了 3 个要点。

◆ **通告目的**：加强厂区以内防火安全管理。

◆ **通告对象**：进驻厂区办公的所有公司及人员。

◆ **通告主题**：严禁吸烟。

正文部分用分条列项的方式罗列了 4 项主要内容，包括非禁烟区域、检查小组、处罚条款及执行条件。对通告主题的不同方面进行阐述，让受文对象可以参考、注意，规避不好的行为。

2.3 通报

通报是上级把有关的人和事告知下级的知照类公文，用来表彰先进、批评错误、传达重要指示精神或情况。通报行文时，注重陈述事实、以事明理。

2.3.1 通报的适用范围和特点

通报的适用范围广泛，可帮助传递的信息内容也很丰富，一般适用于 4 种情形——表彰、批评、传达和知照情况，具有以下一些特点。

◆ **真实性**：通报的内容必须真实，本着对受文对象负责的态度，书写通报时应该认真核实，据实阐述，不编造虚假内容，也不添油加醋。

◆ **教育性**：由于通报的内容多与重点事项、正反两面典型材料有关，所以受文对象可以从中借鉴，在工作中运用或避免。

◆ **典型性**：通报所表扬和批评的人或事，以及列示的事项大都具有典型意义。

◆ **公开性**：通报的目的是表扬先进、批评错误和传达情况，因此，通报的公开性是很明显的，需要及时公开让有关单位和人员知晓。

2.3.2 通报的一般结构

通报的书写结构没有什么特殊之处，一般由标题、主送机关、正文和落款 4 个部分组成。

1. 标题

一般来说，通报标题包含发文机关、对象（表彰或被批评）、事由和文种这几个要素，其组成形式多有变化，具体如下所示。

◆ "发文机关＋事由＋文种"，如"××公司仓储部事故通报"。

◆ "事由＋文种"，如"2022 年投产工程项目造价情况通报""关于××部员工职业技能竞赛表彰通报"。

◆ "发文机关＋文种"，如"××工厂通报"。

◆ 只有文种，即《通报》。

2. 主送机关

除了普发性的或在本公司内部公开张贴的通报外，其他通报都要标明主送机关。

3. 正文

通报的正文根据内容的不同会有所变化，一般包括通报目的、通报对象、通报性质、具体事项以及号召等内容。且通报的类型不同，写作手法也有差别，书写者可以选择详细描述具体事件，或者进行省略。

4. 落款

通报的落款由署名和日期构成，如果通报的标题中已写明了发文机关，也可以不用署名。

2.3.3 通知、通报和通告的区别

通知、通报和通告这 3 种公文文种十分类似，且具体用途差别不大，都有传达信息的作用，但实际书写时，仍然有些微的不同，通知、通报和通告的具体区别如表 2-3 所示。

表 2-3 通知、通报和通告的区别

文种	受文范围	发文时间	发文目的	适用性
通知	主要用于内部行文，传达至有关部门、单位或人员，有一定保密性	发文于事前，希望有关人员预先了解相关消息	一般用于批转公文、发布规章制度，通过安排具体事项，要求下级机关在工作中照此执行	一般只通过某种公文交流渠道，所以其告知的对象是有限的
通报	主要用于内部行文，有特定的主送机关，有一定保密性	发文于事后，往往是对已发生的事情进行分析、评价，表扬或惩罚，并通报有关单位，从中吸取经验教训	多用于表彰先进、批评错误，通过典型事例，向有关员工宣传教育，以推动今后的工作，没有具体部署与工作安排	适用于上级机关把工作情况或带有指导性的经验教训通报下级单位或部门
通告	全部组织和群众，具有周知性	发文于事前，预先告知相关信息	一般用于告知具体的业务活动，明确有关单位应执行的事项	可通过不同的渠道宣传，如新闻媒体，并要求大家遵照执行

2.3.4 通报范例解析

前面的小节中提到过通报的适用范围较广，下面主要介绍表彰性通报、批评性通报和传达行通报。

1. 表彰性通报

通报可以用于表彰先进集体或个人事迹，起着树立榜样、号召他人学习的作用。

范例精讲｜2022 年度公司优秀员工的表彰通报

范例内容展示

2022 年度公司优秀员工的表彰通报

为了表彰先进，进一步激发全体员工的工作积极性和主动性，增强员工的归属感和忠诚敬业精神，公司以 2022 年度中不仅在本职工作中表现优异，而且在各个方面都能做出榜样并正面影响其他部门员工、时时刻刻都起到了模范带头作用为评选依据，评选出了 1 名优秀项目经理、5 名模范员工；另针对在 2022 年度本职工作表现优异，或进步突出的员工，评选出了 17 名岗位优秀员工。现将 2022 年度公司优秀员工名单通报如下：

一、2022 年度公司优秀项目经理：

王×

二、2022 年度公司模范员工：

高×、肖×、吴×、李×、何×

三、2022 年度公司优秀主管：

项×、张×、侯×、童×、冯×、李×、雷×

四、2022 年度公司优秀工长：

杨×、朱×

五、2022 年度公司优秀施工员：

代×、毕×、刘×

六、2022 年度公司优秀材料员：

张×

七、2022 年度公司优秀会计：

熊×

八、2022 年度公司本部优秀员工：

徐×

九、2022 年度公司优秀电工：

曾×、宋×

希望以上人员在新的一年里再接再厉，取得更好的成绩，充分发挥模范带头作用。同时，希望公司其他员工向他们学习，努力工作，为公司发展做出更多贡献。

××有限公司

2023 年 1 月 25 日

范例内容精讲

本例标题以时间、事由、文种为要素，对通报主题进行展示，通过"2022 年度"能与其他优秀员工表彰通报加以区别。正文分为 3 个部分，即开头、表彰事项与对象、结束语。

由于该篇通报是公布给全体员工的，有普发性，所以省略了发送机关，直接进入正文开头。开头部分可分为 4 个要素，如下所示。

- ◆ **目的**：以"为了……"句式开头，总领全文，自然而然地开始书写。

- ◆ **依据**：有表彰结果，自然有表彰依据，这里用"以……为评选依据"句式简单概述依据，引出后面的内容。

- ◆ **主旨**：表彰通报的主旨为表彰的对象和结果，这里对正文主体部分进行概括，着重突出了表彰人数，即"1 名优秀项目经理、5 名模范员工、17 名岗位优秀员工"。

◆ **过渡语**：以"主题＋通报如下"的结构缩短过渡语，精简开头内容。

进入正文主体部分，由于该例中通报的表彰人数较多，表彰名目多样，所以采用分条列项的方式书写，方便阅读。

值得注意的是，该例以表彰名目作为二级标题，列出了9项表彰内容，包括优秀项目经理、模范员工、优秀主管、优秀工长、优秀施工员、优秀材料员、优秀会计、本部优秀员工和优秀电工。对于表彰对象的名字则另起行书写，这样比在一行显示更能突出优秀员工。表彰对象名字是否另起一行的对比如图2-2所示。

一、2022年度公司优秀项目经理：王× 二、2022年度公司模范员工：高×、肖×、吴×、李×、何× 三、2022年度公司优秀主管：项×、张×、侯×、童×、冯×、李×、雷× 四、2022年度公司优秀工长：杨×、朱× 五、2022年度公司优秀施工员：代×、毕×、刘× 六、2022年度公司优秀材料员：张× 七、2022年度公司优秀会计：熊× 八、2022年度公司本部优秀员工：徐× 九、2022年度公司优秀电工：曾×、宋×	一、2022年度公司优秀项目经理： 王× 二、2022年度公司模范员工： 高×、肖×、吴×、李×、何× 三、2022年度公司优秀主管： 项×、张×、侯×、童×、冯×、李×、雷× 四、2022年度公司优秀工长： 杨×、朱× 五、2022年度公司优秀施工员： 代×、毕×、刘× 六、2022年度公司优秀材料员： 张× 七、2022年度公司优秀会计： 熊× 八、2022年度公司本部优秀员工： 徐× 九、2022年度公司优秀电工： 曾×、宋×

图 2-2　表彰对象名字是否另起一行的对比

在结束语部分，本例并未采用固定式结语，而是编写了一段表达希冀的内容，对优秀员工和普通员工分别做出了要求，达到表彰性通报的另一目的。

2. 批评性通报

通报也可以用于批评，以反面的典型来提醒他人吸取教训，起着纠正不良作风的作用。

范例精讲丨生产部关于周末违规报餐的通报

范例内容展示

> **生产部关于周末违规报餐的通报**
>
> 　　兹有生产部二车间技术员工谢×、王×自公司提供周日用餐福利以来，经核查在××××年××月××日～××日期间，该两名员工均未按照周末报餐和用餐规定进行吃饭和刷卡，其行为无视公司管理规定，严重影响公司相关管理纪律。念其在该规定实施以来首次违反，认识错误态度较好，为严肃周末报餐管理纪律，经公司生产部管理层研究决定，现对两名员工的违规行为在公司范围内予以通报批评。希望公司全体人员以此为戒！在周末报餐中严格遵照规定报餐和用餐，如再发生类似现象，公司将给予严肃处理！
>
> 　　特此通报！
>
> 　　　　　　　　　　　　××产业有限公司生产部
> 　　　　　　　　　　　　××××年××月××日

范例内容精讲

　　本例标题由发文机关、事由和文种组成，由于批评对象为生产部员工，所以未忽略发文机关，以作强调。

　　正文篇幅较小，一目了然，分为两个部分，即主体内容和结束语。下面重点解析主体部分。可将主体部分分为 3 层。

　　第一层为批评缘由和背景，点出了背景四要素。

◆ 批评对象——"谢×、王×"。

◆ 违规发生时间——"××××年××月××日～××日"。

◆ 违规行为——"未按照周末报餐和用餐规定进行吃饭和刷卡"。

◆ 后果——"影响公司相关管理纪律"。

　　第二层编写处理依据和结果，先写员工"认错态度较好"，再写"经公司生产部管理层研究决定"，最后给出处理结果，即通报批评。

　　第三层主要表达对所有员工的要求和公司的态度，希望大家引以为戒，严守规定。

3. 传达性通报

当需要传达某一重要情况、重要精神或信息时，可以使用通报来引起他人注意。

范例精讲｜关于考勤及日常管理检查情况通报

范例内容展示

关于考勤及日常管理检查情况通报

各部门：

根据总经理室要求，公司于××月××日上午 9:10 组织各部门负责人对员工考勤及日常管理情况进行了检查。现将检查情况通报如下：

一、考勤

本次检查，除去外地学习的人员外，共涉及 5 个部门 54 人，均能在早上九点前按照要求开展工作。

二、着装

在被检查人员当中，均能按规定着装，没有发现奇装异服或不得体着装现象存在。着装较好的部门是业务管理部。

三、环境卫生及物品摆放

整体情况良好，表现好的部门是××部、××部；进步较大的部门是××部、××部。

特点：整体环境卫生良好，物品虽多，但摆放整齐、井然有序。

四、存在问题

一是销售部销售人员文件资料摆放无章，上周加班餐后的垃圾未能及时清理；二是××部内勤室物品摆放凌乱；三是××部个别工位桌面卫生与本部门整体不协调。

五、要求

（一）各部门要在职场办公人员逐渐增多情况下，及时清理办公文件和资料，公私物品区分放置，做到物品摆放有序，整齐划一。

（二）各部门要加强着装管理。已配发工装的员工，应严格按照着装规定执行；未配发工装的员工，应着与职业相衬的服饰。

（三）办公室要加强日常管理，对着装、文件资料存放、物品摆放、卫生等进行规范和检查。

（四）各部门要加大考勤管理力度，要求每位员工在8:50 前到达，并做好工作准备，保证在 9:00 准时进入工作状态。

××有限公司

××××年××月××日

范例内容精讲

本例标题格式简单，由事由及文种组成。一般在传达性通知标题中，往往会出现"情况"二字，来表明传达有关事项或信息的属性，如"关于2022 年度第一季度××抽查情况的通报""关于卫生检查情况通报""关于市场部参会情况通报""关于擅自离岗情况通报"。

正文分为开头和主体两大部分，开头部分直接、精练，对通报的背景情况做了简单说明。而主体部分内容较多，用 5 个二级标题进行区分，同时概括了检查重点，一举两得。

◆ 前面 3 个二级标题对检查的结果进行介绍，主要说明表现良好的情况。

◆ 第 4 个二级标题对检查中出现的问题加以概括。

◆ 第 5 个二级标题则提出了公司后续的工作要求。

对于传达性通报来说，其正文内容必须包含对情况的介绍，以及由情况而得出的整改意见、工作要求或希望，这两大内容可以说是传达性通报的意义和目的所在。

对情况的说明和介绍，有不同的方式与写法，在篇幅较大的时候，需要书写者整理规划，按逻辑顺序逐一罗列。

如本例中就是按检查内容进行分类，包括考勤、着装和卫生，但在实际写作中，并不仅有这一种书写逻辑。其他方式举例如图 2-3 所示。

关于劳动纪律抽查情况的通报

12月26日、27日上午10:30，公司人力资源部会同工会，对公司财务部、经营管理部、电仪项目部在岗情况进行了检查。现将检查情况通报如下：

一、查岗情况

(一)财务部

财务部在册职工22人，12月25日上午应在岗人数为18人(外派1人，育儿假1人，公差2人)，实在岗15人，周×、孔×、张×3人未在岗。未在岗3人有到岗指纹考勤，但查岗时未在岗，没有离岗记录，离岗原因不明。

(二)经营管理部

经营管理部在册职工20人，12月26日上午应在岗15人(出差2人，年休3人)，实在岗14人，孟×未在岗，无指纹考勤记录。

(三)电仪项目部

电仪项目部本部在册职工14人，12月25日上午应在岗13人(病假1人)，实在岗13人。

二、整改意见

(一)对财务部无故脱岗三人按早退论处，每人罚款30元。对经营管理部不在岗、未考勤一人按旷工处理。

(二)建议财务部、经营管理部对职工从严管理，建立

完善的离岗登记制度。请各单位引以为戒，自觉加强职工劳动纪律管理，公司将不定期对职工在岗状况进行抽查，对违纪人员和责任单位严肃处理。

人力资源部

××年12月26日

图 2-3 传达性通报的另一种写作逻辑

图 2-3 中的通报将正文主体分为两个部分，一是查岗情况，二是整改意见，减少了二级标题，整体结构更加直接明了。

书写抽查情况时，以部门为划分逻辑，按照不同的部门对各自的抽查情况进行说明，且书写结构统一，如下所示。

××部在册职工×人，×月×日上午应在岗×人（……），实在岗×人，××、××未在岗。

由此可见，通报情况的书写逻辑决定了主体内容的结构，书写者以结构精练为原则，尽可能减少二级标题数量，这对书写者的逻辑思维能力有所要求。

拓展
范本

通知　　　　　　　通告　　　　　　　通报

扫码做习题　　　　　　　　　　扫码看答案

第3章 规约类文书写作与范例

规约类文书包括制度、章程、办法三类，内容涉及工作的方方面面，可有效规范和约束员工的行为。规约内容应该事无巨细，具有完整性，成为工作的指导方针。

制度
章程
办法

扫码获取本章课件

3.1 制度

制度一般指要求大家共同遵守的办事规程或行动准则，不同行业、不同部门、不同岗位都有其具体的做事准则，目的都是使各项工作按计划、按要求达到预计目标。

3.1.1 制度基础概述

对于企业来说，制度文件是必不可少的，是管理员工、维持企业运转的有效法宝。制度可分为岗位性制度和法规性制度两种类型。

◆ 岗位性制度适用于某一岗位上的长期性工作，所以有时也叫"岗位责任制"，如《办公室人员考勤制度》《值班制度》。

◆ 法规性制度是对某类工作制定的带有法令性质的规定，如《职工休假制度》《差旅费报销制度》。

制度一经制定颁布，就会对某一岗位或从事某项工作的人员产生约束作用，是行动的准则和依据。制度具有一些特点，如图 3-1 所示。

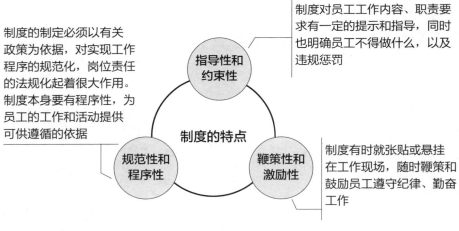

制度的制定必须以有关政策为依据，对实现工作程序的规范化，岗位责任的法规化起着很大作用。制度本身要有程序性，为员工的工作和活动提供可供遵循的依据

制度对员工工作内容、职责要求有一定的提示和指导，同时也明确员工不得做什么，以及违规惩罚

制度有时就张贴或悬挂在工作现场，随时鞭策和鼓励员工遵守纪律、勤奋工作

指导性和约束性

规范性和程序性

制度的特点

鞭策性和激励性

图 3-1 制度的特点

拓展贴士　*制度的发布*

　　制度的发布方式比较多样，除了作为文件存在之外，还可以张贴和悬挂在某部门、某岗位和某特定工作现场，以便随时提醒有关员工遵守，同时便于员工互相监督。

3.1.2　制度的写作格式

　　由于制度的篇幅大多较长，所以一般采用条文式的写法，在结构上，一般分为 3 个部分，即标题、正文和落款。

1. 标题

制度的标题有两种结构，具体如下所示。

◆ "适用对象＋文种"，如销售管理制度、岗位人事管理制度、档案管理制度、考勤制度。

◆ "单位名称＋适用对象＋文种"，如××有限公司财务管理制度、××公司募集资金管理制度。

2. 正文

制度的正文书写依据内容的不同和篇幅的长短会有变化，主要分为以下 3 种写法。

通篇条文式。没有开头和结尾，按照顺序编号将内容罗列出来就是了，写法简单，结构清晰，形式整齐，便于阅读，所以运用广泛。

引言＋条文＋结语。与一般的公文写法差不多，首先写一段引言，阐述制定制度的根据、目的、意义以及适用范围等，然后将有关规定逐一分条列出，最后书写结语，强调执行中的注意事项，说明制度的生效日期、解释权归属等。

多层条文式。这种写法适用于内容复杂、篇幅较长的制度，将全文分为多层序码，篇下分项、项下分条、条下分款。如用"一、二、三……"

来表示大项，用"（一）、（二）、（三）……"来表示大项下的条，用"1、2、3……"来表示条下的款。

3. 落款

制度的落款即指制发单位和日期，如有必要，可在标题下方正中加括号注明制发单位名称和日期，也是一样的。

3.1.3 制度的作用与适用范围

制度的适用范围非常广，大到国家机关、社会团体，小到各行各业、企事业部门、岗位、班组，都可以通过制定制度来规范做事准则。那么，制度的作用具体有哪些呢？下面一起来了解。

（1）**协调和整合作用**。制度的建立能够协调企业各部的工作，整合有用的资源，实现企事业单位管理的有序和高效运作。

（2）**指导作用**。制度对个人的认知和组织行为都具有指导作用，主要体现在制度对员工的要求上，员工能根据制度明确自己应该做什么、不能做什么，以及违背制度会受到哪些惩罚。

（3）**激励作用**。制度的颁布对所有人员都做出了约束，这样更显公平，按照多劳多得的原则，员工的行为对其利益分配会产生影响，进而激励员工努力工作，获得更多的报酬，如公司制定的薪酬激励制度就会影响员工的薪酬水平。

（4）**规划管理作用**。制度能够规范企业管理程序，约束员工行为，进而有效安排工作，保证企业有序运行。

3.1.4 制度范例解析

制度公文的形式较为多样化，下面通过案例来对不同的写法逐一进行了解。

1. 引言＋条文＋结语式制度

这类制度的结构类似于总—分—总结构，先以一个自然段作为开头或前言，然后分写各项制度，最后再补充总结。

范例精讲 | 企业各职能部门领导质量责任制度

范例内容展示

企业各职能部门领导质量责任制度

通过规定企业各职能部门领导的质量职责建立质量责任制，明确规定公司领导在质量工作上的具体任务、责任和权力，以便做到质量工作人人有专责、办事有标准、工作有检查，更好地保证和提高产品质量。

第一章 总经理职责

第一条 负责执行上级有关质量方针、政策、法律法规，确保产品质量符合客户需要和国家法律法规的有关要求。

第二条 组织制定和批准发布公司质量方针、质量目标、质量手册，并按目标要求制定各职能部门岗位职责，建立、实施和持续改进质量管理体系，对质量管理体系的建立和有效运行负责。

第三条 对企业产品质量的提升和产品质量负全面责任；授权技质部对产品质量进行独立检查，保证技质部工作职能不受任何部门和人员的干扰和行政干预；审批管理评审计划和管理评审报告。

第四条 主持管理评价质量体系有效性和符合性，审批管理评审计划和管理评审报告。

第二章 公司总工程师职责

第一条 负责公司质量和技术工作的总体控制，积极开展合理化建议工作，大力提倡采用新技术、新材料应用。

第二条 负责对施工工程项目施工组织设计、吊装方案等专项方案的审批。

第三条 协助公司副总经理贯彻实施公司质量方针和目标，对技术文件的执行情况进行监督检查。

第四条 组织设计部制定公司科技发展规划，组织新产品、新技术、新材料、新工艺的开发与应用，以提高技术系统的质量保障能力。

第五条 组织贯彻执行国家有关技术规程、施工、设计规范、工艺标准，主持编制项目质量计划。

第六条 对施工过程的质量工作承担技术指导和领导责任。

第七条 负责对工程组织分部和单位工程的质量验收。

第八条 负责组织对重大质量事故的鉴定和处理；不定期对施工现场进行检查，随时监控工程质量，发现问题及时召集项目部、技质部、生产安全部等相关部门负责人进行处理。

第三章 公司总施工长职责

第一条 对劳务队质量管理工作负分管责任。

第二条 协助副总经理督促劳务队贯彻执行行业、上级的有关质量管理等法律法规和规章制度。

第三条 负责组织劳务队落实质量责任制，质量管理规章制度和施工工艺标准。

范例内容精讲

该例所示的制度篇幅较长，内容看起来稍显复杂，其实，该例结构非常简单，通俗点说，即为总—分—总结构，分为前言、制度条款、总结3个部分。从整体篇幅来看，中间条款部分占了近80%，是正文的核心部分。

该制度前言精简，一个段落就交代清楚了，主要介绍了该制度的作用以及为什么要建立质量责任制。

接着分7章说明具体的制度条款，以职位为脉络，对总经理、总工程师、总施工长、总经济师、技质部部长、材料部部长、工厂厂长这7个重点职位的职责范围作出说明，在每章之下分条列出。

这样书写能让阅读者尽快找到关键信息，而不必阅读整篇制度，如公司总经理只需要看第一章就能了解到自己的职责所在，而不会浪费多余的时间。所以书写者需要重视写作逻辑，科学的逻辑分类能让公文更有条理性。

总结部分对此篇制度的未尽内容进行了解释，虽然省略了其他职能部门负责人的职责条款，但其他职能部门负责人可通过岗位职责了解相关信息，使本篇制度在内容上完整化、一体化。

制度最后对员工提出了公司的基本要求，此类结语可以说是模式化的结语，书写时按主题内容加以发挥即可。如本例为质量责任制度，结尾时提出了"岗位人员按质按量地完成各自的本职工作"，同时做到回应主题、提出要求、结束全文"三位一体"。

2. 通篇条文式制度

通篇条文式制度的结构整齐统一，阅读体验非常顺畅。

范例精讲｜采购与付款内部控制制度

范例内容展示

采购与付款内部控制制度

第一条 为了加强对公司采购与付款的内部控制，对公司物品与劳务的流入、货币资金的流出、负债的发生实施监督与控制，规范采购与付款行为，防范采购与付款过程中的差错和舞弊，根据《中华人民共和国会计法》和《深交所上市公司内部控制指引》等法律法规，制定本制度。

第二条 本制度适用于××有限公司及下属子（分）公司。

第三条 采购与付款控制包括岗位分工控制、采购预算控制、请购与审批控制、验收控制、付款控制，其中请购与审批控制、验收与付款控制是采购与付款内部控制的关键点。

第四条 公司应当按照请购、审批、采购、验收、付款等规定的程序办理采购与付款业务，并在采购与付款各环节进行相关的记录、填制相应的凭证，建立完整的采购登记制度，加强请购手续、采购订单（或采购合同）、验收证明、入库凭证、采购发票等文件和凭证的相互核对工作。

第五条 建立采购与付款业务的岗位责任制，明确相关部门和岗位的职责权限，确保办理采购与付款业务的不相容岗位相互分离、制约和监督，以保证对采购与付款业务实施有效控制。

第六条 公司的所有采购业务归口采购部进行管理，非采购部门或个人不得采购各类物资。

第七条 采购管理部门应当根据本制度的原则出台采购业务内部控制的管理细则及相关人员的考核方案，加强对采购业务的控制，降低公司风险。

第八条 各子公司在编制年度经营预算的同时应当对公司生产经营活动中主要物资及劳务编制年度采购预算，加强采购业务的预算管理。

第九条 各归口管理部门应明确相关人员的职责权限及相应的请购程序。

第十条 公司采购的验收控制包括数量验收和质量验收两个方面。

1.数量验收：由接收部门责任人进行数量清点，对物资的规格、型号是否与采购订单相符进行验收，于供应商送货单上确认数量，同时录入 U8 系统。

2.质量验收：生产物资采购由质量部进行质量检验，出具验收合格报告；固定资产由规划部（工业工程部）进行质量验收，出具资产验收报告；电脑及办公设备由信息部进行验收，出具验收报告。

第十一条 采购入库后，采购部经办人员收集相关凭证交财务部，财务人员检查采购合同、U8 系统记录、供应商发票、入库单、验收报告是否齐备且相符，据此按规定办理相关会计手续。财务人员还应检查采购业务是否符合采购实物

范例内容精讲

该制度没有开头和结尾，正文即为23条条款内容，以"第一条、第二条、第三条……"的方式将有关的重要内容展示出来。

一般来说，第一条和第二条多为制度的固定内容，第一条书写编制目的或编制背景，第二条书写制度适用范围。书写者在实际书写时，也可以借用一些常见的书写模式，这样更加高效。如本例中第一条内容和第二条内容模式如下：

为了……，对……，规范……，根据……，制定本制度。

本制度适用于……

从第三条开始便循序渐进地展开具体的制度内容，首先对"采购与付款控制"进行了概括，告诉阅读者采购与付款控制包括岗位分工控制、采购预算控制等，这样可以让阅读者事先构建一个基本的脉络，帮助其理解。

而最后一条，即第二十三条，是全文的结束内容，也是制度类公文中常见的固定内容，说明了制度的实施日期。一般来说，制度都是自发布之日起施行。

在阅读本篇制度时可以看到，中间某处在结构上有些不连贯，如图3-2所示。

> 第十条　公司采购的验收控制包括数量验收和质量验收两个方面。
>
> 　1.数量验收：由接收部门责任人进行数量清点，对物资的规格、型号是否与采购订单相符进行验收，于供应商送货单上确认数量，同时录入U8系统。
>
> 　2.质量验收：生产物资采购由质量部进行质量检验，出具验收合格报告；固定资产由规划部（工业工程部）进行质量验收，出具资产验收报告；电脑及办公设备由信息部门进行验收，出具验收报告。

图 3-2　制度中书写不连贯的部分

在第十条内容下还分了两个小点做详细阐述，这是在书写制度时常常会遇到的情况。若某条内容较为复杂，又具有逻辑关联性，与其分开书写，不如另外分层，这样在内容上才具有连贯性。若是将上图第十条分成两条书写，就变成了下面所示的结构，虽然内容并没有减少，但在表达上少了一层意思。

> 第十条　数量验收，由接收部门责任人进行数量清点，对物资的规格、型号是否与采购订单相符进行验收，于供应商送货单上确认数量，同时录入 U8 系统。

> 第十一条　质量验收，生产物资采购由质量部进行质量检验，出具验收合格报告；固定资产由规划部（工业工程部）进行质量验收，出具资产验收报告；电脑及办公设备由信息部门进行验收，出具验收报告。

3. 多层条文式制度

针对内容较多、篇幅较长的制度编写，多层条文式运用广泛。

范例精讲｜员工录用管理制度

范例内容展示

员工录用管理制度

第一章　总则

第一条　为规范员工的录用工作，明确录用双方的权责，特制定本制度。

第二条　公司本着量才适用、择优录取的原则，公开、公平、公正地进行人员录用程序，为公司延揽适用的人才。

第三条　行政人事部负责录用工作的实施，用人部门协助执行。

第二章　录用前的告知义务

第四条　员工在入职前，必须如实告知其真实履历、身体状况、教育状况等基本信息，确保其向公司提交的各种证明材料全面、真实、合法。

第五条　如果员工曾有过营私舞弊、严重失职等行为或受到过行政处分、刑事处分、劳动教养，或者受过原单位的处分，或与原单位发生过劳动纠纷，员工须事先诚实且详细地向公司作书面说明。

第六条　员工入职前，行政人事部如实告知其入职条件、工作职责、工作地点、工作环境、工作时间、福利待遇、规章制度等，对员工所关心的其他事项也应作详细解答。

第三章　录用途径

第七条　有意到本公司服务的求职者，应向行政人事部申请。该部的职能是促进录用程序的实施。

第八条　公司也欢迎和鼓励员工推荐候选人。

第九条　公司为每一位员工提供充分的个人和职位发展机会。当出现职位空缺时，公司内部的提名总是会被优先考虑，员工可将简历按要求投至行政人事部，行政人事部将保密候选人信息。

第十条　无论是内部候选人，还是外部候选人，都应按预先确定的审查程序加以考虑和评价。最终的选择则以候选人的资格是否满足工作需要而定。部门负责人有责任支持本部门员工在事业方面的计划和发展。

第十一条　应该避免内部以不正当手段获取职位。员工有义务将自己感兴趣申请的新工作职位情况，在应聘之前通知主管领导和行政人事部。对内部工作职位选定，无论正式或非正式，用人部门负责人都必须与行政人事部协商而定。

第四章　亲属录用

第十二条　本公司员工可推荐亲属加入公司，但同样须接受行政人事部的正规招聘流程。

第十三条　被推荐人必须在职位申请表上注明与推荐人的关系，不得弄虚作假，反之无论是推荐人，还是被推荐人，

范例内容精讲

该篇制度围绕公司员工录用展开，由于篇幅较大，采用多层条文式写法，将正文分为 9 章 9 个部分，分别如下所示。

- ◆ 总则

- ◆ 录用前的告知义务

- ◆ 录用途径

- ◆ 亲属录用

- ◆ 录用条件和要求

- ◆ 录用禁忌

- ◆ 入职报到手续与流程

- ◆ 特别规定

- ◆ 附则

其中总则与附则属于固定结构，其他章节依据内容多少及分类逻辑，会有很大变化。

总则一般包括编制目的、编制原则、适用范围、有关实施与执行部门这几项内容，书写者可自行选择书写哪些内容、省略哪些内容。

附则一般包括编制部门、颁布部门、实施日期等内容，其中句式"本规定由……负责制定、解释，由……审批后颁布实施。修订、废止时亦同"，可借鉴使用。

由于正文内容繁多，为了逐一书写完整，常出现多层逻辑结构，本例中一共有 4 层结构。

在书写多层结构内容时，一定要保持格式上的统一，如本例中二级标题为"第 × 章"，三级标题为"第 × 条"，四级标题为"阿拉伯数字 + 英文句号"，五级标题为"括号 + 阿拉伯数字"，绝对不能出现以下情况：

第一条　××××××××××××××××××。

1.××××××××××××××××××。

2.×××××××××××××××××××。

3.×××××××××××××××××××。

第二条 ×××××××××××××××××××。

一、×××××××××××××××××××。

二、×××××××××××××××××"××××"。

同一层级的内容，一个用阿拉伯数字排列，另一个用汉字排列，整篇文章会变得混乱，难以阅读，更难以厘清前后逻辑，这是绝不允许的。

3.2 章程

章程是党政机关、公司或社会团体制定的，规定组织性质、宗旨和办事基本规则的规范性文书。章程与规则的关系类似于宪法和法律。

3.2.1 章程的一般格式

章程分为标题和正文两大部分，一般怎样进行章程写作呢？下面来看具体介绍。

1. 标题

章程的标题一般由制作单位＋"章程"二字构成，如物业部管理章程。在标题下面，还可写明什么时间由什么会议通过，并用括号括上。

2. 正文

章程正文包括总则、分则和附则3部分，有时候附则可以省略。总则又称总纲，从整体说明编制性质、宗旨、任务等；分则根据具体内容有所不同；附则，即附带说明制定权、修改权和解释权等。

3.2.2 章程写作的注意事项

章程在企业活动中运用广泛，具有稳定性和约束性，书写者首先应对章程的特点进行了解，才能把握写作的整体感觉。

（1）**稳定性**。章程是企业内部组织或团体的基本纲领和行动准则，在一定时期内稳定地发挥其作用，如须更动或修订，应履行特定的程序与手续（经组织全体成员或其代表审议通过）；企业开展业务工作的章程是基本的办事准则，也应保持相对稳定，不宜轻易变动。

（2）**约束性**。章程作用于企业内部，需要全体员工共同实施，有一定的规范作用和约束力。

在进行具体的章程写作时，要注意 3 个要点，如表 3-1 所示。

表 3-1　章程写作要点

要点	具体阐述
内容完备	章程的内容条款是经过反复讨论、充分协商后才确定的，一般需包括企业名称、宗旨、任务、组织机构、领导者的产生和任期、经费的管理使用等。必要的项目要完备，比如，有限责任公司的公司章程应按照《公司法》的规定，载明以下内容：公司名称和住所；公司经营范围；公司注册资本；股东的姓名或者名称；股东的出资方式、出资额和出资时间；公司的机构及其产生办法、职权、议事规则；公司法定代表人；股东会会议认为需要规定的其他事项
结构严谨	全文由总到分，顺序应有逻辑。"分"的部分，一般是先讲成员，后讲组织；先讲全国组织，后讲地方组织；先讲对内规章，后讲对外规章。要环环相扣，体现严密的逻辑性，使章程成为一个统一体。章程应做到一项一事，便于执行、引用
明确简洁	章程尤其注意明确而简洁，要用很少的话就把意思明确地表达出来。一般用断裂行文法，用条文表达，句与句、段与段之间有一定的跳跃性，一般不要用"因为……所以……""虽然……但是……"等关联词语。不用修辞，避免歧义，使用词语的直接意义，让人一看就明白

3.2.3　章程范例解析

公司章程会因企业性质的不同而有所差别，下面来通过具体的案例了解内容的侧重与差别。

1. 股份有限公司章程

股份有限公司的章程内容需要依照有关法律规定制定，如下例所示。

范例精讲 | ×× 股份有限公司章程

范例内容展示

××股份有限公司章程

第一章 总则

第一条 本章程依照《中华人民共和国公司法》和有关法律、法规的规定，为保障公司股东和债权人的合法权益而制定。本章程是××股份有限公司的最高行为准则。

第二条 公司业经××××批准成立，是在工商行政管理部门登记注册的股份有限公司，具有独立法人资格；其行为受国家法律约束，其经济活动及合法权益受国家有关法律、法规保护；公司接受××有关部门的管理和社会公众的监督，任何机关、团体和个人不得侵犯或非法干涉。

第三条 公司名称：××股份有限公司（以下简称××）

公司英文名称：

第四条 公司法定地址：

第五条 公司注册资本为人民币_____元。

第六条 公司是采取募集方式设立的股份有限公司。

第二章 宗旨、经营范围及方式

第七条 公司的宗旨：（略）

第八条 公司的经营范围：

主营：（略）；兼营：（略）

第九条 公司的经营方式：（略）

第十条 公司的经营方针：（略）

3.作价低于当时国际市场价格，并应有价格评定所依据的资料。

4.经董事会批准认可的，以工业产权、专有技术等无形资产（不含土地使用权）作价所折股份，其金额不得超过公司注册资本的_____%。

第十八条 公司的董事和经理在任职的3年内未经董事会同意，不得转让本人所持有的公司股份。3年后在任职期内转让的股份不得超过其持有公司股份额的50%，并需经过董事会同意。

第十九条 公司发行的股票须由公司加盖股票专用章和董事会董事长签字方为有效。

第二十条 公司股票的发行、过户、转让及派息等事宜，由公司委托专门机构办理。

第二十一条 公司股东所持有的股票如有遗失或毁损，持股股东应以书面形式告知公司并在公司指定的报刊上登载3天，从登报之日起30天内无人提出异议，经公司指定的代理评判机构核实无误，可补发新股票并重新办理登记手续，原股票同时作废。

第二十二条 公司的股票可以买卖、赠与、继承和抵押。但自公司清算之日起不得办理。股票持有人的变更应在45天内向公司或公司代理机构办理过户登记手续。

第二十三条 根据公司发展，经董事会并股东大会决议，

第三章 股份

第十一条 公司股票采取股权证形式。公司股权证是本公司董事长签发的有价证券。

第十二条 公司的股本分为等额股份，注册股本为___股，即___元。

第十三条 公司的股本构成

发起人股：_____股，计___万元，占股本总数的_____。

其中：社会法人股_____万股，占股本总数的_____。内部职工股_____万股，占股本总数的_____。

第十四条 公司股票按权益分为普通股和优先股。公司已发行的股票均为普通股。

第十五条 公司股票为记名股票。每股面值___元。法人股每一手为___股；内部职工股每一手为___股。

第十六条 公司股票可以用人民币或外币购买。用外币购买时，按收款当日外汇价折算人民币计算，其股息统一用人民币派发。

第十七条 公司股票可用国外的机器设备、厂房或工业产权、专有技术等有形或无形资产作价认购，但须符合下列条件：

1.为公司必需的。

2.必须是先进的，并具有中国或外国著名机构或行业公证机构出具的技术评价资料（包括专利证书或商标注册证书）。

可进行增资扩股，其发行按下述方式进行：

1.向社会公开发行新股。

2.向原有股东配售新股。

3.派发红利股份。

4.公积金转为股本。

第二十四条 公司只承认已登记的股东（留有印鉴及签字式样）为股票的所有者，拒绝其他一切争议。

第四章 股东、股东大会

第二十五条 公司的股份持有人为公司的股东。

第二十六条 法人作为公司股东时，应由法定代表人或法定代表人授权的代理人代表其行使权利，并出具法人代表的授权委托书。

第二十七条 公司股东享有以下权利：

1.出席或委托代理人出席股东大会并按其所持股份行使相应的表决权。

2.依照国家有关法律法规及公司章程规定获取股利或转让股份。

3.查阅公司章程、股东会议记录及会计报告，监督公司的经营，提出建议或质询。

4.优先认购公司新增发的股票。

5.按其股份取得股利。

6.公司清算时，按股份取得剩余财产。

范例内容精讲

股份有限公司是指公司资本为股份所组成的公司，股东以其认购的股份为限对公司承担责任。中国《公司法》规定，设立股份有限公司，应当有 2 人以上 200 人以下为发起人。由于所有股份公司均须是负担有限责任的有限公司（但并非所有有限公司都是股份公司），所以一般合称"股份有限公司"。

由于《公司法》第八十一条列明了股份有限公司章程应当载明的事项，所以在编制股份有限公司章程时，需以《公司法》作为参考。如下所示。

（一）公司名称和住所；

（二）公司经营范围；

（三）公司设立方式；

（四）公司股份总数、每股金额和注册资本；

（五）发起人的姓名或者名称、认购的股份数、出资方式和出资时间；

（六）董事会的组成、职权和议事规则；

（七）公司法定代表人；

（八）监事会的组成、职权和议事规则；

（九）公司利润分配办法；

（十）公司的解散事由与清算办法；

（十一）公司的通知和公告办法；

（十二）股东大会会议认为需要规定的其他事项。

从《公司法》的上述规定可以看出，股份有限公司章程的法定记载事项较多，自然在编写时，无论篇幅还是结构都相当复杂。

本例以总则、分则、附则为大框架编写章程，一共划分了 12 章，第一章为总则，第十二章为附则，中间 10 章为分则。

总则的主要内容包括编写依据、公司权利义务、公司名称、公司法定地址、注册资本以及设立方式，是对公司基本情况进行的介绍，常用句式有：

"本章程依照……而制定。""公司业经……批准成立。"

分则包括以下 10 个方面的内容,围绕公司的经营管理、财务审计等进行说明,与《公司法》的规定条款大同小异,囊括了需要说明的重点内容。

◆ 宗旨、经营范围及方式

◆ 股份

◆ 股东、股东大会

◆ 董事会

◆ 监事会

◆ 公司经营管理机构

◆ 财务、审计和利润分配

◆ 劳动人事和工资福利

◆ 章程的修改

◆ 终止与清算

附则内容通常只有简单的几条,大致包括章程补充内容说明、章程解释权、章程通过决议、章程生效及章程修改的条件等。常用句式有:"公司股东大会通过的……,视为本章程的组成部分。""本章程的解释权属于……""本章程经……决议通过,并经……批准,自公司注册登记之日起生效。"

拓展贴士 *何时修改公司章程*

每一个依法设立的公司都需要制定公司章程,其对股东、董事、监事和高级管理人员具有约束力,并规定了公司的经营范围,当改变经营范围时,需要一并对章程进行修改。除此之外,有下列情形之一的,公司应当修改章程:

①《公司法》或有关法律、行政法规修改后,章程规定的事项与修改后的法律、行政法规的规定相抵触。

②公司的情况发生变化,与章程记载的事项不一致。

③股东大会决定修改章程。

---

2. 中外合资经营企业章程

中外合资经营企业，是指中国合营者与外国合营者依照中国法律的规定，在中国境内共同投资、共同经营，并按投资比例分享利润、分担风险及亏损的企业。中外合资企业的特征包括：

◆ 合营企业主体一方为中国的公司企业或其他经济组织；另一方为外国的公司企业或其他经济组织和个人。

◆ 在中国境内，按中国法律规定取得法人资格，为中国法人，必须遵守中国法律、法规。

◆ 是有限责任公司。

◆ 合营各方遵照平等互利原则。

合营企业章程需规定合营企业的宗旨、组织原则和经营管理方法等事项，如下例所示。

范例精讲｜×× 有限公司章程

范例内容展示

×× 有限公司章程

第一章 总则

第一条 根据《中华人民共和国外商投资法实施条例》、《中华人民共和国外商投资法》及中国相关法律、法规的规定，中国_____公司（以下简称甲方）与__国_____公司（以下简称乙方）于××××年××月××日在_____签订了建立合营经营的_____公司（以下简称合营公司）合同，特制定本公司章程。

第二条 合营公司名称为：_____。

合营公司的法定地址为：_____。

第三条 甲、乙双方的名称，法定地址为：

甲方：中国_____公司。法定地址：_____。

乙方：__国_____公司。法定地址：_____。

第四条 合营公司为股份有限责任公司。

第五条 合营公司为中国法人，受中国法律管辖和保护，其一切活动必须遵守中国的法律、法令和有关规定。

第二章 宗旨、经营范围

第六条 合营公司宗旨为：加强中__两国技术交流和经济合作，采用_____技术和先进的_____科学经营管理方法，

提高经济效益，使投资各方获得满意的利益。

第七条 合营公司经营范围为：_____。

（注：根据批准文件填写，最后应注明"以工商行政管理机关核定的经营范目为准。"）

第八条 合营公司经营规模为：_____。

第九条 合营公司产品在中国国内及国外市场销售。国内外销售比例和数量：_____。

第三章 投资总额和注册资本

第十条 合营公司的投资总额为_____万美元。

合营公司的注册资本为_____万美元。

第十一条 甲、乙双方出资如下：

甲方：认缴出资额为××万美元，占注册资本××%。

乙方：认缴出资额为××万美元，占注册资本××%。

甲方以经营所需实物为出资。乙方以现金作为出资。

第十二条 甲、乙双方应按合同规定的期限缴清各自出资额。

第十三条 甲、乙双方缴付出资额后，经合营公司聘请的中国公认会计师验资并出具验资报告后，由合营公司的董事长和会计师以签发出资证明书给对方。出资证明主要内容是合营公司名称、成立日期、合营者名称及出资额、出资日期、发给出资证明书日期等。

第十四条 合营期内，合营公司不得减少注册资本数额。

第十五条 合营公司注册资本增加须经甲、乙双方一致同意，可按原投资比例增加投资，并经各方审批机构批准。

第十六条 任何一方转让其出资额，不论全部或部分，都须经另一方同意。一方转让时，另一方有优先购买权。合营一方向第三者转让出资额的条件，不得比向合营他方转让的条件优惠。

第十七条 合营公司注册资本的增加、转让，经董事会一致通过后，由甲、乙双方签署协议，并报有关审批部门批准和办理变更登记手续。

第四章 董事会

第十八条 合营公司设董事会。董事会是合营公司的最高权力机构。

第十九条 董事会决定合营公司的一切重大事宜，其职权主要如下：

（1）决定和批准总经理提出的重要报告（如生产规划、年度营业报告、资金使用和贷款等）；

（2）批准年度财务报表、收支预算、年度利润分配方案；

（3）通过公司的重要规章制度；

（4）决定设立分支机构；

（5）修改合营公司的章程；

（6）决定合营公司停产、终止或与另一个经济组织合并；

（7）决定聘用总经理、副总经理、会计师等高级职员；

（8）负责合营公司终止和期满时的清算工作；

（9）其他应由董事会决定的重大事宜。

第二十条 董事会由____人组成，其中甲方委派____名，乙方委派____名。董事任期为____年，可以连任。

第二十一条 董事会设董事长一名，由甲方委派，副董事长一名，由乙方委派。

第二十二条 甲、乙双方在委派和更换董事人选时，应书面通知董事会。

第二十三条 董事会例会每年召开一次，经1/3以上的董事提议，可以召开董事会临时会议。

第二十四条 董事会会议，在公司所在地举行。

第二十五条 董事会会议由董事长召集并主持，董事长缺席时由副董事长召集并主持。

第二十六条 董事长应在董事会开会前30天书面通知各董事，写明会议内容、时间和地点。

第二十七条 董事因故不能出席董事会会议，可以书面委托代理人出席董事会，如届时未出席也未委托他人出席，则作为弃权。

第二十八条 董事会会议有2/3以上董事（或代表）出席方为有效。

第二十九条 董事会每次会议，须作详细的书面记录，并由全体出席董事（或其代理人）签字，记录文字使用中文，

范例内容精讲

公司章程制定的主要内容多有相似，都与经营管理、机构设置、财务审计和职工管理有关。不过中外合营企业的章程内容还会涉及以下一些。

◆ 合营各方的名称、注册国家、法定地址，法定代表人的姓名、职务、国籍。

◆ 合营企业的投资总额、注册资本，合营各方的出资额、出资比例、出资方式、出资缴付期限、股权转让的规定，利润分配和亏损分担的比例。

就拿本例来说，章程共编制了11章，第一章总则主要对合营双方的基本情况进行介绍，包括国别、双方公司名称及法定地址、合营公司名称及法定地址、合营公司性质以及合营公司法人情况。

与其他有限公司不同，中外合营企业需要在章程中展示合营双方或多方的信息，区别甲乙双方的立场。常用句式如"根据……的规定，……（以下简称甲方）与……（以下简称乙方）于……在……签订了建立合资经营的××公司（以下简称合营公司）合同，特制定本公司章程""合营公司为×国法人，受×国法律管辖和保护，其一切活动必须遵守×国的法律、法令和有关规定"。

分则内容包括了九大部分，具体结构如下所示。

第二章 宗旨、经营范围

第三章 投资总额和注册资本

第四章 董事会

第五章 经营管理机构

第六章 财务会计

第七章 利润分配

第八章 职工

第九章 期限、终止、清算

第十章 规章制度

这些与前一个例子中的分则内容差别不大，都是与公司营业有关的重要事项。而在最后一章附则中，书写者需要注意说明章程的语种，一般是双语种书写，且两种文字具有同等法律效力。

拓展贴士 *公司章程变更步骤*

根据我国《公司法》的规定，公司章程的修改应依照以下程序进行：

① 由公司董事会作出修改公司章程的决议，并提出章程修改草案。

② 股东会对章程修改条款进行表决。有限责任公司修改公司章程，须经代表 2/3 以上表决权的股东通过；股份有限公司修改章程，须经出席股东大会的股东所持表决权的 2/3 以上通过。

③ 公司章程的修改涉及需要审批的事项时，报政府主管机关批准。

④ 公司章程的修改涉及需要登记事项的，报公司登记机关核准，办理变更登记；未涉及登记事项，送公司登记机关备案。

⑤ 公司章程的修改涉及需要公告事项的，应依法进行公告。

⑥ 修改章程需向公司登记机关提交"股东会决议"及"章程修正案"，若涉及登记事项，须有公司法人签章方可完成变更。

3.3　办法

办法是有关机关或部门根据国家的方针、政策及有关法规、规定，就某一方面的工作或问题提出具体做法和要求的文件。在企业日常工作中，管理者常就具体的工作任务或特定的工程项目，拟制有关办法作为技术指导，员工好据此展开工作。

3.3.1　办法的写作格式

根据内容、性质的不同，办法可分为实施文件办法和工作管理办法两种。同样是对员工行为的规范文件，比起制度，办法条款更加具体、完整，不能抽象笼统。因此，办法的实操性会更强。

从结构上来看，办法由首部和正文两部分组成。

1. 首部

办法的首部包括标题、制发时间和依据等项目内容。其中标题的写法有两种。

发文机关＋事由＋办法。这是最常见的公文标题结构，如"×× 有限公司项目经营管理办法"。

事由＋办法。如"档案管理办法""工程结算管理办法""风险管理办法""人事管理办法"。

此外，制发时间和依据也在首部进行介绍，可在标题之下用括号注明：

- ◆　制发的时间和会议名称。
- ◆　通过的会议、时间。
- ◆　发布的机关、时间。
- ◆　批准的机关、时间。

有的办法与"决定""通知"等文种同时发布，此时该项内容可以省略。

2. 正文

办法的正文由依据、规定、说明这 3 层意思组成，一般分章、分条叙述，需将具体内容和措施依次逐条写清楚，结尾要交代实施的日期和实施办法的说明。

拓展贴士　*特殊的办法标题*

在企业中编制与施行的办法，在不同的情况下，会对标题进行特殊标记，大致分为两种特殊情况。

① 若编制的办法是临时性的，或不太成熟，需要在企业内部执行一段时间看看效果，再决定正式实施或修改，或是根据情况变化与发展再行修订，均应在标题后加"临时""暂行""试行"等词，并用括号括起来。

② 若管理层对下级单位有明确的规定，或是就公司内部事项编制政策性的文件，可在办法前加"实施"二字。

3.3.2　办法范例解析

办法的写法较为灵活，格式也更自由，适用于企业内各种行政管理的需要，通常有 3 种结构样式。

（1）**前言分项式**。正文以前言作为开头，之后分条列项，按照先主要后次要的顺序介绍有关内容。

（2）**章断条连式**。正文由总则、分则、附则 3 个部分组成，将全文分为几大部分，一个部分就是一章，每一章的内容各有侧重。

（3）**连条式**。正文通篇一种格式，按照顺序书写内容即可，这种写作方式适合篇幅短小的情况，阅读起来也很方便。

办法的写作内容不同，其形式和写作要点就有所不同，下面来分别看看不同的范本。

1. 实施办法

实施办法的内容与公司管理无关，是对具体活动或事项的实施规则。

范例精讲｜××公司项目经理竞聘实施办法（试行）

范例内容展示

××公司项目经理竞聘实施办法
（试行）

第一章 总则

第一条 为合理配置公司人力资源，为人才成长提供晋升通道，充分发掘和培养项目管理人才，提高公司项目管理水平，特制定本实施办法。

第二条 总原则

按照"公开、平等、竞争、择优"的竞聘理念，落实"任人唯贤、德才兼备、群众公认、注重实绩"的原则，推进公司项目经理的竞聘工作。

第二章 适用范围

第三条 本办法所称"项目经理"指新承接工程项目及现有在建项目出现空缺的项目部经理、副经理、总工程师3个岗位。

第四条 本办法适用公司所有合同制员工，但原则上项目经理只在有项目副经理或总工程师及以上岗位工作经验的竞聘者中产生。一位竞聘者可同时报名参加多个岗位的竞聘。

第三章 组织机构

第五条 公司成立项目经理竞聘领导委员会（以下简称委员会），委员会职责如下：

1. 全面统筹项目经理竞聘工作。

2. 负责审核项目经理竞聘条件及程序，指导整个竞聘实施过程，并对实施过程中出现的问题提出整改意见。

3. 负责竞聘考核，对竞聘者进行评价，并根据汇总成绩决定推荐人选。

第六条 委员会人员构成

原则上，委员会成员由公司主要领导或分管领导及相关部门负责人构成。其中，主任委员由公司主要领导或分管领导担任，其余为委员。

第七条 委员会下设竞聘办公室（以下简称办公室），办公室设在公司人力资源部，职责如下：

1. 负责拟订竞聘实施方案及《竞聘启事》，交委员会审批。

2. 负责竞聘相关信息发布及竞聘者信息整理、初步筛选。

3. 负责安排委员会会务安排。

4. 负责汇总竞聘成绩，提交委员会讨论。

5. 负责其他竞聘相关工作。

第四章 竞聘程序

第八条 竞聘信息发布

由办公室拟定《竞聘启事》，发布的信息包括：项目基本情况、拟聘岗位、竞聘条件、相关表格、竞聘者项目实施技术方案等事项，确保信息发布到位。《竞聘报名表》详见附件1。

第九条 竞聘名单的整理

办公室根据竞聘条件对报名人员进行初步筛选，形成进入竞聘会人员名单。人员名单需交委员会审阅，并通知竞聘者竞聘时间、地点及其他安排。

第十条 竞聘流程及权重

竞聘流程分为：

1. 群众评议及单位推荐建议。

2. 心理测评。

3. 《项目实施技术方案与保证措施》或笔试。

4. 演讲。

5. 答辩。

其中，心理测评、群众评议及单位推荐建议为参考项目，其余为记分项目。《群众评议表》、《民主评议统计及单位推荐建议》分别详见附件2、附件3。

《项目实施技术方案与保证措施》或笔试、演讲、答辩等单项程序满分为100分，考官根据竞聘者个人表现进行评价。各程序所对应权重分别为30%、30%、40%。《竞聘评价表》详见附件4。

第十一条 结果确定

办公室对考核综合评分进行汇总排名，由委员会确定推荐人选，报公司审批确定最终结果。

第五章 其他

第十二条 对通过竞聘产生的项目经理后备人选，由公司主要领导、分管领导约谈，并经过总经理办公会讨论通过，由公司下发聘任文件。

竞聘上岗人员试聘期半年，试聘期结束后，根据其工作业绩进行考核，考核合格方能续聘。

第十三条 本办法由公司人力资源部负责解释。

附件：1.《竞聘报名表》

2.《群众评议表》

3.《民主评议统计及单位推荐建议》

4.《竞聘评价表》

范例内容精讲

该办法是针对公司竞聘机制所规定的实施办法，采用章断条连式的写法，第一章和第二章对书写目的、书写原则和适用范围进行了说明。之后围绕组织机构和竞聘程序，介绍竞聘选拔的团队和竞聘的基本流程，可见实施办法比起政策性文件来说更加具体、更具实操性。

最后一部分是该篇办法的补充条款，比较笼统，章名为"其他"，其实就是常说的附则。由于该部分是全文的结束部分，所以条款之间没有相互关联，也没有逻辑，为了保证阅读顺畅，结束部分的条款数量以 2～3 条为佳。

2. 管理办法

管理办法涉及公司的各项管理内容，主要用于约束员工，下面来看看示例做一定了解。

范例精讲｜×× 公司车辆管理办法

范例内容展示

××公司车辆管理办法

第一章　总则

第一条　目的：规范公司车辆管理。

第二条　适用范围：公司行政办公用车及工程生产用车。

第三条　权责：公司办公用车由行政部进行管理，工程生产用车由工程技术部进行管理（行政部负责监督管理）。

第二章　车辆管理

第四条　公司行政部有权直接或间接对车辆进行管理，对管理办法制定和修改，以及对司机的行为规范进行稽核，并建立车辆管理档案。

第五条　车辆由专职司机驾驶，司机必须持有有效驾照，每周进行车辆检查及保养，确保行车安全。

第六条　每辆车存放一本《车辆管理手册》。

第七条　《车辆行驶证》《车辆运营证》《车辆完税证》等随车证件及资料由司机保管，行车登记证及备用钥匙由行政部保管。

第八条　车辆必须配备备件及工具，并且要登录《车辆备件及工具清单》，车辆有异常时，应停止使用，以免故障扩大化，并立即进行修理。

第九条　用车须填写《用车申请单》，行政办公用车由部门管理签字后交行政部管理审批调派。

第十条　司机出车前应填写《车辆使用记录表》，并核对《车辆使用记录表》前一次用车的记录里程是否和车辆里程表上的读数相符，使用后应完整填写《车辆使用记录表》。

第十一条　车辆行驶必须按照《用车申请单》上的行驶路线和目的地，加油应填写《车辆加油记录表》。

第十二条　司机每月初进行上月用车总结，填写《车辆使用状况总结表》，每月 5 日前将《车辆管理手册》中的管理表单交于管理人员，行政办公用车直接交于行政部，工程生产用车交于工程技术部，并转交行政部稽核。

第三章　司机管理

第十三条　司机必须遵守《中华人民共和国道路交通管理条例》及有关交通安全管理的规章规则。

第十四条　司机必须持有有效驾驶执照和岗位资格证，方可上岗。严禁无证驾驶。

第十五条　司机必须熟读公司的《车辆管理办法》，遵守每一条管理规定，并遵守公司的其他管理规定。

第十六条　车辆必须按行驶里数进行定期保养，更换正牌厂家配件，保养后须填写《车辆维修保养记录表》。

第十七条　司机凭《用车申请单》出车，并按规定行驶路线和目的地行车，如需更改须向上级汇报获准，并在《车辆使用记录表》上说明，严禁公车私用。

第十八条 每天早上例行检查车辆的车况，发现不正常时，要立即处理。

第十九条 司机发现所用车辆有故障时要及时检修。如果需外修的，要向上级管理汇报，并填写《车辆维修保养申请表》，未经批准，私自将车辆送外维修，费用由司机负担。维修后须填《车辆维修保养记录表》。

第二十条 司机离开车辆时，要锁好保险锁，防止车辆被盗。司机对车辆及车辆上的物品要负全责，损坏或丢失都要赔偿。

第二十一条 司机应及时提醒车辆年检及缴纳车辆保险等，并填写《事项请示报告》书面申请年检，因提醒不及时导致过期的责任由司机承担。

第二十二条 上班时间司机未出车的，应在公司等候安排。未经书面请假批准不可离开。

第二十三条 月初司机总结上月用车情况，填写《车辆使用情况总结表》，并上交相应表单。

第二十四条 处罚

以上各条如有违反，除追究相关人员行政责任，进行行政处罚外，根据情况将给予司机100～1000元的罚款，造成公司损失的由相关责任人进行赔偿。情节严重者，将予以辞退。

第四章 违规与事故处理

第二十五条 在下列情形之一，违反交通规则或发生事故，所有后果及责任由司机负担，并予以罚款1000元以上，情形态度恶劣者予以辞退。

A. 无照驾驶。

B. 未经许可将车借于他人使用。

C. 酒后驾驶。

D. 未经批准私自出车。

第二十六条 违反交通规则，其罚款由司机负担。

第二十七条 意外事故造成车辆损坏，在扣除保险金额后再视实际情况由司机与公司共同负担。

第二十八条 发生交通事故后，如需向受害当事人赔偿损失，经扣除保险金额后，其差额由司机个人负担。

第五章 车辆加油管理

第二十九条 行政人力资源部联合财务部到中国石油加油站办理加油管理卡及加油卡，加油管理卡由行政人力资源部进行管理（卡上资金调度及充值），加油卡由司机保管使用（与油站商定只限本车牌号加油用）。

第三十条 司机凭加油卡到中国石油加油站刷卡加油，开发票并打印银行业务凭证，油费报销必须附上发票和银行业务凭证。

第三十一条 车辆及备用油箱加油都必须填写《车辆加油记录表》。

范例内容精讲

　　该篇管理办法的结构为章断条连式，篇幅较大，涉及内容广泛，通过此格式能对主要内容进行归纳总结，划出章名，对全文阅读来说，有一定的引导性。

　　从章名可以看出，全文分为总则、车辆管理、司机管理、违规与事故处理、车辆加油管理、车辆维修保养管理、车辆交接管理、车辆费用报销管理及司机现金借支管理这几大部分，全面说明了企业内车辆管理的关键内容。

　　值得注意的是，本篇办法没有附则，也没有有关的结束语，而是随着主要管理内容的结束而结束，接着便是附件内容的展示，写法上干脆利落，在实际运用中也是可以允许的。

（3）考核办法

　　考核办法即对公司内部需要进行考核的事项进行规定，常见的有绩效考核，如下例所示。

范例精讲｜一般企业员工考核办法

范例内容展示

一般企业员工考核办法

1.目的

通过考核员工工作态度、履行岗位职责能力及工作业绩，激励员工自我完善，增进管理绩效，充分调动员工的工作积极性，以提高工作效率和经济效益，特制定本办法。

2.考核对象

公司所有部门及员工（董事长除外）。

3.考核内容

副总：主要考核公关能力、协调能力、创新能力、决策能力、资金回笼能力等内容。

部门经理、主管：主要考核沟通能力、协调能力、执行能力、创新能力、责任心等内容。

一般员工：主要考核业务能力、专业技术能力、执行能力、责任心、工作主动性等内容。

4.考核方式

实行分级考核，由直接上级考核直接下级，并由分管领导最终评定。即：

（1）公司总经理考核副总经理、总工程师（其中，总工程师的考核结合分管副总意见）。

（2）公司副总经理考核部门负责人及分管部门。

（3）部门负责人考核部门所属员工，并由分管领导最终评定。

（4）财务部门人员由集团公司财务审计部负责考核，公司提供相关参考依据。

5.考核结果及奖惩

（1）考核结果

考核结果以分数确定，最终转换为 A、B、C、D 四个等级以分管领导最终评定为准。各个等级对应分数及基本标准如下所示。

A 级：超额完成当月工作任务，综合表现突出，工作成绩优异。

B 级：全面完成当月工作任务，综合表现良好，工作成绩良好。

C 级：基本完成当月工作任务，综合表现合格，工作成绩一般，偶有工作失误。

D 级：未完成当月工作任务，综合表现一般，工作成绩较差或有重大工作失误。

最终考核分数	等级
98 分及以上	A
86～97 分	B
60～85 分	C
60 分以下	D

（2）奖惩办法

当月考核结果直接与员工当月绩效工资的发放挂钩：

①考核结果为 A 级：绩效工资按 100%发放，并按本人当月考核工资标准的 10%另行发放奖励工资。（当月绩效考核为 A 级的员工比例不超过公司员工总数的 10%，各部门原则上不超过 1 人）

②考核结果为 B 级：绩效工资按 100%发放。

③考核结果为 C 级：绩效工资按 80%发放。

④考核结果为 D 级：不予发放绩效工资。

考核过程中，当月考核等级为 D 的，留任原职查看；累计达到两次的，转为试用员工；累计达到三次的，给予解聘或辞退。年度 C 级考核结果累计达到或超过三次的，根据其实际工作情况，给予适当惩处。

此外，员工月度工作绩效考核结果，将作为年度优秀员工评选、年终考核和奖惩的重要参考依据。

（3）考核等级比例控制

为减少考核的主观性及心理误差，考核结果经对除处理实行部门（分公司）比例控制，各部门、各分公司在向人力资源部申报考核结果时，一律按下面比例。

A 级：不超过本部门（分公司）员工总数 5%。

B 级：不超过本部门（分公司）员工总数 15%。

C 级：占本部门（分公司）员工总数 65%。

D 级：约占本部门（分公司）员工总数 5%。

6.考核程序

（1）人事管理人员按部门下发《考核表》。

（2）考核人员填写《考核表》。

（3）人事管理汇总考核结果，写出考核报告。

（4）考核人员根据实际情况和需要，与被考核人员进行沟通，以改进和提高工作绩效。由人力资源部制订相应培训和岗位调整计划，报领导审定并组织实施。

（5）人事管理人员将经公司领导审批后的考核结果反馈至各部门，并函告财务部。

7.其他事项

（1）考核人员应坚持实事求是、客观公正地进行考核。被考核人认为考核结果严重不符合事实的，可以向人事部或有关领导提出申诉。经调查属实的，报公司领导同意后，可给予纠正，并对相关责任人进行处理。

（2）本办法经公司总经理批准后，于 20××年 2 月起执行。

（3）本《办法》由人事部负责解释。

范例内容精讲

本例为企业员工的考核办法，全篇分出 7 个小标题：

目的、考核对象、考核内容、考核方式、考核结果及奖惩、考核程序、其他事项

其中，考核内容依据考核对象进行划分，不同层级的考核对象，其考核内容与侧重会有差别。

而对考核结果的分级是所有考核办法都会涉及的重要内容，本例分为 A、B、C、D 四级，分条排列，且插入了表格，保证了阅读的顺畅性。

最后一个小标题就是常见的附则内容，对员工申诉、办法执行时间和解释权做出说明。员工申诉内容是考核办法中不能忽视的内容，也是一个关键的内容，考核机制与申诉机制是相对应的，缺一不可。

制度   章程   办法

扫码做习题

扫码看答案

第4章 总结类文书写作与范例

　　总结类公文多是上行文，将工作任务的情况与问题进行总结、分析，传递给上级、同事，这样在今后的工作中也能有所借鉴或改进。因此，总结类公文尤其注意写作逻辑，需要提前搞清写作的主题。

会议纪要

总结

报告

简报

扫码获取本章课件

4.1　会议纪要

会议纪要是在会议记录基础上经过加工、整理出来的一种记叙性和介绍性的文件。包括会议的基本情况、主要精神及中心内容，便于向上级汇报或向有关人员传达及分发。整理加工时或按会议程序记叙，或按会议内容概括出来的几个问题逐一叙述。

4.1.1　会议纪要的特点

企业内大大小小的会议有很多，为了保证每次会议的重要内容能被记录下来，便设置了会议纪要的公文模式。会议纪要要求会议程序清楚，目的明确，中心突出，概括准确，层次分明，语言简练。

一般来说，合格的会议纪要需要具备以下3个特点，具体如表4-1所示。

表 4-1　会议纪要的特点

特点	具体介绍
纪实性	会议纪要需要如实地反映会议内容，不需要写作者进行创作，可以适当删减，或是总结归纳，任何不真实的材料都不得写进会议纪要，否则，就会失去内容的客观真实性
提要性	会议纪要的表达应该有所提炼，根据会议情况综合而成。因此，撰写会议纪要时应围绕会议主旨及主要成果来整理、选择和概括，重点应放在介绍会议成果，而不是叙述会议繁杂的过程
特殊性	会议纪要的称谓有一定的特殊性，一般采用第三人称写法。由于会议纪要反映的是与会人员的集体意志和意向，常以"会议"作为表述主体，使用"会议认为""会议指出""会议决定""会议要求""会议号召"等惯用语

4.1.2　会议纪要的写作格式

比起其他公文，会议纪要的格式稍微复杂一点，一般包括标题、开头、文号格式、制文时间、正文和结尾这几个部分，各部分的写作格式与表达要点如下。

1. 标题

会议纪要的标题分两种格式,一是会议名称＋文种,如《施工现场安全会议纪要》《部门例会会议纪要》;二是把会议的主要内容在标题里展示出来,如《关于企业发展会议纪要》。

2. 开头

会议纪要的开头主要介绍会议召开的基本情况,其中包括以下一些内容。

◆ 会议召开的形势和背景。

◆ 会议的指导思想和目的要求。

◆ 会议的名称、时间、地点、与会人员、主持者。

◆ 会议的主要议题或解决什么问题。

◆ 对会议的评价。

3. 文号格式

会议纪要的文号写在标题的正下方,由年份、序号组成,用阿拉伯数字标出,并用六角括号"〔〕"括入,如〔2022〕12号。在办公例会中也会以"第×期""第×次"作为文号写在标题下方。文号不是必须内容,可以省略。

4. 制文时间

会议纪要的时间可以写在标题的下方,也可以写在正文的右下方、主办单位的下面。

5. 正文

正文是会议纪要的主体部分,对会议的主要内容、主要精神、基本结论以及今后任务等进行具体的综合和阐述。在日常书写时,有以下一些注意事项。

◆ 抓重点、抓主题,不要计较细枝末节,可有可无的内容要懂得舍弃。

◆ 若是会议最后没有结论,没有形成一致的意见,应该分别论述并写明分歧所在。

◆ 若是需要引用与会人员的原话,虽不用一字一句分毫不差,但也要忠于原意,不能篡改,也不可强加于人。

◆ 小型会议，侧重于综合会议发言和讨论情况，并要列出决议的事项。大型会议内容较多，要事先谋篇布局，可将正文划分成几部分，常见的写法有 3 种：一是概括叙述式；二是分列标题式；三是发言记录式。

6. 结尾

会议纪要的结尾一般是提出号召和希望，以会议的主题和结论做出相应的结尾。

在具体写作时，根据会议性质、规模、议题等不同，大致可以有以下 3 种写法。

（1）**集中概述法**。多用于小型会议的会议纪要，用概括叙述的方法，将会议的基本情况、主要问题、议定的有关事项进行说明。

（2）**分项叙述法**。适用于大型会议，把会议的主要内容分成几个大的问题，然后另上标号或小标题，分项来写。

（3）**发言提要法**。将会议上具有典型性、代表性的发言加以整理，提炼出内容要点，然后按照发言顺序或不同观点分别加以说明，如实反映与会人员的意见。这种写法在特殊情况下才会采用，如上级管理层需要了解与会人员的意见时。

拓展贴士 *会议纪要与会议记录的区别*

会议纪要与会议记录在内容上好像大同小异，但其实有本质的不同。

一是性质不同，会议记录的主要内容为会议要言的记录，属事务文书；会议纪要需要整理总结，属行政公文。

二是作用不同，会议记录一般做存档用，不必公开传阅；会议纪要通常需进行传阅，并要求相关人员执行。

三是会议纪要是对会议记录的加工，比会议记录更具实操性和指导性。

4.1.3　会议纪要范例解析

会议纪要的种类多样，涉及不同的内容和目的，写法上也各有侧重，下面通过几个案例进行了解。

1. 办公会议纪要

办公会议纪要主要用于记载和传达领导的办公会议决定和决议事项。如其中涉及有关部门的工作，可将会议纪要发给他们，并要求其执行。

范例精讲｜安全办公会议纪要

范例内容展示

安全办公会议纪要

（第二期）

会议时间：××年×月×日

地点：调度会议室

主持人：

参加人员：

会议内容：公司各单位汇报了上周重点工作及本周安全工作打算；安监部汇报了上周公司安全生产、监督检查、隐患整改、责任追究及信息卡筛选等情况，现纪要如下。

本周安全工作重点：

1. 局部通风安全管理：加强风机、风筒等通风设施日常检查、检修、维护力度，强化工作过程安全管理，强化应急送电培训和管理，积极开展局部通风和一通三防安全质量标准化创新达标活动，强力保障安全生产。

2. 防突、消突安全管理：严格执行区域和局部防突措施，坚持逢掘必探，严格按检测结果批掘和掘进，加强钻孔施工和瓦斯抽放治理管理，坚决杜绝瓦斯超限。

3. 放炮及火工品安全管理：严格遵守火工品的领退、使用、运输、存储等安全管理规定，严格执行放炮组织管理程序和保障措施，确保火工品使用和放炮作业安全。

4. 提升运输安全管理：加强重点地域、薄弱环节、集中运输时段的安全专盯，强化作业细节安全管理。

5. 机电安全管理：严格执行停送电制度，加大机电设备、设施和供电线路的日常检查、检修、维护、保养工作力度，严格执行干部跟班上岗制，坚持遵规、按章作业，强化现场安全管理。

6. 顶板和工程质量安全管理：严格按质量标准组织施工，强化工程质量标准管理，加大顶板预控力度，坚决杜绝重大质量隐患并严格施工过程安全管理。

7. 地质安全管理：及时进行预测预报，超前做好物探工作，坚决杜绝因地质情况不明造成的各种事故。

8. 持续开展安全质量标准化：加大安全技术学习培训力度，持续开展质量标准再学习、再培训活动，不断夯实思想和技术基础，坚持安全质量标准化日常管理，努力提高矿井安全质量标准化水平。

××煤业有限公司

××年×月×日

范例内容精讲

该篇安全办公会议纪要主要包括导言、正文两大部分，以集中概述法进行写作。首先通过导言介绍会议召开的时间、地点、主持人、参加人员以及会议内容（主要是对下文的概括总结）。

导言部分用"现纪要如下"承上启下，接着又通过提示语"本周安全工作重点"引出核心部分。

本例篇幅较小，将会议重点内容概括叙述，按顺序分条列出即可。纪要中共有 8 点重要的会议事项，每条事项前面通过小标题加以归纳，可辅助阅读，包括局部通风安全管理、防突和消突安全管理、放炮及火工品安全管理、提升运输安全管理、机电安全管理、顶板和工程质量安全管理、地质安全管理以及持续开展安全质量标准化。

这样书写，不仅规范全文格式，还能提供写作思路。至于结尾，本例省略了该部分，而将重点放在了正文核心处，由于篇幅较小，在结构上看起来反而更干净利落。

2. 研讨会议纪要

研讨会议纪要主要记载研究讨论性或总结交流性会议的情况。这类会议纪要的写作要求全面客观，除反映主流意见外，如有不同意见，也应整理进去。

范例精讲｜公司经济合同管理研讨会议纪要

范例内容展示

公司经济合同管理研讨会议纪要

××××年××月××日下午，公司召开第一次总经理会议，研究讨论公司经济合同管理、资金管理、××××年下半年岗位工资发放等事宜。总经理张××主持，××部、××部、××部负责人参加。现将会议决定事项纪要如下：

一、关于公司经济合同管理办法

会议讨论了总经办提交的公司经济合同管理办法，认为实施船舶修理、物料配件和办公用品采购等对外经济合同管理，有利于加强和规范企业管理。会议原则通过，要求总经办根据会议决定进一步修改完善，发文执行。

二、关于职工因私借款规定

会议认为，职工因私借款是传统计划经济产物，不能作为文件规定。但是，从关心员工考虑，在职工遇到突发性困难时，公司可以酌情借10000元内的应急款。财务部要制定内部操作程序，严格把关。人力资源处配合。借款者本人要做出还款计划。

三、关于公司资金管理办法

会议认为，财务部提交的公司资金管理办法有利于加强公司资金管理，提高资金使用效率，保障安全生产需要。会议原则通过，财务部修改完善后发文执行。

四、关于职工工资由银行代发事宜

会议听取了财务部提交的关于职工岗位工资和船员伙食费由银行代发的汇报，会议认为银行代发工资是社会发展的必然趋势，既方便船舶和船员领取，又有利于规避存放大额现金的风险。但需要两个月左右的宣传过渡期，让职工充分了解接受。会议要求财务部认真做好实施前的准备工作，人力资源部配合，计划下半年实施。

五、关于公司下半年效益工资发放问题

会议听取了人力资源部关于公司下半年岗位工资发放标准的建议。会议决定员工下半年岗位工资发放，一律按新岗位标准发放。

会议最后强调，公司要加强与运行船舶的沟通，建立公司领导每周上岗接船制度，完善公司管理员工随船工作制度，增强工作的针对性和有效性。

××外贸有限公司

××××年××月××日

范例内容精讲

　　本例中的研讨会会议纪要是常见的总—分—总结构，开头便开门见山说明研讨会召开的背景。值得注意的是，导言部分主要有两种常见写法，具体如下所示。

　　一是通过罗列关键要素，直接明白地展示核心信息，如下所示。

　　会议时间：

　　地点：

　　主持人：

　　参加人员：

　　会议内容：

　　二是通过有逻辑关联的语句将会议的关键信息串联起来，考验书写者的概括能力。本例中，导言的书写顺序为时间→事件→研讨内容→参加人员→过渡语，各重要信息串联得非常自然，行文也简洁。

　　正文核心部分总结了 5 个要点，并加上小标题加以提示，让阅读者即使不仔细阅读内容，都能从小标题中窥见会议探讨的问题与哪些有关。以下两种句式书写者可以借鉴使用，用于段落开头。

　　会议讨论了……

　　会议认为……

　　最后，纪要在结束段落中提出了对公司领导的要求，以及制度上的改变，用"会议最后强调……"句式，不仅可以为全文画上句号，还能带出后面的内容。

3. 协调会议纪要

　　协调会议纪要用于记载协调性会议所取得的共识以及议定事项，对与会各方有一定的约束力。

范例精讲｜××乳业有限公司综合计划协调会议纪要

范例内容展示

××乳业有限公司综合计划协调会议纪要

会议时间：2022.04.30

会议地点：集团会议室（后四楼）

参会人员：李××、赵××、宋××、陆××、张××、王××、罗××

主持人：黎××

会议记录人：王××

会务人员：张××

缺席人员：孙××（外地出差）

一、总经办

1.会议强调，各部门在业务处理上除一些重大、紧急问题直接请示李××董事长并呈报总经办外，正常情况应先经总经办再呈报李××董事长，以避免引起部分环节失控。

2.总经办目前尚需配备一名高级综合计划经济师，已提交人事部，希望尽快落实。

3.健康证准备在下周尽快办理，需相关部门配合提交办证人员清单（包括姓名、性别、年龄3项），要求在5月2日报总经办。另外，办证人员每人准备两张1寸照片，费用自理。

4.信息中心

（1）硬件平台需升级。

（2）避雷器的问题必须在5月结束之前解决。

（3）关于IS09000、IS014000的咨询认证工作目前正在选择咨询公司，计划在下周开始开展工作。

二、采购部

1.3月末主要在××市和××地区进行了奶源调查，调查结果不是很理想，××地区原奶价位明显提高，日供应量3T，而且运送设施很不便利。如果考虑长期供应，价位可另作协商。××市内的奶源以零散不集中为主要特点，而且存在严重的质量隐患，有的兑水竟高达30%。下周考虑在××以南及××地区一带进行考察。

2.调查结果显示，××市奶源市场信誉高的是生物研究所，原奶以现款结算，我公司可通过制定有效合理的价格策略有效出击，争夺奶源。

3.建议可通过与质量技术监督局、卫生防疫站等政府机关及一些乳业权威部门合作共同打假，以争取更多的市场份额。

4.奶源调查工作量很大，尚需一段时间，采购计划等调查结果出来之后再做，款项请财务部配合。

5.活动期的宣传品由市场部来考虑购买。

三、市场部

1.××产品广告诉求点及要求已分发给××、××、×等制作公司，预计在5月2日拿出电视广告创意稿，5月3日开始招标，最终根据创意选定制作商。

2.配合营销计划的市场方案5月4日拿出。

四、销售部

1.关于××产品上市所需人员、车辆和物品的申购报告已上报总经办，希望公司能根据明细和到位时间，酌情安排，准时到位，保证上市成功。

2.销售部3个基站5月10日全部装修完毕，有关证件下周可办理完毕。

3.关于"6月1日××乳品20万元大赠送活动"，力求达到以人为载体的实物广告效应，于5月7日拿出更为详尽的操作方案。

4.销售部年度计划、月度计划表下周作出。

五、生产厂

1.用电手续5月3日全部办理完毕，并有望成功送电。

2.5月15日开始试生产，提前7天进行员工培训，头两天请技术监督局及卫生防疫培训，后5天内部技术培训。

3.如无意外，5月5日开始罐装机安装调试，则不影响试生产日期。

4.试生产期间（一周），为了防止浪费不准备大量生产（3T/天），前3天生产鲜奶，不带××包装及标志，口感味道如无异常，后4天则以××包装出厂上市。此后则按照营销计划进行生产。

六、牛场

1.管道挤奶机基建准备，大约在两个月内准备完毕。

2.关于挤奶机建到各个收奶站更能发挥其作用，对奶源质量更有保证，牛场可考虑进行人工挤奶。

七、人力资源部

1.各部门尽快将用人计划上报人事部，人事部可尽快安排招聘。

2.各部门定岗定编及岗位描述，下周做进一步修改。

3.继续安排人员培训。

八、财务部

1.各部门业务流程及统计报表应尽快确定，积极配合××确定信息系统配置。

2.日前新的会计制度刚刚下发，我公司所有的财务核算应按照新的制度来做。

3.希望总经办尽快制作合同标准文本。

4.手工建账已全部完毕。

5.下周参与评定××软件"二次开发"。

九、学生奶项目

目前××市（省会城市）学生奶协调组尚未成立，主要由省农业厅、农牧局、农垦局等牵头，5月组织召开协调会议，在6～7月正式成立协调组。

范例内容精讲

该篇协调会议纪要，参会人员与部门众多，讨论的事宜也多，所以会议纪要的篇幅较长。由于是对公司综合计划的协调会议，所以会议内容对公司各部门今后的工作有指导意义。

导言部分对会议时间、会议地点、参会人员、主持人、会议记录人、会务人员及缺席人员进行介绍，由于内容丰富，尤其是参会人员众多，所以采用罗列的方式进行展示，一目了然。

导言后直接叙述会议协商的各类事项，省略了过渡语，高效精简。由于涉及多个部门的事宜，因此用部门作为划分依据，整理出二级标题，也让写作结构变得清晰。一共包括总经办、采购部、市场部、销售部、生产厂、牛场、人力资源部、财务部和学生奶项目 9 个部分。

由于内容较多，所以二级标题下还需要分作几点进行阐述，如图 4-1 所示。

> 四、销售部
>
> 1. 关于××产品上市所需人员、车辆和物品的申购报告已上报总经办，希望公司能根据明细和到位时间，酌情安排，准时到位，保证上市成功。
>
> 2. 销售部 3 个基站 5 月 10 日全部装修完毕，有关证件下周可办理完毕。
>
> 3. 关于"6 月 1 日××乳品 20 万元大赠送活动"，力求达到以人为载体的实物广告效应，于 5 月 7 日拿出更为详尽的操作方案。
>
> 4. 销售部年度计划、月度计划表下周作出。

图 4-1　二级标题下的细分内容

结尾和落款在本例中进行了省略，进而突出各部门协调的关键内容。有时候，书写者也可借鉴此种写法，省略多余的结构，聚焦主体结构，行文也更利落。

4. 专题会议纪要

专题会议即指围绕某个专题展开的会议，所以会议主题非常明确，会议纪要的写作也指向明确。

范例精讲 | 培训工作专题会议纪要

范例内容展示

培训工作专题会议纪要

会议时间：××××年××月××日上午9:30

会议地点：××大厦3楼大会议室

会议主持：××

与会人员：××、××、××、××、××

会议主题：公司完善培训工作专题会议

会议主要内容：根据公司目前培训工作开展的实际情况，为进一步完善、提升公司培训实施的效果，经与会人员针对"××文件"所提及的六项议题展开讨论，达成以下共识：

一、对培训教材存在问题进行整改

1.品质管理部于××月××日前对公司各部门、各岗位的培训科目进行更合理的统计分析，并分部门列出培训科目清单发至各部门。相关部门已提交过的培训教材，品质管理部对其有效性、可操作性进行审查，所发现的不合格教材将发至相应部门进行修改。

2.针对品质管理部提交的培训科目清单及退回的培训类教材，各部门负责人应根据实际情况组织本部门可胜任的人员负责编制，完善培训教材，应严格把关培训教材的质量。

3.各部门所提交的培训教材应按品质管理部统一的格式要求提供电子文档及制作相应PPT，并于××××年××月××日前交品质管理部。

二、明确培训讲师

1.培训讲师原则上由各部门负责人担任，亦可授权本部门有能力的专业人员负责。

2.培训讲师对公司或部门进行计划内培训时，应视为一项本职工作，如担任计划外的相关专业则按相关规定给予报酬。

3.培训讲师的授课质量通过培训效果、培训监管等综合考查，与绩效考核及个人升迁发展挂钩。

三、明确c类培训的有关工作

公司的培训主要分为三种，a类培训以外送培训为主；b类培训为公司事务性培训，由品质管理部组织实施；c类培训为各部门的专业性、针对性培训，由各部门组织进行。会上进一步明确了c类培训的时间、内容调整及考核有关事项。

1.c类培训时间及内容的调整

（1）培训的时间须按计划规定执行，计划时间有更改的，可相应调整，但不能跨月。

（2）培训内容有更改的可更替，不能删减。

（3）如须调整培训内容、时间的，应至少提前一天通知品质管理部，以便培训工作的有效实施及监管。

2.c类培训由部门按计划实施，但须向品质管理部提交试题库，由品质管理部统一组织考核。

四、明确部门培训对接人

1.各部门选出一名培训对接人，主要负责本部门c类培训的组织实施工作。包括培训的资料收集，培训效果的评估等，同时负责a、b类培训实施与培训管理人员的对接，组织部门受训人员按时参加。

2.培训对接人有义务根据实际需求对培训工作提出改进建议、意见。

五、建立个人培训档案，将培训工作与绩效挂钩

1.培训管理员、培训讲师、培训对接人及学员的培训情况纳入绩效考核，保证培训工作的有效开展。

2.品质管理部负责建立个人培训档案。公司所有人员自进公司之日起的所有培训、考核情况全部记录于培训档案，作为个人在公司转岗、加薪、升职的重要考核依据。

3.对于培训考核不合格的人员，严格按照培训工作相关管理规定执行管理制度。

六、其他与培训相关事项

1.综合办公室招聘相关人员须进行有效的初步考核，尤其是专业岗位，原则上要求有相应专业的操作技能及上岗证或职业资格证书，以降低培训费用。

2.根据培训相关规定实施培训有偿制。

××物业管理有限公司

品质管理部

××××年××月××日

范例内容精讲

该篇会议纪要围绕"培训工作"，从不同方面讨论了培训工作的许多问题。导言部分通过"会议主要内容"的归纳总结，将会议目的、会议讨论结构进行说明，接着就围绕"六项议题"展开介绍会议结论。由于专题会议纪要涉及的问题集中且单一，所以只需分项写作即可。如下所示。

一、对培训教材存在问题进行整改

二、明确培训讲师

三、明确 c 类培训的有关工作

四、明确部门培训对接人

五、建立个人培训档案，将培训工作与绩效挂钩

六、其他与培训相关事项

6 个小标题中都嵌入了"培训"二字，紧扣会议专题。这样写作，一来可以聚焦会议专题，二来可完整总结培训工作中需要完善的部分。

4.2 总结

总结是指事后对某一阶段的工作或某项工作的完成情况，包括取得的成绩、存在的问题及得到的经验和教训等加以回顾和分析，为今后的工作提供帮助和借鉴的一种书面材料。

4.2.1 总结的基本特点

总结类文书在工作中的使用频率较高，可帮助员工向上级汇报工作，也能对过往的工作进行回顾、分析，用于指导今后的工作，其具有如下 4 项特点。

（1）**自身性**。总结都是以第一人称进行写作，从自身出发。它是单位或个人自身实践活动的反映，其内容来自自身实践，其结论也是为了指导今后自身实践。

（2）**指导性**。总结以回顾思考的方式，对自身以往的实践进行理性分析，找出事物本质和发展规律，取得经验，避免失误，以指导未来工作。

（3）**理论性**。总结是理论的升华，是对前一阶段工作的经验、教训的分析研究，借此上升到理论的高度，并从中提炼出有规律性的内容，以正确的认识来把握客观事物，更好地指导今后的实际工作。

（4）**客观性**。总结是对实际工作再认识的过程，是对前一阶段工作的回顾。总结的内容必须要完全忠于自身的客观实践，其材料必须以客观事实为依据，不允许主观臆断，要真实、客观地分析情况、总结经验。

4.2.2 总结的一般格式

虽然总结文书涉及的情况和内容各有变化，但仍然要依照其一般的写作格式展开书写。总结一般由标题、正文和落款构成，各部分写作要点如下所示。

1. 标题

总结的标题大致分为 3 种形式，公文式标题、文章式标题和结合式标题，每种形式的区别如表 4-2 所示。

表 4-2 标题的 3 种形式

形式	具体介绍
公文式标题	公文式标题多由"单位名称＋时间＋主要内容＋文种"组成，如"××厂2022年上半年工作总结""××公司财务部2022年度工作总结"。标题中的4个要素，可酌情省略单位名称或时间，如"关于采购工作的总结""销售部促销活动工作总结"
文章式标题	文章式标题只对内容进行概括，并不标明"总结"字样，如"营销的网络化"
结合式标题	结合式标题又称为双标题，由两部分构成——正标题和副标题，正标题说明文章的主题，副标题说明文章的内容和文种，如"促销的网络化——销售部促销活动工作总结"

2. 正文

和其他公文类似，总结的正文分为开头、主体和结尾 3 部分，下面来逐一了解。

1）开头

总结的开头部分用来概述基本情况，做好铺垫，引出后续的内容。一般要求开门见山，不可占用过多篇幅。涉及的内容包括以下几项。

① 公司的基本情况。

② 工作的背景、条件。

③ 说明总结的目的，提示主要内容。

④ 引用数据说明情况。

2）主体

总结的主体部分篇幅大、内容多，包括获得的成绩、实际工作做法、经验和教训、今后打算等方面。要特别注意将全文脉络的层次划分清楚，一般可分为 3 个部分。

① 工作成绩，可用具体、真实的数据佐证成绩。

② 工作做法，通过介绍实际工作操作，展开对相关操作的分析，得出优点和缺点，提出改进和赞扬。

③ 进行总结，通过工作中的问题得到经验教训，或是用成绩激励后续的工作。

3）结尾

总结的结尾可分两个部分来写，首先对正文进行收束，总结经验教训；然后提出今后努力的方向，或是表明决心、展望前景。这段内容篇幅不应过长，可视正文内容的表达做出省略。

3. 落款

总结的落款部分一般包括发文单位和成文时间，单位名称可以省略，尤其是标题已经出现过单位名称的。

4.2.3　总结的写作注意事项

总结很有可能传阅给上级观看，所以不是简单的自我分析，一定要注意写作的方式方法以及细节处，如以下的注意事项需要书写者了解。

- ◆ **实事求是的态度**：总结不需要好大喜功，也不需要一味检讨，只要如实地分析工作，找出值得肯定或是不足之处，做到一切从实际出发。

- ◆ **具体问题具体分析**：很多人在书写总结时会犯一个错，就是按照既定框架去填补内容，这样容易导致总结内容千篇一律。为了让总结发挥作用，应从总结事项本身出发，写出有针对性的观点。

- ◆ **详略得当**：很多时候工作总结的内容多、篇幅长，为了体现文件的意义，让阅读者从中得到重要的信息，一定要注意内容的详略，若是内容细枝末节过多、臃肿拖沓且没有重点，是无法给人留下深刻印象的。书写者从选择材料开始就要懂得放弃，还要利用结构凸显重要部分。

- ◆ **叙述和议论结合**：总结不仅是叙述工作的有关情况，还要赋予内容一定的理论价值，写明白为什么这样操作，效果如何，经验是什么；或是写清问题所在，为什么会出现这种问题，其性质是什么，得到的教训是什么。

- ◆ **观点和材料要统一**：总结中的观点是从材料中提炼出来的，材料是观点最好的佐证，因此在写作中观点一定要以材料为基础。

- ◆ **用第一人称**：要从本单位、本部门的角度来撰写。

- ◆ **注意总结的受众**：对于专业性较强的内容，书写者要考虑到受众是否能明白，尤其是技术性内容，管理层的人员未必清楚。因此，应尽量使用阅览者能够看得懂的语言，而非单纯的技术性术语。

4.2.4　总结范例解析

总结的内容、时间、范围不同，分类的标准也不同，一般来说可分为综合性总结和专题性总结两大类。下面通过案例对这两类总结公文进行分析，了解各自的写作要点。

1.综合性总结

综合性总结对某一单位、某一部门的工作进行全面性总结，既要反映工作的概况，取得的成绩，存在的问题、缺点，也要写经验教训和今后如何改进的意见等。虽然综合性总结的内容要求全面，但并非面面俱到，而是要突出主要工作和重要经验。写作时，往往选择成绩最显著、经验最突出或对全局最重要的几个方面去总结，从而说明工作的整体情况。

范例精讲｜2022 年 ×× 担保公司综合部一季度工作总结

范例内容展示

**2022 年××担保公司综合部
一季度工作总结**

综合部负责公司后勤管理、制度建设、档案管理、人力资源管理、劳资管理、日常行政管理等工作。2022 年一季度，经过综合部全体人员的共同努力，较好地完成了各项本职工作。现将重点工作总结和下一季度工作计划汇报如下。

一、公司人事劳资、证照年检等工作

1.完成了公司的证照年检工作。每年 1 月到 3 月证照审核、集体合同备案、书面审查、更换工资手册等。

2.年初办理了三证合一，并到相关部门变更三证合一的信息。

3.一季度共办理了三位同事人事关系转入、五险一金的转入与补缴。

4.公积金开通网上办公并参加培训，将公积金比例从 15% 调整为 12%。

二、后勤行政工作

1.担保一季度共组织召开项目预审会十次，审保会八次，共通过六个项目。

2.担保办理开通天津中征信息网和中国人民银行征信中心业务。

3.公司员工的考勤登记，每月初公布考勤情况，结合实际情况，扣罚工资。

4.档案管理，劳动合同续签，银行授信入围材料整理等工作。

5.按时上报金融办报表，配合金融办现场检查，完成金融办、金融协会和小贷协会临时上报的工作。

6.及时将上级公司文件通知按照领导的指示向各部门传达，并全程跟踪。

7.及时将各部门的需求、建议向领导反映，并按指示协调相关部门执行。

8.加强公司的固定资产和办公用品管理，规范购买程序，采取按需购买、谁使用谁负责、以旧换新等原则，避免人为的损失和浪费。

9.定期检查公司的水电和消防设备、更换灭火器。

10.安排员工每年的定期体检。

11.提高员工综合素质，组织员工内部和外部培训。

12.组织参加产业集团的职工运动会。

13.办理了公司微信公众号。

三、配合上级公司完成的工作

1.配合上级公司筹备组织各项会议。

2.配合上级公司完成员工信息登记表和岗位说明书。

3.配合上级公司，安排全员培训。

4.配合上级公司组建金控公司行政管理中心工作。

5.配合上级公司完成临时安排的工作等。

范例内容精讲

该篇总结对一季度的工作进行了总结,全篇分为两大部分——前言和主体。

前言部分叙述了部门背景、季度工作概括及过渡语,介绍了综合部主要负责的管理工作和 2022 年度一季度综合部员工工作完成情况。

主体部分对季度所有工作情况进行归纳总结，分出了不同类别，脉络清晰。每项工作下面进行分点叙述，借用数据说明工作的质量，反映工作的结果。

不仅如此，介绍完本阶段的工作成果后，该篇总结还对下一阶段的工作进行展望，有值得保持的内容，也有需要改进和完善的部分。

（一）继续开展劳资管理工作

（二）完善担保办公平台的使用管理

（三）办公成本控制管理

（四）加快人才队伍建设

（五）继续做好安全生产督查工作，加强安全生产管理工作

从以上5点可以看出，值得保持的工作内容有两点，通过"继续……"这样的句式可以反映书写者的态度。

一般来说，在书写下阶段工作任务时，需围绕这几点内容。

◆ 部门日常工作或重点工作。

◆ 本季度未完成工作，一般是长期的工作任务或是分阶段的任务。

◆ 需要改变的工作任务，如需要提高标准的工作，或因政策改变需要做出工作调整的内容。

◆ 在下阶段临时交办的任务。

2. 专题性总结

专题性总结围绕工作中的某一方面或某一问题进行的专门性总结。这类总结往往偏重于总结某一方面的成绩、经验，其他方面可少写或不写。一般按提出问题、分析问题、解决问题这一思路构思。

下面通过"××物业公司绿化工作总结"来了解专题性总结的基本写法和格式。

××物业公司绿化工作总结

公司的绿化工作坚持"突出重点，小型多样，拓展社区，休闲开放"的原则，实施深化"小景点大观园"的绿化思路，努力提高绿化覆盖率，打造绿色生态公园。我们加大绿化种植养护管理力度，美化生活区的工作初见成效。

一年来的绿化工作回顾：

一、创造优美环保的文化娱乐休闲场所

年初，我们以公园为重点，提出了"成林成园，别致幽雅"的绿化思路，淘汰老树种，引进新树种，精心开辟了松树园、银杏园、芙蓉园、樱花园、玉兰园、丁香园六个景点园林。每个景点园林独立成景，构造了一个自然和谐的绿色空间。我们对每个景点配以文字牌图，详细介绍树木的名称、别名、科属、产地、习性和品质，努力提升公园的文化品位。今年改造公园、广场绿地××m²，新栽乔木、灌木共×棵。

二、公园水资源再利用节能工程

为了实现节能减排，投资×万元建造了"假山瀑布"景观，通过管道将地下防空间渗水提升到假山顶部形成跌水瀑布，循环晾晒提高水温，用地下水浇灌植物，每月节水×吨。假山瀑布景观运用园林艺术手法，将假山跌水瀑布、仿木小桥等融为一体，给人以回归自然的惬意与舒展。

三、创造"一楼一景"的品牌工程

小区楼前绿地更换草坪（种植乔、灌木×棵，种植花卉×棵），铺设彩砖通道，让楼前绿地成为居民夏季休闲纳凉的场所，让物业保值升值，提高小区品牌形象。

四、加大对楼巷内的环境绿地改造

合理规划每块绿地，珍惜、保护和利用现有绿化资源，把每个楼前绿地都绿化成不同风格的园林小品，让楼前绿地成为居民观赏、休闲、娱乐的乐园。今年生活区改造绿地×m²，种植景天植物×m²，新栽乔木、灌木共×棵。

五、加大对公共场所、住宅楼巷绿化改造的投资力度

在领导的重视下，我们加大了对公共场所、住宅楼巷绿化改造的投资力度，绿化投资×万元（含绿化器械资金）。我们邀请领导到实地视察，并做到资金合理使用，因地制宜，决不浪费。从树木、花卉、草坪的绿化投资，到先进机具的绿化投资，方方面面投入很大。

六、狠抓管理

今年夏季以来，我们狠抓管理，严格执行岗位责任制，开展班组教育，整体提高员工责任心，提高工作效率。草坪改造×m²，新种乔木×棵，新种灌木×株，花卉×万株，新增绿篱延长×米，修剪草坪合计×m²，浇水×吨。

七、严格执行反违章禁令和安全管理要素

公司对员工进行绿化培训，讲解树木移植、植物虫害、机具的使用保养等知识，使员工快速地掌握绿化工作的操作技能，确保绿化工作安全、正常地进行。春季植树、公园树木改造时，地下电缆、采暖沟、下水沟隐埋在地下，极易造成刨漏等现象，我们请有关部门的专家排查隐患，并在地表做上记号，施工严格把关，派专人管理，并提前做好事故预防方案。公司领导尤其注意电缆排查的每一个细节，做到有序、安全施工，保证栽树工作顺利进行。今年春季装卸大树、地况排查、施工移植、夏季打药、秋季修剪、车辆运输等工作，无一起安全事故发生。

八、严防病虫害

今年打药灭虫工作开展较早，五月中旬开始进行灭虫，控制害虫第一代的繁殖。针对生活区范围大、周边病虫害树木多等因素，设专人检查，不放过每一个死角，严防没打或漏打的情况发生。在药品的管理上，每个环节都有专人负责，从药品入库，到打药单位提报申请，再到主管药品领导审批，都有指定员工负责，而且打药、药瓶回收、统一深埋销毁也需由专人负责。做到了严格执行药品管理制度，控制药品无安全隐患发生，使夏季打药工作安全合理受控进行。

九、做好树木保养工作

做好树木的修剪、防寒等保养工作也是关系到来年树木正常生长的关键，今年我们对树木的保养严格按要求操作，生活区所有树木全部刷白灰，修剪树木的横截面全部做刷漆处理，保证树木防虫防腐，使树木在来年正常生长。今年整个住宅区树木修剪乔木共×棵，新植树木防寒×棵，树木刷白灰防虫×棵。

一年以来，在上级部门领导指导下，在员工共同努力下，公司的绿化工作虽然取得了一些成绩，但明年的绿化工作更艰巨。住宅区楼巷的深度改造，基地的绿化改造等任务都将在明年实施，我们还要继续努力，把我们的绿化工作做好做实，配合大配套工程，把我们的住宅区打扮得更美，使其真正成为和谐优美、安全环保的住宅区。

××物业公司

××××年××月××日

范例内容精讲

该篇总结围绕公司的绿化工作进行书写，标题由"单位名称＋事由＋文种"组成，从标题开始便点出工作主题。全篇以总—分—总结构布局，内容都集中在绿化工作上，提出了绿化工作中的几项重点问题，总结了操作方式和工作成果。

开头部分对工作原则、工作思路、工作目的和工作成效进行概括，总领全篇，然后通过过渡语"一年来的绿化工作回顾"，引出后文，做具体的介绍。

主体部分以小标题的形式梳理重要的工作，从中可以看出该公司为了保证绿化效果，做了以下 9 项工作。

◆ 创造优美环保的文化娱乐休闲场所。

◆ 公园水资源再利用节能工程。

◆ 创造"一楼一景"的品牌工程。

◆ 加大楼巷内的环境绿地改造。

◆ 加大对公共场所、住宅楼巷绿化改造的投资力度。

◆ 狠抓管理。

◆ 严格执行反违章禁令和安全管理要素。

◆ 严防病虫害。

◆ 做好树木保养工作。

最后结尾处，对来年的工作挑战进行梳理，接着提出了工作要求。书写逻辑为：本年取得成绩→来年工作挑战→做出工作要求→达成工作成效。

4.3 报告

报告是用于向上级单位汇报工作、反映情况、提出建议或答复询问的公文，使用范围很广。

4.3.1　报告的定义与特点

按照上级部署或工作计划，每完成一项任务，一般都要向上级写报告，反映工作中的基本情况、工作中取得的经验教训、存在的问题以及今后的工作设想等，以取得上级领导部门的指导。报告具备以下一些特点。

- ◆ **内容的汇报性：** 一切报告都是下级向上级机关或业务主管部门汇报工作，让上级机关掌握基本情况并及时对自己的工作进行指导，因此，报告的内容具备汇报性。

- ◆ **语言的陈述性：** 报告是向上级讲述做了什么工作，或工作是怎样做的，有什么情况、经验、体会，存在什么问题，今后有什么打算，对领导有什么意见、建议，在行文上一般都使用叙述的方式，即陈述其事。

- ◆ **行文的单向性：** 报告是上行文，为上级单位进行领导工作提供依据，一般不需要受文机关的批复，属于单向行文。

- ◆ **成文的事后性：** 多数报告都是在事情做完或发生过程中，向上级机关作出汇报，属事后或事中行文。

- ◆ **双向的沟通性：** 报告虽不需批复，却是下级单位以此取得上级单位支持、指导的桥梁；同时上级机关也能通过报告获得信息，了解下情，报告成为上级机关决策指导和协调工作的依据。

4.3.2　报告的规范格式

书写报告时，应注意参考规范的报告格式。一般来说，报告的结构包括标题、主送机关、正文和落款 4 个部分，下面分别进行介绍。

1. 标题

报告的标题有两种书写样式，一是"发文机关＋事由＋文种"，如"××有限公司财务报告""××公司北区消费状况调查报告"；二是"事由＋文种"，如"总监助理年终述职报告"。

2. 主送机关

报告的主送机关为发文单位的直属上级单位，若涉及报告的上级单位不止一个，可以将直属上级单位设为主送机关，对其他单位进行抄送。

3. 正文

报告的正文结构与一般公文相同，包括开头、主体、结尾 3 部分，开头多用引导式、提问式的写法给出总概念或是引起注意。主体部分一般按照二级标题进行划分，或是分条列项陈述。

结尾部分常以惯用语结束，如"请查收""特此报告"，呈转报告多用"以上报告如无不妥，请批转有关单位参照执行"的句式。

4. 落款

报告的落款写明发文机关和日期，盖上公章。标题处若写明了发文机关，可在落款处省略。

4.3.3　区分报告和请示

报告与请示都是上行文，都可用于向上级汇报工作，或请上级指导工作，下面通过表 4-3 了解报告与请示的区别。

表 4-3　报告与请示的区别

区别	报告	请示
是否批复或批示	报告属于"阅件"，对上级单位没有肯定性的批复要求	请示属于"办件"，需要上级单位作出批复
行文时间	事中或事后行文	事前行文
资料	可一文一事也可一文数事	要求一文一事
侧重点	报告属于陈述性公文，侧重于汇报工作，陈述意见或者提议	请示属于请示性公文，侧重点在于提出问题和请求指示、批准
行文目的	让上级机关了解下情，便于及时指导	请求上级单位批准某项工作或解决某个问题
篇幅	报告资料涉及面较为广泛，篇幅一般较长	一般比较简短

4.3.4　报告范例解析

在日常工作中，会涉及以下几类报告，下面通过具体的案例来了解不同类型的报告在写法上的特点。

1. 例行报告

例行报告多指日报、周报、旬报、月报、季报和年报等，例行报告由于书写频率稳定，切忌千篇一律，要随着工作的进展，反映新情况、新问题，写出新意。

范例精讲｜×× 公司 ×××× 年度工作报告

范例内容展示

××公司××××年度工作报告

今年，在公司××的带领下，经全体员工的共同努力，各项工作已全面展开。总体来说，公司工程施工平安，发展形势良好。公司坚持"管理规范、量入为出、履职尽责"的管理原则，全面提高中层管理人员业务水平，完成年度经营目标。现将工作报告如下：

一、××××年工作回顾

（一）加大资金投入，提升公司经营平台，打造良好环境，为进一步提升内部工作环境，优化部门工作职能。

1. 资金投入

上半年，公司投入××万元对接待大厅进行装修；下半年，对工程投入××余万元购进工程设备和办公设施。

2. 经营范围增加

为优化经营平台，下半年增加了经营范围，引进了××太阳能产品。

3. 办公环境改善

投入××万余元购进办公设备，有效提升了公司内（外）部工作和生活环境。

（二）强化制度建设，确保公司管理规范。为不断提高公司管理水平，进一步提升员工素质和整体业务水平，端正工作态度。一是制定和完善内部财务和工程财务管理办法。

二是进一步完善管理职能和责任区分，确保了各项工作有序开展。

（三）关心员工生活，建立福利保障制度。××××年，在××的关心和支持下，根据公司业务发展需要，一是相继出台了《员工薪金调整》《员工带薪年休假》《员工年度健康体检》等保障性措施。二是对员工生日庆贺、重大节日聚会、年终奖金发放都作了明确规定。

（四）加强教育引导，提高工作自觉性。为提升员工的自觉性，一是对有潜力的员工给予任务，进行目标培养。二是落实教育培训制度，加强从业人员职业道德和业务知识的学习。三是加强对个别员工的谈心和帮助，主动了解员工的工作和生活情况。

（五）强化保障服务，确保工程和日常工作的圆满完成。一是组织有特长的员工进行接待知识和礼仪的培训。二是对接待组织、接待设施及场所进行综合整治。三是鼓励员工加强其他业务技能的学习，不断增强综合素质。四是加强爱岗敬业的职业道德教育，增强了保障服务的自觉性。

（六）存在不足和需要改进的几个问题，包括：个别人员学习意识不强、担当意识不够；工作拈轻怕重、得过且过；节约意识淡薄，浪费现象还在个别地方存在；财务报销手续不清或久拖不报，不按财务管理要求填制报销清单。

二、新年度工作

××××发展良好，但经营形势不容乐观，企业之间竞争愈加激烈。要实现"内挖潜力、外增效益"的双赢目标，还需要做好以下几方面的工作。

（一）搞好两个服务

做好工程保障服务，做好来宾接待服务。为工程管理人员和来宾营造一个"管理规范、卫生洁净、优美和谐、温暖健康"的工作环境。

（二）实现三个转变

工作我主动、责任我担当、行动我自愿。一个企业员工能把简单的事做细就是不简单，把"从大处着眼、从小事入手"作为工作自律要求，逐步实现"大事我能干、小事我愿干、分外之事主动干"的工作氛围。

（三）坚持三个不放松

坚持管理不放松，坚持工作标准不放松，坚持奖惩并举不放松。

1. 坚持管理不放松。人员的管理和物资管理是管理工作的难点和重点，要始终保持管理工作的持续性。一是减少工作决策性失误。二是落实职责制，确保工作落到实处。三是继续加大公司卫生管理。四是筑牢服务保障意识，不断提高工作责任心。

2. 坚持工作标准不放松。工作标准是一个单位管理水平和员工基本素质的综合体现，一是抓好人才培养和引导，努力增强员工事业心和责任感。二是树立以公司为家的主人翁思想，整体推进员工敬业精神的提高，着力体现到自觉的行动中来。三是坚持工作态度、工作业绩与绩效挂钩制，要求员工高标准完成各项任务，确保工作标准不降低。

3. 坚持奖惩并举不放松。××××年，公司将全面落实《员工带薪年休假》《员工年度健康体检》等规定，积极推动骨干培养与使用、年终奖励绩效制等管理办法的逐步实施，不断完善员工福利制度。对绩优效高的员工给予增资奖励，对"出工不出力、大事干不了、小事不属干"的降级留用，实行能上能下的骨干培养机制。通过绩效考评与考核，逐步实现年终奖励与年内工作表现全面挂钩。

××××年××月××日

范例内容精讲

该篇报告是某公司的年度工作报告，属于一年一次的例行报告，比起周报告、月报告，年报告涉及的时间期限较长，内容自然也更丰富，所以书写者要好好谋篇布局。

全篇分为两大部分，开头和主体，为了省略篇幅并未书写结尾部分。其实在主体部分表达尽善的情况下，书写者可考虑省略结语。

开头部分对××××年度公司业务情况进行了总结概括，以下是一些常用句式，可参考借鉴。

今年度，……

总体来说，……

公司坚持……的原则

现将工作报告如下：……

主体内容包括工作回顾和新年度工作，结构清晰，逻辑顺序自然。对年度工作的回顾一共有六大点，前 5 项介绍了××××年工作的努力方向，如资金的投入、制度建设、加强教育引导等，最后一项则对存在的不足和需要改进的几个问题加以说明，希望引起上级的重视。

紧接着叙述新一年的目标和任务，用"浓缩"的标题概括具体的工作内容，每个小标题都是相同的格式，保证阅读的连贯性。如下所示。

- ◆　搞好两个服务

- ◆　实现三个转变

- ◆　坚持三个不放松

其实，在编写段落小标题时，保持句式统一，无论对结构还是对内容都是十分重要的。结构上干净、整齐、统一，内容上赋予逻辑性，才能提高阅读者对内容的理解。

拓展贴士　*报告写作的注意事项*

在书写报告的过程中，有些错误的表达对报告表示的意思是不利的，下面就来了解这些注意事项。

① 结语的使用可有可无，无结构作用，但不能写成"以上报告当否，请指示"，报告是无须上级回复处理的公文，这样书写不会得到领导的回应，还会造成疑惑。

② 报告后面无须标注"联系人"和"联系电话"，与报告的属性不符。

③ 写报告要避免篇幅过长，应控制在 3000 字以内。

④ 避免猜测性，报告都是以事实为依据写作的，因此在写作过程中要避免出现猜测性结论，即尽量不使用"可能……""大概……"这类句式。

---

2. 汇报类报告

汇报类报告指下级向上级汇报工作、反映情况的报告，可分为综合报告和专题报告。

综合报告是向上级全面汇报有关工作情况的报告，内容包括工作进展、成绩或问题以及对今后工作的建议。而专题报告是针对工作中的某个问题向上级所写的报告，所写的报告要迅速、及时，一事一报。

范例精讲 | ××公司销售助理5月述职报告

范例内容展示

××公司销售助理5月述职报告

呈销售部总监：

在部门各位领导的带领下，作为销售助理，本人兢兢业业，忠于职守，自觉履行公司各项规章制度，较好地完成了公司下达的各项任务指标，现就本人5月的工作汇报如下：

一、5月销售目标完成情况

1. 目标达成的具体情况

5月销售金额达×××元，完成基本任务的83.5%，同比去年增长30.8%。新开客户6人。

2. 工作开展情况

在销售部门各位经理的正确领导下，紧紧围绕着"诚信为本，质量至上，争创一流"的经营思想来开展各项工作。

（1）及时了解市场、把握市场行情，为下一步的销售思路提供依据。为此，深入了解本公司产品在市场上的销售情况。比如，5月中，我们走访了××市周边的几个乡镇，与各大商铺的人员进行了交流，了解了目前我们公司的产品在这类市场的销售情况，为下一步开展销售工作奠定了基础。

（2）规范管理，量化任务。对于到期的合同，及时联系客户，签订新的合同或协议。新开的客户，缴纳市场保证金，并签订合同。5月，我将中区所有的客户情况做了任务分解，月初做好这个月的销售回款计划，在月中、月末好进行进度催促。

（3）严把销售价格关。根据不同的销售区域，给客户不同的代理价，所有新开发的客户的代理价均达到公司规定的价格，有的甚至高于公司规定的销售价格，这样为公司产品利润最大化打好基础。

3. 存在的问题及解决措施

（1）现时药价不断下降、下调，没有多余利润，空间越来越小，客户难以操作。

（2）即使有的产品中标了，但在中标当地因种种原因阻滞了产品的销售，如××产品，中标价23.78元，客户操作起来确实困难。

（3）产品在当地没有中标，或是有客户审货。

综合上述的这些情况，我们要找出市场大、网络全的客户，这样的供货平台更有利于产品的销售和推广。另外，加强各方面的信息掌握，尽量做到产品不落标、中好标。平时，加强与客户的交流，共同解决销售的问题，从而推动销售额的上升。

二、下一步工作设想

以经济效益为中心，通过认真研究市场，以获得最大利润的前提循序渐进地推广公司产品，使公司的经济效益得到提升。

1. 销售计划：每月初做好这月销售的详细计划，并不断跟进。

范例内容精讲

该篇述职报告是销售助理向上级汇报工作的公文，受文对象是销售部总监，全篇内容分3个部分。

前言介绍自己的职位和工作态度，通过过渡语"现就本人5月的工作汇报如下"引出下文内容。

主体内容包括"5月销售目标完成情况"和"下一步工作设想"两个板块，可见述职报告一般会包括本人工作情况和工作展望这两项内容。

而根据两大板块的内容区别，书写者选择了不同的写法。第一大板块的格式相较第二板块更复杂，分为3层，并通过小标题加以概括，如：

1. 目标达成的具体情况

2. 工作开展情况

3. 存在的问题及解决措施

通过层层分析的方式将工作情况展示完全，而第二大板块只简单地分条列项，就能表述清楚。书写者通过精练的语言向上级传递重点信息，节约领导的阅读时间，提高效率。

最后利用一小段结语表达自己今后的工作目标，向领导展示出积极的工作态度，以期获得领导的认可，以结语"特此报告"结束全文。

3. 呈报类报告

呈报类报告主要是指用于下级向上级报送文件、物件随文呈报的一种报告。一般是一两句话说明报送文件或物件的根据或目的以及与文件、物件有关的事宜。

范例精讲｜关于呈报 ××××年上半年食品安全工作总结的报告

范例内容展示

关于呈报××××年上半年食品安全
工作总结的报告

质量检查部：

　　现将《××××年上半年食品安全工作总结》随文上报，请审阅。

附件：××年上半年食品安全工作总结

产品部

××××年××月××日

范例内容精讲

从本例可以看出，呈报类报告内容非常简单，篇幅也简短，只做常规性叙述。

首先，该篇报告的标题格式是呈报类报告常见的格式，即"关于呈报＋呈报文件名＋文种"，将呈报的文件展示在标题中，可以让阅读者对呈报内容有直观的了解。

呈报类报告一般不省略受文机关，所以要写清抬头，如遇多个受文机关的情况，一定要理清并列关系，善用标点符号。

本例中正文部分十分简短，只一句话就说明了呈报情况，是该类报告中常用的固定句式：

现将……随文上报，请审阅。

虽然呈报类报告的内容一向简单，但还可以书写得更详细、更丰富一些，如对呈报的背景进行叙述，对呈报要点进行概括等。如下所示。

根据采购部的年采购计划及本季的销售情况，经采购人员调查，结合采购市场的现状，列出了 3 个采购要点：一是做好网络采购，二是以本省采购为重，三是将采购成本控制在××万元。为此特制定《5 月采购工作实施方案》，现将本方案上报，请予审批。

正文结束后，会以附件的形式随文附上呈报文件的内容，可以紧接在正文后面，也可以另面编排。

4. 说明类报告

说明类报告是调查报告的类型之一，用调查的事实来说明在调查过程中所形成的观点。

书写者在书写时要客观地陈述材料，用调查的材料来解说观点。它有点类似于情况报告，向上级汇报、反映各种情况及动态，可为公司领导层做出决策提供依据。

如下例所示的市场调查报告，书写者根据市场进行调查、收集、整理和分析后，提出了行业发展的建议和最终的调查结论。

范例精讲│关于货代公司的市场调查报告

范例内容展示

关于货代公司的市场调查报告

中国货代物流市场的基数大、发展快，随着世界各国经济贸易往来的日益频繁，跨国经济活动的增加，世界经济一体化进程的加快，国际货运代理行业在世界范围内迅速发展，国际货运代理人队伍不断壮大，并已成为促进国际经济贸易发展，繁荣运输经济，满足货物运输服务需求的一支重要力量。为了多加了解货代市场环境，顺利地进行货代服务，必须对国际货代市场环境进行调查，明确自己公司的发展方向，更好地壮大公司。

××××年××月××日，本部成立了调查小组对货代行业及××市的多家货代公司进行市场调查，现将调查研究情况汇报如下：

一、中国货代行业发展概况

至目前，我国已有国际货运代理企业4000多家（包括分公司），从业人员近63万人。

1.国有国际货运代理企业占了近70%，外商投资国际货运代理企业占了近30%。

2.沿海地区国际货运代理企业占了70%，内陆地区国际货运代理企业占了30%。

3.从事国际航空货运代理业务的企业361家，约占9.6%。

这些企业遍布全国各省、自治区、直辖市，分布在30多个领域，国有、集体、外商投资、股份制等多种经济成分并存，已经成为我国对外贸易运输事业的重要力量，对我国对外贸易和国际运输事业的发展做出了不可磨灭的贡献。目前，我国80%的进出口贸易货物运输和中转业务（其中，散杂货占70%，集装箱货占90%），90%的国际航空货物运输业务都是通过国际货运代理企业完成的。

经调查研究发现，××××年9月数据显示，××市有495家有进出口贸易业务的企业，可见××市货运代理公司会有很大的市场，但××市现有注册的26家货运代理公司。

二、××区经济发展及区域概况

××园区重点发展飞机维修、物流、仓储、电子信息等产业，形成了以汽车配套、现代物流、机械、电子、食品加工、新材料研发等高新技术产业为主的特色工业区，使得货代公司在此区域的发展有着良好的发展前景。

××区拥有多家大型连锁超市、义乌商品城、××市场、××大学城等，消费市场非常乐观，××机场更是起到了联系国内外消费市场的桥梁作用。近两年，航空、高速、轻轨、省道、铁路等一体化物流运输形式汇聚于此，是建设货代物流产业圈的绝佳选择。

三、竞争和发展困难的因素分析

××货代物流业发展速度较快，但由于基础薄弱，总体水平与一级城市的物流业仍存在较大差距。中小型货代物流企业由于抗风险的能力弱，因而处境更为困难。与国际贸易紧密相连的货代物流业面临着前所未有的巨大压力：一是出口下降，需求减少；二是成本提高，利润率下降；三是风险增大，融资困难。

××市现有注册的26家货运代理公司，规模都较大，业务范围和客户分布广泛，作为新的货代公司，始终面临着严峻的竞争问题。

四、中国货代行业的未来展望

××××年以来，中国政府出台十大产业调整振兴规划，使物流业成为与钢铁、汽车、石化等九个产业并列的国家重点支持发展的十大产业之一，表明了中国政府对物流业的高度重视，也显示了物流产业当前和今后在国民经济发展中的重要地位，因此中国货代物流行业未来的发展潜力巨大。

虽然中国货代物流业发展速度较快，但由于基础薄弱，总体水平与发达国家的物流业仍存在较大差距。多年来，国际货运代理协会联合会（FIATA）为中国货代业与世界货代业的交流与合作发挥了重要作用。中外货代物流企业开展更广泛、更深入的合作，将会共同发展、共享未来。

五、建议

1.充分利用所在地域的优势，着重发展航空运输。

2.建立完善的信息系统，加强各公司之间的合作。

3.整合物流环节，加强供应链管理。

4.了解客户的需求，加强客户对公司的信任。

5.信任和稳定比服务费更重要。

6.与各公司保持良好的关系。

7.发展一家外贸合作公司。

8.建立和海关、铁路的良好合作关系。

9.与保险公司建立合作关系。

六、调查结论

1.××区货代物流市场发展空间巨大，但需具备企业特色，方能在激烈的竞争中取得一席之地。

2.××市政府提升货代、物流业产业地位，全力支持货代、物流业的发展。

3.危中寻机，××货代物流业将在调整中走向成熟。

4.中国货代物流业将加强国际间合作，带动区域发展，共创未来。

××国际货代公司调查组

××××年××月××日

本例中对货代公司的调查情况进行报告，全篇分为引言和主体两部分。引言阐述了中国货代物流市场的基本情况，以及调查工作的基本信息（包括时间、调查小组及调查对象），以过渡语"现将调查研究情况汇报如下"引出下文的具体调查事项。

主体部分内容较多，书写者划分了 6 个框架进行详细阐述，如下所示：

一、中国货代行业发展概况

二、××区经济发展及区域概况

三、竞争和发展困难的因素分析

四、中国货代行业的未来展望

五、建议

六、调查结论

从以上 6 个小标题中可以看出书写者的行文逻辑，先讲中国货代行业发展，再讲本地区行业发展，接着对发展面临的问题进行分析，然后展望未来，提出建议，得出结论。整体逻辑行云流水，顺畅自然，就市场调查来说，书写者可以借用此思路，即介绍环境→分析环境问题→提出发展意见→得出结论。

一般来说，建议与调查结论板块在市场调查报告中属于固定结构，公司领导层可根据这两个部分做出有利于公司经营和发展的决策。因此，这两部分需单独呈现，而不是隐在内容中，这样不方便阅读者利用。

为了让调查报告的内容更直观，书写者可以使用图示与表格，在表达数据关系时效果极佳。

4.4 简报

简报是传递某方面信息的简短的内部小报告，也可称为"简讯""要情""摘报""动态""情况反映""情况交流""内部参考""工作通信"
等。通俗地讲，简报就是简要的调查报告、简要的情况报告、简要的工作
报告或简要的消息报道等。

4.4.1　简报的特点

要想写好简报，首先要了解简报的特点，简报具有简、精、快、新、实、
活和连续性等特点。

- ◆ **简**：简报篇幅简短，一般一两张纸就写完了，短的就 1000 字到 2000 字，
  长的也不过 3000 字到 5000 字。
- ◆ **精**：简报一般由有关单位、部门主办编写，专业性十分强，不说无关
  的事情，针对专业性的东西，内容精简干练。
- ◆ **快**：由于简报的篇幅较短，内容精悍，因此写作花费的时间较短，成
  文速度较快。
- ◆ **新**：简报还具有新闻性的特点，写入简报中的内容通常是最新的信息、
  引起关注的信息，无论书写的是情况、观点还是问题，一定要新颖，
  这样简报才有快速传播的意义。
- ◆ **实**：简报用于传递某方面信息，因此必须据实以报，以事实说话，不
  能因为要吸引眼球而进行虚假写作。
- ◆ **活**：简报的形式十分灵活，可以选择定期发出，也可随机发出；可上
  报下发，也可同级交流。
- ◆ **连续性**：重要会议的简报往往具有连续性的特点，即通过多期简报将
  会议进程的情况接连不断地反映出来。

简报一般不公开传播，特别是关于企业各部门内的重要信息，如下一
步工作计划的具体部署、公司客户的详细资料和重要会议等，仅在一定范
围内传阅。

4.4.2　简报的写作格式

简报一般包括报头、报核、报尾 3 个部分，下面分别对各部分的写法

进行具体介绍。

1. 报头

简报一般有固定的报头，包含名称、期号、编印单位、印发日期、保密等级和编号几大要素。

（1）**简报名称**。一般用套红印刷的大号字体在第一页上方居中显示，如有特殊内容而又不必另出一期简报时，就在名称或期数下面注明"增刊"或"××专刊"字样。

（2）**秘密等级**。左上角顶格书写，包括"秘密""机密""绝密"3类，也有的写"内部文件"或"内部资料，注意保存"等字样。

（3）**期号**。可写在简报名称下一行，用括号括上，居中显示。一般按年度依次排列期号，有的还会标出累计的总期号。属于"增刊"的期号要单独编排，不能与"正刊"的期号混编。

（4）**编印单位**。编写单位或部门，应标明全称，在期号左下方显示。

（5）**印发日期**。写在与编印单位平行的右侧，以领导签发日期为准，应标明具体的年、月、日。

在报头下面，需用一道横线将报头与报核隔开。

2. 报核

报核，即简报所刊的文章。由于简报形式灵活，所以写法是多种多样的，包括标题、导语、主体、结果和穿插在叙述中的背景材料。但由于文体不同，不是每篇简报都有这几项内容。

◆ 简报的标题类似新闻的标题，揭示主题，简短醒目。

◆ 导语通常用一句话或一段话简明概括全文的主旨或主要内容，给读者一个整体视角。导语有提问式、结论式、描写式、叙述式等写法，主要交代清楚谁（某人或某单位），什么时间，干什么（事件），结果怎样等内容。

◆ 主体用足够的、典型的、有说服力的材料，把导语的内容具体化。

◆ 结尾内容多指明事情发展趋势，或提出希望及今后打算。如果主体部分已经把事情说清楚，结尾也可省略。

◆ 背景材料即对人物、事件起作用的环境条件和历史情况，一般穿插在各个部分。

3. 报尾

报尾在简报最后一页下部，用一横线与报核隔开，横线下左侧写明发送范围，在平行的右侧写明印刷份数。当然，报尾部分是可以省略的。

拓展贴士　*简报写作注意事项*

简报写作过程中，要注意以下一些事项，才能有一个好的阅读效果。

① 由于内容简短，所以书写者可将字体设置大一点，方便其他人阅读。

② 简报以文字表达内容，最好不要在其间插入表格，否则会将内容复杂化，这不是简报应该具备的功能。

③ 简报内容较多的情况可以多版展示，如果内容超过 3 版，则表明简报不够简洁，需做删减。

④ 简报的写作要及时，越是及时分享有关内容，越能推动有关工作的进程，或是加快领导层的决策。

4.4.3　简报范例解析

常见的简报有 3 种，一是会议简报，二是情况简报，三是工作简报，不同的类型其写作内容区别很大，下面进行具体介绍。

1. 会议简报

会议简报是在会议期间反映会议交流和进展情况的简报，是一种临时性和及时性较强的简报，下面通过案例一起来了解其写作内容。

范例精讲｜经济工作会议简报

范例内容展示

经济工作会议简报

（第 24 期）

大会秘书处   ××××年××月××日

2 月 27 日下午，××公司在公司会议室召开了××××年度经济工作会议。控股公司××总裁出席了会议，企管部、审计部、投资部、工信部、财务部、项目中心、咨询中心等部门、单位负责人应邀出席了会议。会议由××副总经理主持，××公司成员及员工共 32 人参加本次会议。

会上，××总经理首先做了《××公司××××年经营管理情况及××××年经营目标》的工作报告。报告回顾了××公司××××年经营工作情况，并实事求是地指出工作中仍存在的问题，同时就××××年的经营管理工作提出设想：

一是全力以赴做好三个项目的开发建设管理工作；二是继续做好代管项目的建设管理工作；三是加快推进监管项目税务清算及收益分配收尾工作。

其次，××副总经理和××副总经理分别就保障性住房项目工程管理及解决项目的历史遗留问题方面作了专题报告。会上，应邀出席的相关部门与会代表就项目管理、工程监理、合同管理及风险规避等方面工作，提出了宝贵的意见和建议，这将为××公司今后的管理工作起到积极的推动作用。

最后，××副总裁做了总结性发言，在肯定公司××××年工作的同时，就公司××××年的工作进行了安排和部署：

第一，多关注政策及收集行业方面的信息，尽可能发挥××公司的优势，改善员工住房条件。

第二，加强与各部门、各单位的日常沟通，提高审批材料的质量及完整性。

第三，注重房地产开发项目的计划编制工作，制订年度工作计划，并将计划细分到月、责任到人来完成。

第四，抓住××保障房项目和××统建房项目的契机，培养自身人才，锻炼队伍。

第五，把控项目的风险点，重点体现在合同管理的合理、合法、完善资料存档等方面。

第六，利用周边资源，加快解决历史遗留问题。

第七，疏理内部管理环节，加强内部沟通。

范例内容精讲

该例中简报内容包括报头和报核两个部分，省略了报尾。报头由简报名称、期号、编印单位和印发日期 4 个要素组成，传递了简报印发的基本信息。

报核内容简洁，所以并未划分章节，而是平铺直叙，不过前后的逻辑关系紧密。首先对会议召开的背景信息进行介绍，内容包括时间、地点、会议名称、出席人员、主持人以及参与人数。

接着，分 3 个部分对会议要点进行概括，先介绍总经理做了什么，然后介绍副总经理做了什么，最后对副总裁的总结性发言进行介绍。其间，利用"首先""其次""最后"一类的逻辑关联词，将文章串联起来，不至于越写越混乱。

且为了让阅读者更易理解文章，用"一是""二是""三是""第一""第二""第三"……这样的顺序词引导内容，有效帮助受文对象抓住文章的关键信息。结构上统一规范，看上去行云流水。

2. 情况简报

情况简报主要反映大家关注的问题，供企业机关领导参考。书写者需要将工作中的新情况、新问题和新经验及时反映给领导层，让领导层看到情况的发展与变化，帮助其做出之后的策略。

范例精讲｜公司厂务公开管理工作情况简报

范例内容展示

公司厂务公开管理工作情况简报
（第 123 期）

××公司工会　　　　　　　　××××年××月××日

根据××工会《关于开展厂务公开管理工作与调研检查的通知》精神，××公司工会将我公司的开展情况简要汇报如下。

××公司工会主要解决在职职工，长病假，长工伤人员的工资、生活费、困难补助等费用开支，以确保公司人事的稳定和谐。同时又要适度开发经营，提高经济效益，努力确保资产保值、增值。目前整个公司有在职职工×名，长病假员工×名，长工伤职工×名。

在工会的支持帮助下，××公司根据实际情况正常运作职代会、厂务公开等工作。

首先，一年召开一次职代会。会上由公司领导向职工汇报一年的工作情况。

其次在厂务公开管理、协商、建设等方面，公司领导能听取工会意见向职代会通报情况，并与工会签订工资集体协商专项合同和女职工劳动保护专项合同，建立职工工资与劳动生产等同步增长机制。尽管××公司目前还比较困难，但今年职工工资保持了不低于社会物价上涨的水平，职工均表示比较满意。

最后，我们组织部门根据自身情况，开展年度竞赛。如×

×部开展"服务明星""四好经理"等培训活动；××分公司通过开展劳动竞赛，其下属团队被评为"××"集体称号。

高温季节，公司领导会同工会一起开展"夏送清凉"活动，慰问奋战在一线的基层职工；近几年未发生职工用餐食物中毒等不良事件，达到了安全生产目标；公司每年安排职工开展身体检查，确保体检一年一次。

以上是我公司开展厂务公开管理工作的简要情况，我们还存在很多不足之处，在今后的工作中将会继续改进、提高。

范例内容精讲

该简报包括报头、报核和报尾 3 个部分，报核开门见山，通过简单两句话引出下文，参考句式如下：

根据……，将……情况简要汇报如下。

由于本例以工会为核心做有关工作的情况介绍，所以首先书写工会的主要职责，保证所有受文对象都清楚工会在公司内部扮演的什么角色，有何作用。

接着用一小段过渡语，将内容重点从工会过渡到实际的工作上。如何在逻辑上有所关联呢？用"在工会的支持帮助下，开展××、××工作"的句式就能顺利过渡转换。

下面开始叙述工会在公司开展的各项工作，从如下的结构上，阅读者能看出书写者行文的思路。

首先，……

其次，……

最后，……

书写者利用简单的逻辑关联词就能展开内容，然后单独成段，将一些琐碎的工作罗列出来，简单介绍，让整份简报更丰富、更完整。注意，书写这样的内容一定要保证句式简洁，最好一两句概括完整，包含时间、主语、事项及达成目的几个要素即可。

最后是简报的报尾部分，它没有实质性的内容，是对全文的一个收束，保证结构的完整与规范，常用句式包括：

以上是……的简要情况。

我们还有很多不足之处，在今后的工作中会继续提高。

为……，带动……的提升和发展，我们将不懈努力。

3. 工作简报

工作简报用于报告重大问题的处理情况以及工作动态、经验或问题等，包括日常工作简报和中心工作简报。

日常工作简报又称业务简报，是反映本地区、本系统、本部门日常工作或问题的经常性简报。其包含内容较广，工作情况、成绩问题、经验教训、表扬批评、执行措施等都可以反映。

中心工作简报又称专题简报，是一种阶段性的简报。它针对工作中某一时期的中心任务而办，中心任务完成，简报也就停办了。

范例精讲｜工作简报

范例内容展示

工作简报
（××年第 1 期）

××公司总经理办公室　　　　　　××××年××月××日

××公司首次亮相广交会

××××年××月××日至××日，××公司首次以出口参展商身份参加第×届中国进出口商品交易会（广交会）二期会展。据悉，这是同业界内首家公司在广交会亮相。

出口业务是××集团"六大核心业务"之一，按照××（集团）总公司"做大做强国际贸易"的总体部署，××公司坚持不懈，积极筹划，终于跻身中国最大的出口商品交易平台。

广交会二期以日用消费品类、礼品类、家居装饰、钟表、玩具等商品为主。××公司联合某钟表制造厂商，精心组织和准备了 200 多种木质摆舵钟、木质温湿度计钟、木质挂墙钟、木质座地钟、木质座台钟参展。

××公司在形象展示、客户接待、订单洽商和后续跟踪等方面做足功夫，客户反响良好。短短五天时间，就接待了来自世界各地的商家代表×人次，开发了中东、印度、西欧、澳洲等地的新客户 10 多个，取得了近××万美元的意向性订单。

此次广交会参展，不仅扩大了轻工类产品出口的市场和客源，而且有力带动了其他文化产品出口的宣传和推广工作，进一步完善了××公司的产品结构和业务板块，实现了社会效益和经济效益的有机统一。

参加广交会是××公司出口业务发展的历史新机遇，将揭开××公司出口业务的新篇章。

范例内容精讲

该例简报属于专题简报，主要对公司参加广交会的情况进行汇报，且仅在广交会期间及时收集信息进行汇报。

报核部分与一般的公文结构没有多大差别，有标题、引言、主体和结尾，不过由于书写内容连接度高，所以分隔也不是很明显。

报核标题是对全文的概括，与一般的公文标题不同，后面没有接文种。开头首先介绍公司亮相广交会的基本情况，具体如下所示：

◆　广交会时间：××××年××月××日至××日

◆ 广交会全名：第 × 届中国进出口商品交易会（广交会）二期会展

◆ 公司情况：出口参展商身份、同业界内首家公司在广交会亮相

然后，全文围绕公司的业务发展情况以及广交会表现进行介绍，由于内容简单精练，所以用最简单的叙述方式——分段描写。

最后，用广交会为公司带来的益处作为全文总结，一两句话就能自然而然地结束内容。

拓展贴士 *简报的写作要点*

结合简报的特点与案例赏析，书写者对简报的写作要点有了基本的认识，主要有以下几点。

抓重点。即抓要害，抓住问题的核心。首先了解问题全貌，或工作全情；其次厘清发展趋势，留神尚未引起人们注意的细小之事。

抓热点。注意重点书写大家都关心的问题和事件。

抓材料。简报所选用的任何材料都完全准确无误，没有丝毫的虚构、夸张、缩小和差错。

简明扼要。用尽可能少的文字说清楚必须说明的问题。一是注意主题集中；二是注意精选材料；三是注意既要求简，又要写清。

会议纪要　　　　总结　　　　报告　　　　简报

扫码做习题

扫码看答案

第5章　契约类文书写作与范例

　　契约类文书以文字的形式把涉及对象双方或多方在交往中商定的有关事项记载下来，作为共同履行的凭证，具有较强的约束力。这类文书具有政策性、强制性、互利性的特点，书写者在书写时重点注意条款的准确性。

聘书/解聘书
意向书
合同

扫码获取本章课件

5.1　聘书／解聘书

聘书，是聘请书的简称。它是用于聘请某些有专业特长或名望权威的人，完成某项任务或担任某种职务时的书信文体书。与之对应的，解聘书是解除劳动关系时应用的文书。

5.1.1　聘书／解聘书的作用

聘书与解聘书的作用是相对的，在日常工作中非常实用，能够帮助人事管理者更好地处理员工关系。下面通过一个表格来认识聘书和解聘书的各种作用，如表 5-1 所示。

表 5-1　聘书／解聘书的作用

类型	作用
聘书	加强协作的纽带，将人才与用人单位很好地联系起来
	加强应聘者的责任感、荣誉感，对应聘者来说，收到聘书会倍感信任与尊重，进而对自己的职业或职位产生较强的责任心
	表示郑重其事、信任和守约的态度，聘书是书面文书，比起短信知会或电话知会更有据可依
解聘书	解除劳务关系，表达关系与各项职责的结束
	说明解聘原因，是对解聘行为的一种完善
	解聘的情况各种各样，有到期解聘的，也有中途解聘的，解聘书能告诉受文对象从何时开始解聘

5.1.2　聘书／解聘书的书写格式

聘书与解聘书的书写格式差不多，一般包括标题、称谓、正文、结尾和落款 5 个部分。在同一个公司，无论是聘书还是解聘书都会设置固定格式，再依据使用对象和情况的不同，修改具体的内容。

下面来看看不同的结构部分的具体写法。

1. 标题

聘书/解聘书一般在页面正中写上"聘书"或"解聘书"字样，有的聘书/解聘书也可以不写标题。但在实际运用时，标题多是已经印制好的，而且是用烫金或大写的样式突出显示。

2. 称谓

聘书/解聘书称谓写法有两种，一是在开头顶格书写，其后加冒号；二是在正文中写明受聘人或解聘者的姓名称呼。常见的印制好的聘书则大都在第一行空两格写"兹聘请××……"。

3. 正文

聘书/解聘书的正文内容完全不同，下面分别进行说明。

聘书的正文一般包括以下几项内容。

- 首先，交代聘请方、聘请原因、聘请职位以及工作职责，当然这几个要素可以视情况进行省略。

- 其次，写明聘任期限，如"聘期两年""聘期自 2022 年 5 月 1 日至 2025 年 5 月 1 日"。

- 再次，写清聘任待遇，可直接写在聘书上，也可另附详尽的聘约或公函写明具体的待遇，具体情况具体安排。

- 最后，还需写上对被聘者的希望，当然，该部分内容也可省略。

解聘书的内容虽与聘书内容刚好相反，但行文思路却是一致的，其正文包括以下一些要点。

- 说明解聘原因、解聘时间，对解聘这一事实进行叙述。

- 要求被解聘者做好工作交接，选择重点内容进行说明，如款项的清算、印章归还等。

- 对被解聘者在职其间的工作及表现进行评估，一般做正面评估，但要实事求是。

- 最后，对被解聘者表示关心和祝愿，如希望对方前程似锦等。

4. 结尾

聘书的结尾一般写上表示敬意和祝颂的结束用语，如"此聘"等。这是聘书固定的格式，约定俗成的用法，对解聘书则没有要求。

5. 落款

聘书／解聘书的落款要署上发文单位名称或公司领导的姓名、职务，并署上发文日期，同时要加盖公章。

拓展贴士 *聘书写作的注意事项*

聘书写作的注意事项有4点，如下所示。

① 聘书应郑重严肃，保持书面整洁、美观，给受聘者留下好的第一印象。

② 交代清楚招聘的有关内容，但要注意语言的简洁明了、准确流畅。

③ 聘书一般要短小精悍，不可篇幅太长，且态度要谦虚诚恳，这是建立良好合作关系的开始。

④ 聘书要体现正式性，需以单位名义发出，所以一定得加盖公章，方视为有效。

5.1.3 聘书／解聘书范例解析

聘书与解聘书没有什么特别的分类，内容大同小异，下面来看一些具体的案例。

1. 岗位聘任书

岗位聘任书与通常所说的聘书有些细微的差别，聘书是企业发给应聘者的文书，是企业录用员工的一种单方面的书面文件；而岗位聘任书需要公司与聘任对象就一些聘任事宜达成一致并签字，有双方的互动。

在日常工作中，很多人会将岗位聘任书与劳动合同混淆。岗位聘任书不像劳动合同那样复杂，很多企业都会将岗位聘任书作为劳动合同的附件。下面来看具体的案例。

范例精讲 | 岗位聘任书

范例内容展示

岗位聘任书

聘任单位（甲方）：
受聘人（乙方）：

　　甲乙双方依据_____岗位聘任有关文件规定，签订本聘任书。

　　一、聘任岗位：甲方聘任乙方在_____岗位工作，享受岗位待遇。

　　二、聘任期限：自__年__月__日起至__年__月__日。

　　三、乙方的岗位职责和权限

　　1. 代表企业实施施工项目管理。贯彻执行国家法律、法规、方针、政策和强制性标准，执行企业的管理制度，维护企业的合法权益。

　　2. 在授权范围内负责与企业管理层、劳务作业层、各协作单位、发包人、分包人和监理工程师等进行协调，解决项目中出现的问题。

　　3. 对进入现场的生产要素进行优化配置和动态管理。

　　4. 进行现场文明施工管理，对施工员进行管理，发现和处理突发事件。

　　5. 对施工过程中所有的技术进行指导和管理。

　　6. 参与工程竣工验收，准备技术方面的结算材料，接受公司财务方面的审计。

　　四、本聘任书经甲、乙双方签字盖章后正式生效。聘任书一式二份，甲、乙双方各执一份。

乙方：（签名）　　　　　　　　甲方：（盖章）
　年 月 日　　　　　　　　　　　年 月 日

范例内容精讲

　　该岗位聘任书在结构上与合同有些类似，除去正文部分，在开篇与结尾都需确认甲乙双方（聘任单位和受聘人）名称，然后签字确认。

　　正文为总分结构，先用一句话总括，然后分条列项叙述聘任的有关事宜，包括聘任岗位、聘任期限、受聘人的岗位职责与权限、生效条件。

　　与岗位聘任书相比，聘书的内容就精简多了，如图 5-1 所示。

聘书

　　兹聘请××女士，任××有限责任公司财务部经理，任期两年。聘期为2022年××月××日至2024年××月××日。

　　此聘。

　　　　　　　　　　　　　××有限责任公司
　　　　　　　　　　　　　××××年××月××日

图 5-1　聘书

从图 5-1 中可看出，聘书内容一般包括两个部分——正文与结语。正文对应聘人名称、职位、聘期进行介绍；结语多是约定俗成语，常见的有："特此聘请""此聘""特颁此证，以此证明""特颁此证""特授予此证"。

如图 5-1 所示的聘书将受聘人的称谓写在正文中，所以全篇结构看起来更加简洁，不过，还有另一种称谓的写法，如图 5-2 所示。

聘书

张×女士：

　　特聘您为××家电集团维修部总工程师，聘期自××××年×月××日至××××年××月××日，聘任期间享受集团高级工程师全额工资待遇。

　　　　　　　　　　　　　　　　　　××家电集团

　　　　　　　　　　　　　　　　　　××××年××月××日

图 5-2　聘书的另一种写法

有时，为表达对聘任单位的尊重和任职意愿，受聘者还会向聘用单位发送应聘保证书，如图 5-3 所示。

应聘保证书

尊敬的××公司人力资源部××经理：

　　本人已收到贵公司于××××年××月××日所发＿＿＿＿一职的录用通知。本人保证按贵公司要求如约到贵公司就职，任职期间严格要求自己，对工作认真负责，遵章守纪。此保证书由本人亲属担保。

姓名＿＿＿＿(签字或印鉴)现住址＿＿＿＿＿＿
亲属担保人＿＿＿＿(签字或印鉴)现住址＿＿＿＿＿＿

　　　　　　　　　　　　　　　　　××××年××月××日

图 5-3　应聘保证书

应聘保证书表达的是受聘者的承诺意愿，主要内容包括 3 点，一是表达自己收到聘书一事；二是表明自己的态度，即是否接受应聘，再说明一下自己认真负责的工作态度；三是介绍保证书的担保人。

一般来说，应聘保证书需要亲友作为担保人，当有意外情况发生时，企业联系不到受聘者本人，可以联系担保人了解情况。

2. 岗位解聘书

岗位解聘书是书面的通知文书，用于告知员工解聘这一信息，下面通过案例了解具体的写法。

范例精讲｜岗位解聘书

范例内容展示

岗位解聘书

××女士：

　　您于××××年××月××日至×年×月×日在我公司担任___职务，经考查认定您的表现情况如下：

　　××××××××××××××××××××××××××××××××××××××。

　　根据公司《企业管理制度》中岗位职责及绩效考核制度的相关规定，您不适合本公司此职务工作的要求，故决定于××××年××月××日解除与您的劳动合同和聘用关系。

　　请您做好工作移交、所借公款和公物的退还等相关事宜。如对此解聘书内容存疑或有特别要求，请与公司人事主管协商解决，达成谅解。

　　祝愿您在以后的工作中能够顺利，通过努力取得更大成绩。

　　（本解聘书正、副本各一份，副本由公司存档。）

××有限公司

范例内容精讲

岗位解聘书的格式与聘书差不多，但在正文内容上需要包括以下几点：

- ◆　在职职务
- ◆　在职表现

◆ 解聘依据或原因

◆ 解聘注意事项

◆ 表达祝愿和希望

本例采取平铺直叙的写作方式，先讲员工在岗位上的表现，然后提出解聘，最后给予祝愿。写作思路连贯，从前到后，一环扣一环，给了解聘对象一个郑重与详细的说明，有利于减小其不满情绪。

如图 5-4 所示的解聘书，内容精简，将重要内容融合在一个段落，在实际工作中运用的也很多。

岗位解聘书

××女士：

　　由于你(□工作效率欠佳　□违反公司规定　□其他：_____),经公司研究决定，解除你与公司 的劳资关系，请你于×年×月×日到人力资源部办理离职手续，同时感谢你为公司所做的一切。

　　特此通知!

员工所在部门意见：

　　　　　　签署：　××××年××月××日

人力资源部意见：

　　　　　　签署：　××××年××月××日

　　　　　　总经理签署：

　　　　　　××××年××月××日

图 5-4　岗位解聘书的另一种写法

图 5-4 中 的岗位解聘书正文部分只有一段，开头直接写明解聘缘由，然后得出解聘结论，进而要求员工办理离职手续，最后表达对员工的感谢。写作逻辑流畅合理，也可供大家借鉴。

而落款部分则花了大篇幅展示各部门的意见，包括员工所在部门、人力资源部和总经理，以示公正。

5.2　意向书

意向书是指在正式签订合约前，一方向另一方表示缔结协议的意向或提出初步设想的一种 文书。这种文书旨在表明一种意向，并不是正式的协议，不具有法律效力。

5.2.1　意向书的特点

意向书为正式签订协议奠定了基础，是合同或协议的先导。在实际工作中，意向书可作为沟通和谈判的依据，帮助双方进一步发展合作关系，其具备以下几个特点。

（1）**协商性**。意向书不是只体现一方的意向，而是展示双方协商的内容。在签订意向书之前或之后，当事人都可以就其中的问题进行协商及修改，提出多个解决方案，供双方选择。

（2）**灵活性**。意向书与协议、合同不同，不是一经签约便不能随意更改，意向书比较灵活，双方当事人可以按自己的想法提出意见，在正式签约前可随时变更或补充，最终达成协议。

（3）**临时性**。意向书只能表示当前协商的一个结果，所以其有效的时间并不长久，随时都会变化，在双方当事人订立正式合同后，意向书便不再使用了。

（4）**简略性**。意向书主要表达一种有意的态度，所以内容与合约相比更为简略，仅对合作相关的原则性内容进行叙述，不会详细地罗列合作条款，避免做多余的工作。

拓展贴士　*意向书的签署方式*

意向书的签署方式比较随意，通常有两种方式。第一种是单独签署，只由出具意向书的一方签署，但文件一式两份，由合作的另一方在其副本上签章认可，交还对方，就算签署完成；第二种是联合签署，在书面上出具合作双方的职衔及代表人姓名，由双方分别签署，各执一份为凭。

5.2.2　意向书的写作格式与要求

意向书的结构包括标题、正文、尾部 3 个部分，下面一起来看每个部分的写作要点。

1. 标题

意向书的标题有 4 种基本写法，分别如下所示。

① "项目名称＋文种"，如"战略合作意向书""采购意向书"。

② "企业双方名称＋事由＋文种"，如"×× 有限公司与 ×× 有限公司合资意向书"。

③ "企业双方名称＋文种"，如"×× 公司与 ×× 公司意向书"。

④ "文种"，即"意向书"。

2. 正文

意向书的正文构成是"导语＋主体＋结尾"，各自书写的内容如表 5-2 所示。

表 5-2　意向书的正文写作

结构	书写内容
导语	写明合作各方当事人的公司全称，双方接触的简要情况，磋商后达成的意见。导语的最后一句常为"本着 ×× 原则，兴建 ×× 项目，具体内容如下""双方就有关事宜，达成如下意向""兹宣告如下意向""初步意向如下"等，以此可引出后文
主体	主体是意向书的核心内容，分条款写明达成的意见，如合作的项目、方式、程序及各方的义务等
结尾	结尾一般按照约定俗成的写法，写明"未尽事宜，在签订正式合同或协议书时再予以补充"，表达了意向书的基本属性

3. 尾部

意向书的尾部就是人们常说的落款，与常见的公文落款不同，意向书落款需要写明签订各方公司的名称、代表人姓名及日期，并加盖公章或私章。有的还会写上联系方式，方便后续交流。

5.2.3　意向书范例解析

意向书在书写时应注意语言准确、表达清楚，且忠实于洽谈内容。在工作中，根据意向书的意图和内容，常见的有采购意向书和合作意向书，这两类意向书的写作侧重分别是什么呢？

下面通过案例来了解一下不同类型的意向书的具体内容。

1. 采购意向书

采购意向书是合作双方根据物料需求计划，初步确定采购合作意向的文书。

范例精讲｜采购意向书

范例内容展示

采购意向书

供方（甲方）：××科技有限公司

地址：××市×区×路×号

电话：158250×××××

需方（乙方）：××环保设备有限公司

地址：××市×镇×路×号

电话：150825×××××

本着"友好合作、双方协商、共进双赢"的原则，甲、乙双方经协商签订_____采购合作意向书，以资双方共同遵守。

一、采购的基本内容

1. 价格明细

所需产品：空气净化器×型号，单价×元人民币；空气净化器×型号，单价×元人民币。

2. 供货周期

供货周期由正式采购合同约定。

3. 付款方式

付款方式由正式采购合同约定。

4. 预计年采购数量 20000 件。

二、采购意向条款

1. 供需双方签订本意向书后，需方将在 12 个月内，通知供方签订正式的____采购合同（以下简称"采购合同"）。

2. 供方同意在接到需方正式通知的时间内签订采购合同。

3. 双方签订采购合同时，共同遵守以下约定：

（1）采购合同应包括本意向书第一条所载明的内容以及符合本意向书的双方均同意的其他条款。

（2）采购合同的核心内容（产品、价格、供货周期、付款方式、质保期等条款）必须与本意向书一致，否则视为无效。

三、供方的声明和承诺

1. 本意向书所有的内容和条款，都经过了需方的明确解释和说明，供方已全部知悉和理解，并承诺予以遵守。

2. 本意向书系双方自愿签订。

3. 供方同意需方拥有本意向书的最终解释权并同意履行需方的解释。

四、其他

本意向书一式两份，供方和需方各执一份。双方在签字盖章后开始生效。采购合同签订后，本意向书自动作废。

本意向书有效期自××××年 5 月 29 日起至××××年 5 月 28 日止。

该采购意向书可以分为 3 大板块，开头与落款格式自成一体，将供需双方的基本信息和联系方式进行介绍，确认意向表达的主体，这是意向书中非常重要的一个内容。

进入正文叙述后，用一小段导语引出后文，先讲与采购有关的各项要事，如采购产品价格明细、供货周期、付款方式、采购数量、采购意向条款和供方的声明和承诺，这些内容都是对协商内容的复述与总结，务必要准确。其中，供货周期和付款方式的内容用"由正式采购合同约定"一笔带过，针对还未协商一致的内容，常用这样的句式做出说明。

有关采购基本内容的叙述，若觉得文字表述太累赘，还可采取表格的形式，更加一目了然。如图 5-5 所示。

商品名称	规格	数量（件）	单价（元）	金额（元）

图 5-5 采购基本内容的表格形式

另外，有关意向书其他需要知悉的事项也要做出说明，包括意向书的份数、生效条件、作废条件及有效期限等。有的时候为防止他人篡改，会用大写表达数字信息，如"本意向书一式两份，供方和需方各执一份"。

从该意向书的落款可以看出，这是一份联合签署的意向书，双方分别签署，各执一份为凭，说明双方参与协商的积极性都非常高。

2. 合作意向书

在商务活动中，双方或多方在进行贸易或合作之前，通过初步谈判，就合作事宜表明基本态度、提出初步设想的协约性文书，一般称作合作意向书，主要用于洽谈重要的合作项目。

范例精讲｜涉外项目合作意向书

范例内容展示

涉外项目合作意向书

甲方：　　　　　　　　　　　（以下简称甲方）
乙方：　　　　　　　　　　　（以下简称乙方）

甲、乙双方为满足国内外市场需要，发展外向型经济，根据《中华人民共和国外商投资法》等相关法规，本着平等、互惠互利的原则，经双方友好协商，就合作经营××项目，达成如下意向，并共同遵守执行。

一、合作事项

1. 合作公司名称暂定为：

2. 合作地点：××省××市

3. 项目投资：××万美元，折合人民币××万元。

4. 乙方投入：××万美元，折合人民币××万元。

5. 合作期限：××年，含建设期××年。

6. 乙方所投入资金将分批注入合作公司"外汇账户"，甲方以年为单位按乙方实际投入资金总额的×%支付乙方红利和到期本金。

二、乙方所投入的资金与甲方的有形、无形资产或项目资产合作，成立合作公司并设立董事会，董事会是合作企业的最高权力机构，决定合作企业的一切重大问题，董事会及组织机构以《中华人民共和国外商投资法》及《中华人民共和国中外合作经营企业法实施细则》为法律依据。乙方不参与合作公司的经营管理，也不承担合作公司的经营风险，但乙方将派财务总监督项目资金专款专用。

三、合作期满，在甲方全部还完乙方投入的本金及红利后，乙方无条件退出，合作公司资产归甲方所有。

为了保证乙方投入资金的安全性，甲方必须用其有形、无形资产或建设项目作抵押担保。如发现甲方有违反资金监管行为，乙方有权终止合作，并按法律程序追回已投入的资金或处置抵押资产。

四、甲方责任

1. 建设项目必须符合乙方对华投资方向。

2. 提交的相关文件材料必须真实、完整、合法、有效。

3. 负责乙方首次项目考察人员、专家的交通及食宿。

4. 负责落实该项目的前期基础设施配套准备工作，负责办理中外合作企业的相关手续。

5. 按照国际惯例，负责从中国境内委托相关权威机构出具乙方认可的相关项目材料报告。

6. 本意向书正式签订后未经乙方许可，不得在本意向书有效期内寻求第三方进行合作。

五、乙方责任

1. 负责提供建立中外合作企业所需的相关文件材料。

2. 负责资金的安全注入，并承担资金移动的相关费用。

3. 负责监督资金注入后的使用，但不参与合作企业的经营管理。

4. 负责项目运作过程中用于中国境外的费用。

5. 负责聘请或委托独立的权威机构对甲方提供的项目（包括相关文件材料）进行论证和审查，向甲方提出相关意见。

6. 未经甲方许可，不得在本意向书有效期内在同一地区寻求第三方进行合作。

六、保密条款

1. 甲、乙双方应遵守本保密条款，履行保密的责任和义务。

2. 一方向另一方提供以文字、图像、音像、磁盘等为载体的文件、数据、资料以及双方在谈判中所涉及此项目的一切言行均包括在保密范围之内。

3. 保密期限自本意向书生效之日起，至双方合同正本签署之日止或本意向书终止之日后六十个工作日止。

4. 保密条款适用于双方所有涉及此项目的人员及双方由于其他原因了解或知道此项目信息的一切人员。

5. 如第三方确因项目进程而需向一方了解本协议的保密内容，则该方应在向第三方透露保密信息之前，征得另一方书面形式的同意，且有责任确保第三方遵守本保密条款。

6. 若双方在此项目运作过程中一致同意终止该项目，则双方应协商将对方提供的一切关于该项目的资料及复制品还给对方，接受方关于这些资料所做的记录等文件也应立即销毁。

七、违约责任

1. 甲方应保证对该项目所提供的相关文件材料真实、完整、合法、有效，否则乙方有权退出该项目的合作，并保留向甲方要求相关赔偿的权利，同时本意向书自行终止。

2. 在项目运作过程中，甲方违反本意向书第四条第3、第5、第6款的规定，而导致项目无法继续运作时，乙方有权退出该项目的合作，并保留向甲方要求相关赔偿的权利，同时本意向书自行终止。

3. 在项目运作过程中，乙方违反本意向书第五条第4、第5、第6款的规定，而导致项目无法继续运作时，甲方有权退出该项目的合作，并保留向乙方要求相关赔偿的权利，同时本意向书自行终止。

4. 任何一方如违反本意向书第六条（保密条款）的规定，而给对方造成相关影响及损失的，则违反方承担相关赔偿责任。

八、其他

1. 除双方另有约定的特殊情况外，双方应以书面形式进行与本意向书有关的沟通，电传、快递一经发出，即被视为已送达对方。

2. 甲乙双方各自承担项目运作过程中相关人力、物力及财力的耗费，合作的具体方式与执行以双方正式签订的合同、章程及协议为准。

3. 因不可抗力（如战争、骚乱、瘟疫及政府行为）致使本意向书无法履行，本意向书自行终止，双方互不承担责任。

4. 双方在项目运作过程中如发生争议，应友好协商解决，协商不成，双方均可向本意向书签订地人民法院提起诉讼。

5. 本意向书一式两份，甲乙双方各执一份，有效期为四十五个工作日，由双方代表签字盖章后生效，未尽事宜，双方另行协商。

甲方（盖章）：　　　　　　　乙方（盖章）：
代表（签字）：　　　　　　　代表（签字）：
地址：　　　　　　　　　　　地址：
电话：　　　　　　　　　　　电话：
传真：

签订地点：　　　　　　　　　签订时间：××××年××月××日

范例内容精讲

合作意向书的格式可参考合同的写法，以条文的形式进行表述。首先交代甲方乙方，然后进入正文写作，在引言中说明合作依据与原则。接下来叙述一些基本的合作事宜，如合作基本信息、双方责任、保密条款和违约责任等。保密条款在商业合同中是非常重要的一环，提前在意向书中进行约定，也是提前避免相关信息泄露。

由于是中外合资经营企业，需要就合资项目整体规划、合营期限、货币结算名称、投资金额及规模、双方责任分担、利润分配及亏损分担等问题，表明各方达成的意向。对于没有确定的内容，以"未尽事宜，双方在今后协商补充"替代。

另外，有关意向书的履行、终止条件、份数、有效期、保存者等内容需要单独说明，一般都是在正文最后单独划章，在"其他"小标题下展开书写。

5.3 合同

合同是民事主体之间设立、变更、终止民事法律关系的协议，依法成立的合同，受法律保护。

合同有广义、狭义之分，日常工作中常见的合同包括劳动合同、债权合同、买卖合同、赠与合同、借款合同、租赁合同、承揽合同、建设工程合同、运输合同、技术合同和仓储合同等。

5.3.1 认识合同的特点与作用

1. 合同的作用

人们常说的合同多是指经济合同，它是商品经济的产物，在经济活动中，合同的主要作用表现为：

（1）**保护当事人的合法权益。** 合同内容都是依据相关法律法规设置的，一旦签署便具有法律约束力。若有合同当事人违背合同规定侵害对方权益，另一方可据此进行交涉，甚至进行仲裁或诉诸法律。

（2）**确定合作关系。** 合同是合作双方之间的纽带，只有签署了合同，才能确定双方合作的各种事宜，保证双方工作有计划地进行。面对随时在变化的合作关系，合同也给双方带来了保障。

（3）**提升经济效益。** 合同的签署让双方的需求与工作流程变得清楚明晰，有利于提高工作效率，加快资本周转，对合作双方来说都是有益的，这样就能达到经济上的"双赢"。

（4）**保障经济次序。** 国家有关部门通过合同查看企业是否依法订立合同，依法执行合同事宜，监督是否有不良经济活动的发生，进而让经济活动在法律框架下有序开展。

2. 合同的特点

合同的订立必须依据相关法律法规，所以具备合法性、合意性、平等性、规范性和约束性这 5 个特点。具体如下所示。

（1）**合法性。** 合同的有效建立在合法的基础上，凡是不符合法律法规规定的都属于无效合同。因此，合同当事人需具备合法资格，即拥有签订合同的权利和行为能力；合同的内容条款不得与法律法规相违背；订立合同也需遵循合法程序。

（2）**合意性。** 合同要约定当事人各方的权利与义务，任何有悖于当事人意向的内容都不可以写入合同，合同内容必须真切地表示出各方的意见，保证合作关系的互补、等价。

（3）**平等性。** 合同各方的法律地位平等，大家是平等互利的合作关系，任何一方不得把自己的意志强加给对方，任何组织或个人不得非法干预，采取胁迫手段签订的合同无效。而且，各方的权利义务也是对等的，不能一方只享受权利，不承担义务责任（特殊合同如赠与合同除外）。

（4）**规范性。** 主要表现在两个方面，一是合同形式的规范，书面合同的形式大同小异，但对合同内容的构成有基本的要求；二是语言规范，合同写作必须严谨、正确。

（5）**约束性。** 订立合同是一种法律行为，具有法律效力，各方的权利和义务都将受到法律保护，任何一方违约都要承担相应的经济和法律责任。当事人各方必须全面履行合同规定的义务，任何一方不得擅自变更或解除合同，否则必须承担违约责任。

拓展贴士 *《民法典》中关于合同内容的规定*

《民法典》第四百七十条规定，合同的内容由当事人约定，一般包括下列条款：（一）当事人的姓名或者名称和住所；（二）标的；（三）数量；（四）质量；（五）价款或者报酬；（六）履行期限、地点和方式；（七）违约责任；（八）解决争议的方法。

当事人可以参照各类合同的示范文本订立合同。

5.3.2　合同与意向书的区别

意向书是合同签订的基础，合同表达的是当事人各方最后的意向，两者有相似之处，也有很多区别，下面来认识合同与意向书的区别。如表 5-3 所示。

表 5-3　合同与意向书的区别

区别	合同	意向书
内容不同	合同的内容是合同主体间的权利与义务	意向书的内容是各方当事人共同意思的表示
法律效力不同	合同内容受法律保护，合同各方受法律约束	是双方进一步协商的依据，无法律效力，对签约主体不具有约束力
签订时间不同	双方就权利义务关系达成一致后签订合同	双方就某一共识达成签订意向书，还可以不断协商与更改
违约责任不同	任何一方违约，都要承担法律责任	任何一方变更或反悔，都不承担违约责任
履行方式不同	有明显的强制性和约束性	不带任何强制性，各方可以随时改变自己的主张

5.3.3　合同分类

书面合同的类型有很多，其分类依据不同，种类也不同，下面通过合同的分类进一步了解合同文书。

1. 性质分类

按性质分类，合同可分为有偿合同和无偿合同、单务合同和双务合同、要式合同和不要式合同、有名合同和无名合同、主合同和从合同、诺成合同与实践合同等。如表 5-4 所示。

表 5-4　按合同性质分类

分类	具体介绍
有偿合同和无偿合同	有偿合同是指当事人一方在享有合同规定的权益的同时，必须向对方当事人偿付相应代价的合同，买卖、租赁、雇用、承揽等都是有偿合同
	无偿合同是指当事人一方只享有合同权利而不偿付任何代价的合同，又称恩惠合同，实践中主要有赠与合同、借用合同、无偿保管合同等
单务合同和双务合同	单务合同是指一方只享有权利而不尽义务，另一方只尽义务而不享有权利的合同，包括赠与合同、无偿借贷合同、无偿保管合同等
	双务合同是指当事人各方都享有权利、互负对价义务的合同，如买卖合同、承揽合同、租赁合同等
要式合同和不要式合同	要式合同是指法律规定必须具备一定的形式和手续的合同。确认某种合同属于要式合同，必须有法律规定或者当事人之间有约定
	不要式合同是指法律不要求必须具备一定形式或是手续的合同
有名合同和无名合同	有名合同是指法律规定或经济习惯上确定名称的合同，又称典型合同，《民法典》中规定了 19 种典型合同，包括买卖合同、赠与合同、借款合同、保证合同等
	无名合同是法律尚未规定有确定名称的合同，在有名合同之外，又称非典型合同
主合同和从合同	主合同是指不需要其他合同的存在即可独立存在的合同，具有独立性
	从合同，又称附属合同，是以其他合同的存在为前提的合同，自身不能独立存在，如保证合同、定金合同、质押合同等，相对于借贷合同即为从合同

分类	具体介绍
诺成合同与实践合同	诺成合同是指仅以当事人意思表示一致为成立要件的合同
	实践合同又称要物合同，是相对于诺成合同而言的一种合同类型，其指除当事人意思表示一致以外，尚需交付标的物或完成其他现实给付才能成立的合同。定金合同、自然人之间的借款合同、保管合同、借用合同是几种典型的实践合同

2. 内容分类

按内容分类，合同又可分为购销合同、劳动合同、货物运输合同、加工承揽合同、仓储保管合同以及技术合同等，可见不同经济行为下的合同类型繁多，具体内容如下所示。

◆ **购销合同**：是指一方将货物的所有权或经营管理权转移给对方，对方支付价款的协议。包括供应、预购、采购、购销、结合与协作、调剂等合同。

◆ **劳动合同**：是调整劳动关系的基本法律形式，也是确立劳动者与用人单位劳动关系的基本前提，在劳动法中占据核心的地位。聘用合同就是劳动合同中的一种。

◆ **货物运输合同**：是指承运人按照合同的约定将承运货物运送到指定地点，托运人支付相应报酬的协议。包括民用航空运输、铁路运输、海上运输和联运等合同。

◆ **加工承揽合同**：是指承揽方按照定作方的要求完成一定工作，并将工作成果交付定作方，定作方接受工作成果并支付约定报酬的协议。包括加工、定作、修缮、修理、印刷、广告、测绘、测试等合同。

◆ **仓储保管合同**：是存货方和保管方为加速货物流通，妥善保管货物，提高经济效益，而明确相互权利义务关系的协议。包括仓储、保管等合同。

◆ **技术合同**：是当事人就技术开发、转让、咨询或者服务订立的确立相
互之间权利和义务的合同。包括技术开发、转让、咨询、服务等合同。

5.3.4 合同的书写步骤

按照规范的写作步骤书写，能让书写者的撰写工作更加轻松，一般可
按以下顺序进行写作，如图 5-6 所示。

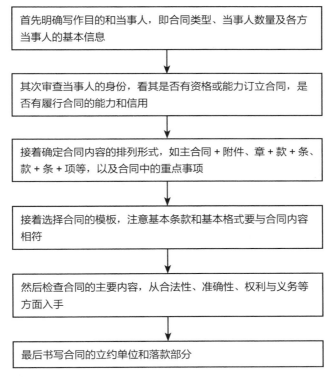

首先明确写作目的和当事人，即合同类型、当事人数量及各方
当事人的基本信息

其次审查当事人的身份，看其是否有资格或能力订立合同，是
否有履行合同的能力和信用

接着确定合同内容的排列形式，如主合同＋附件、章＋款＋条、
款＋条＋项等，以及合同中的重点事项

接着选择合同的模板，注意基本条款和基本格式要与合同内容
相符

然后检查合同的主要内容，从合法性、准确性、权利与义务等
方面入手

最后书写合同的立约单位和落款部分

图 5-6 合同的书写步骤

了解了合同的书写步骤，书写者对合同的基本格式和写法也应有一定
的认识。合同一般由标题、立约单位、正文和落款 4 个部分构成。

1. 标题

常见的合同标题格式为"事由＋文种"，如"采购合同""产品购销
合同""财产保险合同"等。

2. 立约单位

立约单位即合同当事人，大多数时候是双方，也有可能是多方。写好标题后，就要接着写立约各方的信息，通常在标题下方另起一行并排书写当事人各方的全称（单位或个人）、地址、邮编、电话、法定代表人的姓名和职务等信息。

之后若要以简称表示，用"以下行文用××简称""以下称甲方""以下称卖方""以下称供方"等句式提前说明。

3. 正文

合同的正文包括引言、主体和结尾，引言叙述签订合同的目的、意义或依据，常用句式如下：

为了……，根据……规定，经双方协商，签订本合同，以便双方共同遵守。

为……有关事宜，经双方协商，订合同如下：……

根据国家法律和有关政策，经甲、乙双方平等协商，自愿签订本合同：……

主体部分应包括合同的必要条款和其他条款，必要条款有标的物、标的数量、标的质量、合同履行期限、交货地点和违约责任等，其他条款根据实际情况书写。

结尾部分一般对合同的生效日期、有效期限、正副本及件数、保存及其效力、合同附件名称及件数等进行说明。

4. 落款

合同的落款需要当事各方的签字、盖章，因此，要写明当事各方的基本信息，包括单位名称、法定代表人或个人名称。同时，还可以书写合同各方的电话号码、开户银行及账号、E-mail和签订日期等内容，在合同正文中书写过的，这里可以省略。

5.3.5 合同范例解析

要真正掌握合同的写作要点，还需分析不同的合同案例，这样才有实际意义。

1. 采购合同

采购合同是经过供需双方谈判协商一致同意而签订的"供需关系"的法律性文件，合同双方都应遵守和履行。采购合同是商务性的契约文件，其内容条款一般应包括：

- ◆　供方与需方的全名、法人代表姓名以及双方的通讯联系方式。
- ◆　采购货品的名称、型号和规格，以及采购的数量、价格和交货期。
- ◆　交付方式和交货地点。
- ◆　质量要求和验收方法，以及不合格品的处理，当另订有质量协议时，则在采购合同中写明见"质量协议"。
- ◆　违约的责任。

范例精讲 | 食品调料采购合同

范例内容展示

食品调料采购合同

供方：

需方：

供需双方在平等互利的基础上，经充分协商，就需方在合同期内，不定时、不定量向供方采购调味料事宜达成如下协议：

一、采购明细

产品名称	规格型号	单价/箱	数量	计量单位	总金额（元）
×锦记	桂林风味辣椒酱	552	50	箱	27600
×锦记	四川风味麻辣酱	676	50	箱	33800
×锦记	蒜蓉辣椒酱	405.6	50	箱	20280
×锦记	海鲜酱	396	50	箱	19800
×锦记	金标生抽	432	50	箱	21600
×锦记	精选生抽	360	50	箱	18000
×锦记	幼滑虾酱	643.2	50	箱	32160

二、单价说明

1. 该单价为到厂交货价格，包含供方的成本、运费、税费等所有价格构成部分。

2. 该单价原则上在合同期内不得变动。

三、质量要求

供方提供的货物，必须符合双方确认的需方企业标准（见附件），需方企业标准没有要求的，必须符合国家或行业标准，上述标准都没有要求的，应当符合国家相关食品安全要求及需方实际使用之目的。

四、数量要求

1. 数量以供方当次订单为准，允许有 5% 的溢短装，具体结算以需方实际收到的经验收合格的货物数量为准。

2. 如供方已在货物包装外明示标准数量，经需方检验实际数量低于该明示数量的，需方可扣除差异数量的 3 倍以下的货款。

五、货物交付

供方在需方指定地点完成交付，交付前的风险及运费由供方承担。

六、验收

1. 货到后，需方依附件所示验收标准进行抽检，抽检不合格，需方有权依具体状况作扣罚接收、罚款或退货处理。需方在使用过程中复检，复检发现不合格、品质不一或不能正常使用的其他情况，可以直接从保证金中扣除该批货物全部货款，造成其他损失供方仍应继续赔偿。

2. 若供方产品质量不符合需方质量要求，需方有权单方面解除合同，并要求供方承担损失。

七、结算方式

需方先支付拾万元整（人民币小写：100000元）现金交由供方，购货余款柒万叁仟贰佰肆拾元整（人民币小写：73240元）由需方向××银行申请贷款，经由双方同意，贷款发放后直接将购货余款打入供方＿＿＿＿＿法人＿＿＿的账户中，账户号：＿＿＿＿＿＿＿＿＿＿＿＿＿

八、合同期内供方必须保证及时、充足地供应需方货物，如供方连续两次无法正常供应货物，除非有正当理由，需方将扣除供方全部的履约保证金。

九、其他要求

供方不得出于谋求不正当利益之目的，而以供方或供方人员的名义向需方人员提供物质利益或私人事务上的便利。一旦需方发现，供方须向需方支付该部分金额（或折价金额）的100倍作为违约金，同时需方有权终止合同，并有权从供方的货款及保证金中直接扣除该部分违约金。

需方对供方的此种贿赂行为的追溯处理权不受时间限制，若需方人员主动索取以上不当利益，供方应向需方报告，情节严重的移送司法部门处理。

十、违约责任

1. 供方应具备持续供货能力，不得以任何借口拒绝向需方公司供货（不可抗力原因除外），否则应向需方支付当次订单总价30%的违约金，造成损失的供方须负责赔偿。

2. 供方不能保证某一批及时供货，应当在收到订单后2小时内通知需方，未能履行通知义务，供方除承担当次订单总价30%的违约金外，还应赔偿需方因此所受的实际损失。

3. 若因供方提供的发票不合法，导致需方发生的补缴税款、滞纳金、罚款等均由供方承担，同时需方有权终止合同。

4. 如因供方质量问题造成食源性疾患或重大食品卫生事件的，供方应当承担全部赔偿责任，包括需方因此遭受的所有直接、间接损失。

5. 若需方不能按合同约定付款，应向供方支付应付货款的5‰违约金。

十一、本合同一式两份，双方各执一份，具有同等法律效力，均自双方签字盖章后生效，有效期限至××××年××月××日。如此期限内合同提前执行完毕，可续签合同或重新签订合同。

十二、本合同未尽事宜，双方协商解决，协商不成交合同签订地人民法院解决。

供方：   需方：

地址：   地址：

法人代表签字：   法人代表签字：

签订日期：   签订日期：

范例内容精讲

从本例可以了解到，采购合同的主要内容包括采购明细、价格说明、质量要求、数量要求、货物交付与验收、结算方式、违约内容等，其中采购明细的内容尤其要注意表达准确。

本例用表格来展示采购明细，看起来简洁、规范，在采购产品较多的情况下，用表格罗列是最好的方式。

另外，对于接收货物时间需方应着重注意，为了不影响生产，要在合同中明确约定交货地点、发货时间和收货时间。

2. 劳动合同

劳动合同是劳动者与用人单位确立劳动关系、明确双方权利和义务的协议。建立劳动关系应当订立劳动合同。

以合同期限为标准，劳动合同可分为3类，即固定期限劳动合同、无固定期限劳动合同和以完成一定工作任务为期限的劳动合同。劳动合同期限，是指劳动合同的有效时间，是双方当事人所订立的劳动合同起始和终止的时间，也是劳动关系具有法律约束力的时间。

◆ 固定期限劳动合同是指用人单位与劳动者约定合同终止时间的劳动合同。签订固定期限劳动合同，对于用人单位而言，可获取用工灵活性和降低用工成本，但劳动者的职业稳定感较差。

◆ 无固定期限劳动合同，是指用人单位与劳动者约定无确定终止时间的劳动合同。

◆ 以完成一定工作任务为期限的劳动合同，是指用人单位与劳动者约定以某项工作的完成为合同期限的劳动合同。

范例精讲｜劳动合同

范例内容展示

劳动合同

甲方(用人单位)名称：＿＿＿＿＿＿＿＿＿

法定代表人：＿＿＿＿＿＿＿＿＿

乙方(受聘人员)姓名：＿＿＿＿＿＿＿

性别：＿＿＿＿＿＿＿

出生年月日：＿＿＿＿＿＿＿

民族：＿＿＿＿＿＿＿

文化程度：＿＿＿＿＿＿＿

居民身份证号码：＿＿＿＿＿＿＿

家庭住址：＿＿＿＿＿＿＿

邮政编码：＿＿＿＿＿＿＿

电话：＿＿＿＿＿＿＿

根据国家法律和有关政策，经甲、乙双方平等协商，自愿签订本合同。

一、聘用合同期限。按下列第＿＿＿＿＿款确定：

(一)本合同为有固定期限的聘用合同。合同期从＿＿年＿＿月＿＿日至＿＿年＿＿月＿＿日止。其中试用期从＿＿年＿＿月＿＿日至＿＿年＿＿月＿＿日止。

(二)本合同为无固定期限的聘用合同。合同期从＿＿年＿＿月＿＿日起至法定或约定的解除(终止)合同的条件出现为止。其中试用期从＿＿年＿＿月＿＿日起至＿＿年＿＿月＿＿日止。

(三)本合同为以完成一定工作为期限的聘用合同。合同期从＿＿＿＿＿＿之日起至＿＿＿＿＿＿之日止(起止时间必须明确具体)。

二、工作性质和考核指标

乙方同意按甲方工作需要，在＿＿＿＿＿岗位工作，完成该岗位承担的各项工作任务。

考核指标每月(每季度、每年)为＿＿＿＿＿＿＿＿。

三、劳动保护和劳动条件

(一)甲方应对乙方进行劳动安全卫生教育，防止劳动过程中的事故，减少职业危害。

(二)甲方必须为乙方提供符合国家规定的劳动安全生产环境。

(三)乙方在劳动过程中必须严格遵守安全操作规程。乙方对甲方管理人员违章指挥、强令冒险作业，有权拒绝执行。

(四)甲方按照国家关于女职工的特殊保护规定，对乙方提供保护。

(五)甲方严格遵守合理的劳动工作时间，按照国家的规定保障乙方的休息时间。

四、劳动报酬

乙方在聘用期间的基本工资为月＿＿＿＿＿元，奖金见甲方的奖金发放制度。

五、甲方的权利和义务

（一）甲方的权利

1.依照国家的有关规定和甲方的规章制度对乙方行使管理权、考核权和奖惩权。

2.合同期间因工作需要，甲方有权调整乙方的工作岗位。

3.具有下列情形之一的，甲方可以随时通知乙方解除劳动合同，不受提前三十天通知的限制：

(1)在试用期间发现乙方不符合聘用条件的；

(2)乙方严重违反甲方工作责任制或甲方规章制度的；

(3)乙方严重失职，营私舞弊，对甲方利益造成重大损害的；

(4)乙方被依法追究刑事责任的；

(5)乙方连续___个月(季度、年)考核被确定为不称职的；

(6)不胜任现职工作，又不接受其他安排的。

4.具有下列情形之一的，甲方可以解除聘用合同，但应提前三十天以书面形式通知乙方：

(1)乙方患病或非因工负伤，在规定的医疗期满后，不能从事原工作也不能从事甲方另行安排的工作的；

(2)乙方不能胜任工作，经过培训或者调整工作岗位，仍不能胜任工作的；

(3)聘用合同订立时所依据的客观情况发生重大变化，致使原聘用合同无法履行，经当事人协商不能就变更聘用合同达成协议的；

(4)甲方濒临破产处于法定整顿期间或者生产经营状况发生严重困难，确需裁减人员的。

5.乙方受聘期间，因违法、违纪或其他不当行为，给甲方造成损失的，甲方有权要求乙方承担相应的赔偿责任。

（二）甲方的义务

1.遵守国家的法律、法规、政策，尊重职工的主人翁地位，创造有利于职工发挥积极性和创造性的企业环境。

2.负责对乙方进行政治思想、职业道德、专业技术、企业管理知识、遵纪守法和规章制度的教育与培训。

3.乙方具有下列情形之一，又不符合本合同第五条第(一)款第(3)项的，甲方不得解除劳动合同：

(1)乙方患职业病或因工负伤并被确认丧失劳动能力的；

(2)患病或者负伤，在规定的医疗期内的；

(3)乙方为女职工，在孕期、产期、哺乳期内的；

(4)法律、法规规定的其他情形。

六、乙方的权利和义务

（一）乙方的权利

1.在合同期间乙方享有参与企业民主管理，获得政治荣誉和物质鼓励的权利。

2.有权享受国家和本企业规定的劳动保护、劳动保险、福利待遇。

3.因疾病治疗需要，有申请延长医疗期的权利。

范例内容精讲

劳动合同包括必备条款和约定条款两部分，其中必备条款有9条，分别如下所示。

◆ 用人单位与劳动者的基本信息。

◆ 劳动合同期限，即劳动合同起始和终止时间，也是劳动关系具有法律效力的时间。

◆ 工作内容和工作时间。

◆ 劳动保护和劳动条件，如劳动安全卫生的设施，对女性职工的特殊保护等。

◆ 劳动报酬，即劳动者的工资、奖金、津贴和补贴等。

◆ 社会保险，即国家强制要求的五险一金，能保障劳动者基本生活需求。

◆ 劳动纪律，即需要劳动者遵循的基本规章制度。

◆ 劳动合同终止的条件。

◆ 违反劳动合同的责任，即不履行劳动合同或者不完全履行劳动合同，双方应承担的法律责任。

本例对这些必备条款都有所提及，在合同开头部分对劳动者资料做了详细介绍，列出了姓名、性别、出生年月、民族、文化程度、居民身份证号码、家庭住址、邮政编码及电话共 9 项信息。

在叙述劳动合同期限时，本例采用的是"选择式"写法，即将 3 种劳动期限进行排列，再根据具体的情况选择。这样的写法更加灵活全面，能够适应公司内部不同的招聘方式。

当然，有的劳动合同也采取固定写法，如下所示：

第二条　本合同为无固定期限的聘用合同。

本合同于××××年××月××日起至约定的解除合同的条件出现为止，其中试用期至××××年××月××日止。

拓展贴士 *试用期期限的规定*

试用期期限并不是由用人单位决定的，而要以法律规定为参考，不然很容易受到劳动者的投诉，《劳动合同法》对试用期有下列规定：

① 劳动合同期限三个月以上不满一年的，试用期不得超过一个月。

② 劳动合同期限一年以上不满三年的，试用期不得超过二个月。

③ 三年以上固定期限和无固定期限的劳动合同，试用期不得超过六个月。

④ 以完成一定工作任务为期限的劳动合同或者劳动合同期限不满三个月的，不得约定试用期。

⑤ 试用期包含在劳动合同期限内。劳动合同仅约定试用期的，试用期不成立，该期限为劳动合同期限。

在书写劳动报酬条款时，书写者要切记员工的劳动报酬不得低于用人单位所在地的最低工资标准。而有关劳动关系终止的有关条款，本例中分 3 种情况进行说明。

◆ 甲方随时通知乙方解除劳动合同。

◆ 甲方必须提前三十天以书面形式通知乙方解除劳动合同。

◆ 甲方不得解除劳动合同。

每种情况下的发生条件都不同，第一种多是乙方有严重违规的情况，第二种多是由乙方工作能力不足造成；第三种多是法律规定的不能与劳动者解除劳动合同的情况，如乙方工伤或在哺乳期、孕期等。

3. 销售合同

销售合同是指平等主体的自然人、法人、其他组织之间设立、变更、终止民事权利义务关系的协议。签订销售合同需要遵守诚实信用的原则。

销售合同与采购合同的条款类似，都属于买卖合同，不过卖方与买方对调了。

范例精讲 | 产品销售合同

范例内容展示

产品销售合同

甲方：

乙方：

甲、乙双方经友好协商，在自愿、公平的基础上，根据《中华人民共和国民法典》，就乙方销售代理甲方××浴桶系列木质卫浴产品达成如下协议：

一、代理权及代理方式

（一）甲方授予乙方在_____地区内销售××浴桶系列木质卫浴产品的独家代理销售权；乙方有权在本代理区内各市县建立分代理和招聘业务员。

（二）甲方不得与上述地区的其他任何单位或个人签订任何形式的销售合同，或直接供应销售产品。否则即视为违约，甲方应向乙方支付违约金并赔偿乙方因此造成的经济损失。

（三）乙方在代理期间必须以自己的名义开展业务活动，不得以甲方名义从事任何行为，否则造成甲方的损失由乙方承担。

二、甲、乙双方的权利和义务

（一）甲方的权利和义务

1. 甲方保证乙方在_____地区内的独家销售权，甲方向乙方提供特许代理授权证书以及铜牌，乙方必须将其放置在

产品销售的醒目位置。

2. 甲方对乙方的工作人员进行培训以及向乙方提供必要的培训材料。

3. 甲方根据乙方销售情况向乙方提供广告宣传图片及经销辅助材料等。

4. 在乙方销售量连续____个月低于_____件/套时，甲方有权解除乙方的销售代理权并终止本合同。

5. 甲方保证提供质量合格的产品，如产品有质量问题，乙方在收货之日起一个月内返回甲方调换，调换产品的一切费用由甲方负责。

（二）乙方的权利和义务

1. 乙方应保证月最低销售额不低于人民币_____万元，年最低销售额不低于人民币_____万元。

2. 乙方应当向甲方提供加盖乙方公章的营业执照、企业负责人身份证、税务登记证复印件。

三、激励条款

为激励乙方开拓所代理区域内的市场，如乙方每年销售额超过人民币_____万元，甲方按总销售额返点乙方_____%。

四、保密条款

（一）甲方不得将乙方销售单价、销售额、客户或其他乙方认为应当保密的信息泄露给无关第三方。

（二）乙方不得将所知道有关甲方营业方法或者其他甲方认为应保密的信息泄露给无关第三方。

（三）乙方不得向第三方提及双方合作事宜。

五、价格条款

（一）甲方的供货价格（见出厂价格表）

1. 甲方的供货价格为××市出厂价格，不含运费。

2. 若调整出厂价格，甲方应提前七天通知乙方。

（二）乙方的销售价格

1. 乙方须严格按照甲方最低销售指导价格进行销售，若乙方擅自降低销售价格，甲方有权对乙方进行处罚。首次发现，甲方对乙方进行警告并处 2000 元罚款；若再次发现，甲方有权解除乙方销售代理权并没收其独家销售保证金。

2. 甲方保证向乙方提供的指导价与甲方其他代理商一致。

3. 甲方指导价作为合同附件予以提供，如调整指导价，甲方需提前_____天通知乙方。

六、物流条款

（一）订货

1. 乙方与客户达成一致，乙方将订货清单传真或邮件至甲方指定员工。订货清单包括但不限于以下内容：产品规格、数量、销售单价、销售总价、需供货的时间，由乙方授权代表人签字。

2. 甲方确认货源后将确认清单回传或邮件至乙方，确认清单包括但不限于以下内容：产品规格、数量、供货单价、

供货总价、供货时间。由甲方授权代表人签字。

3. 订货须采用书面形式，包括传真、邮件等形式。甲方不接受口头、电话、短信等非书面形式的订单。

4. 双方如果更换授权代表人，需提前_____天通知对方。否则，由变更方承担造成的一切损失。

（二）付款

1. 甲方确认后，乙方按照甲方确认清单上的总价以及甲乙双方约定的付款方式将货款通过现金交付或者银行转账的方式递交甲方，甲方收到后立即确认。

2. 甲乙双方具体付款方式另行书面约定。

3. 乙方必须严格按照双方约定的付款方式付款。否则，甲方不承担乙方不按约定付款方式付款导致的任何资金风险或损失。

（三）发货

1. 甲方按照乙方确认清单上的地址发货到乙方指定地点，提货/送货运费由乙方承担。

2. 货物一经乙方检查、确认、装车拉出，风险转由乙方承担。

3. 乙方款到甲方后，甲方限时发货，若货源紧张或货源不足，甲乙双方提前约定时间。

范例内容精讲

签订销售合同是经营活动中常见的一项法律活动，而书写销售合同要保证主要的条款没有遗漏，一般包括标的、数量和质量、价款或酬金、履行期限、地点、方式和违约责任。此外，还包括当事人一方要求必须规定的条款。

一般来说，在合同中应对货物的信息进行明确约定，如以下几条：

◆ 品名、型号、品种等表述应完整规范，不要用简称。

◆ 规格应明确相应的技术指标，如成分、含量、纯度、大小、长度、粗细。

◆ 供货的数量要清楚、准确；计量单位应当规范，一般采用公制计量。

本例中没有做出明确规定，而以订货订单为准。

4. 技术开发合同

技术开发合同是指当事人之间就新技术、新工艺和新工艺的新材料及其系统的研究开发所订立的合同。

范例精讲 | 技术开发合同

范例内容展示

<table>
<tr><td valign="top">

技术开发合同

项目名称：＿＿＿＿＿＿＿＿＿＿

合同编号：＿＿＿＿＿＿＿＿＿＿

甲方（委托方）：   乙方（研究开发方）：

法定代表人：   法定代表人：

职务：   职务：

地址：   地址：

邮政编码：   邮政编码：

电话：   电话：

开户银行：   开户银行：

账号：   账号：

依据《中华人民共和国民法典》的规定，合同双方就项目的技术开发，经协商一致，签订本合同。

第一条 标的技术的内容、形式和要求：＿＿＿＿＿＿＿。

第二条 应达到的技术指标和参数：＿＿＿＿＿＿＿。

第三条 研究开发计划：

第四条 研究开发经费、报酬及其支付或结算方式：

研究开发经费是指完成本项研究开发工作所需的成本；

</td><td valign="top">

报酬是指本项目开发成果的使用费和研究开发人员的科研补贴。

本项目研究开发经费及报酬为＿＿＿＿＿元，其中：甲方提供＿＿＿＿＿元，乙方提供＿＿＿＿＿元。

如开发成本实报实销，双方约定如下：＿＿＿＿＿。

经费和报酬支付方式及时限（采用以下＿＿＿＿种方式）：

（1）一次总付：＿＿＿＿元，时间：＿＿＿＿。

（2）分期支付：＿＿＿＿元，时间：＿＿＿＿；＿＿＿＿元，时间：＿＿＿＿。

（3）按利润＿＿＿＿％提成，期限：＿＿＿＿。

（4）按销售额＿＿＿＿％提成，期限：＿＿＿＿。

（5）其他方式：＿＿＿＿＿＿＿＿。

第五条 利用研究开发经费购置的设备、器材、资料的财产权属：＿＿＿＿＿＿＿＿。

第六条 履行的期限、地点和方式

本合同自＿＿＿＿年＿＿＿月＿＿＿日至＿＿＿＿年＿＿＿月＿＿＿日在＿＿＿＿＿＿＿（地点）履行。本合同的履行方式为：＿＿＿＿＿＿＿。

第七条 技术情报和资料的保密：＿＿＿＿＿＿。

第八条 技术协作和技术指导的内容：＿＿＿＿＿＿。

第九条 风险责任的承担

</td></tr>
<tr><td valign="top">

在履行本合同的过程中，确因在现有水平和条件下难以克服的技术困难，导致研究开发部分或全部失败所造成的损失，风险责任由＿＿＿＿＿＿承担。

（1）乙方。

（2）双方。

（3）双方另行商定。

经约定，风险责任甲方承担＿＿＿＿％，乙方承担＿＿＿＿％。

本项目风险责任确认的方式为：＿＿＿＿＿＿。

第十条 技术成果的归属和分享

1.专利申请权属于：＿＿＿＿＿＿。

2.非专利技术成果的使用权、转让权约定为：＿＿＿＿＿。

第十一条 验收的标准和方式

研究开发所完成的成果达到本合同第二条所列技术指标时，按＿＿＿＿＿＿标准，采用＿＿＿＿方式验收，由＿＿＿＿方出具技术项目验收证明。

第十二条 违约金或损失赔偿额的计算方法

违反本合同约定，违约方应当按《中华人民共和国民法典》规定承担违约责任。

1.违反本合同第＿＿＿条约定，＿＿＿方应当承担违约责任，承担方式和违约金额如下：＿＿＿＿＿＿＿＿。

2.违反本合同第＿＿＿条约定，＿＿＿方应当承担违约责任，承担方式和违约金额如下：＿＿＿＿＿＿＿＿。

</td><td valign="top">

第十三条 争议解决方法

在本合同履行过程发生争议，双方应当协商解决，也可以请求＿＿＿＿＿＿进行调解。

双方不愿协商、调解解决或者协商、调解不成的，双方商定，采用以下第＿＿＿＿种方式解决。

1.提交＿＿＿＿＿＿仲裁委员会仲裁。

2.向＿＿＿＿＿＿人民法院起诉。

第十四条 名词和术语解释：＿＿＿＿＿＿＿＿。

第十五条 本合同有效期限：＿＿＿年＿＿＿月＿＿＿日至＿＿＿年＿＿＿月＿＿＿日。

甲方（签章）：   乙方（签章）：

代表人：   代表人：

××××年××月××日   ××××年××月××日

</td></tr>
</table>

范例内容精讲

技术开发合同包括委托开发合同和合作开发合同，本例属于委托开发合同。委托开发合同的委托人应当按照约定支付研究开发经费和报酬，提供技术资料、原始数据，完成协作事项，接收研究开发成果。

委托开发合同的研究开发人应当按照约定制订和实施研究开发计划；合理使用研究开发经费；按期完成研究开发工作，交付研究开发成果；提供有关的技术资料和必要的技术指导，帮助委托人掌握研究开发成果。

本例以章条式的写法将双方约定的重要条款展示出来，在开头部分，首先介绍了项目名称和合同编号，然后书写甲、乙双方的资料，在委托开发合同中，甲方指委托方，乙方指研究开发方。

为了保证技术研发能够顺利无误，当事人需要事无巨细地核对各项指标，在合同文本中，前 5 条都在说明研发技术的相关问题。包括：

标的技术的内容、形式和要求

应达到的技术指标和参数

研究开发计划

研究开发经费、报酬及其支付或结算方式

利用研究开发经费购置的设备、器材、资料的财产权属

在技术开发合同履行过程中，因出现无法克服的技术困难，致使研究开发失败或者部分失败的，该风险责任由当事人约定。所以在合同中最好约定风险承担的比例，以及确认责任的方式。如本例中第九条，对风险责任的划分提供了各种选择，具有很高的灵活性，给予了双方谈判的空间。

5. 仓储合同

仓储合同是保管人储存存货人交付的仓储物，存货人支付仓储费的合同。仓储合同自保管人和存货人意思表示一致时成立。

范例精讲｜仓储合同

范例内容展示

仓储合同

甲方（存货方）：

乙方（保管方）：

根据《中华人民共和国民法典》有关规定，经双方协商一致，签订本仓储保管合同以资共同信守。

第一条 存储货物的情况

甲方将其经营的中药材以及其他有关商品存放在乙方仓库，具体存储货物的品名、规格、数量、质量、包装等情况由甲方向乙方提供。

第二条 存储货物的货权

凡以甲方为收货人或由乙方收货的所有到达乙方仓库的货物，其货物的所有权属甲方。

第三条 货物的验收入库

甲方向乙方提供必要的货物验收资料，乙方应按验收资料对入库货物进行验收。如果发现入库货物与验收资料不符，乙方应在返回的入库单上记载并于发现后的一个工作日内通知甲方。

货物入库完成后，乙方应填报入库单，入库单中应表明货物的垛房，并在入库后两个工作日内将入库单先发传真再邮寄给甲方。

第四条 货物保管条件和保管要求

乙方应按甲方的要求和入库货物的特点，合理地安排货物的存放地点，并使其符合相应的保管条件，确保甲方货物的安全以及货物在质量和数量上免受任何损失。

第五条 货物出库手续

所有甲方货物的提货一律凭甲方开具的加盖甲方"出库专用章"的提单或提货传真件放货（提单上要注明提货人身份证号码）。提货人凭提单传真提货，乙方必须电话向甲方确认后才可以放货，遇有疑点应及时通知甲方。如实发数与提单数存在差额，乙方应按实发数将提单返还联及时返还甲方。

第六条 货物的损耗标准和损耗处理

根据具体情况由双方协商解决。

第七条 费率标准

1. 每天仓储费＿＿＿＿元/吨。

2. 集装箱掏箱费 20 英尺＿＿＿＿元/只，四十英尺＿＿＿＿元/只（人工散货）。

20 英尺＿＿＿＿元/只，四十英尺＿＿＿＿元/只（托盘）。

3. 卡车卸车费＿＿＿＿元/吨。

4. 入库费＿＿＿＿元/吨。

5. 出库装车费＿＿＿＿元/吨，超过 17：00 另加＿＿＿＿元。

6. 货权转移费＿＿＿＿元/吨。

第八条 结算方式

甲方按月向乙方支付相关费用，甲方最后一批货出清之前，甲方应将所有费用结清，否则乙方有权不发最后一批货物。

第九条 各方责任

1. 甲方的责任

未按标准对储存货物进行必要的包装，造成货物损坏、变质的由甲方负责。甲方货物的保险费由甲方承担。

2. 乙方的责任

（1）在货物保管期间，货物发生丢失、变质、污染、损坏的由乙方承担赔偿责任。

（2）对于保管商品未按法律规定和合同约定的要求进行操作储存，造成毁损或其他事故的由乙方承担赔偿责任。

第十条 合同的变更和解除

有下列情形之一，可变更或解除本合同：

（1）双方协商一致同意。

（2）由于不可抗力致使本合同的全部或部分不能履行。

（3）由于合同一方在合同约定的期限内没有履行合同或严重违约。

第十一条 争议解决方式

双方应认真、全面地履行本合同，如发生争议，首先通过协商解决。如协商不成，则以原告所在地人民法院为管辖法院通过诉讼程序解决。

1. 本合同一式两份，甲乙双方各执一份，双方签字盖章后生效（传真签约具有同等效力）。

2. 本合同有效期为××××年××月××日至××××年××月××日，合同期满经双方协商可续签合同。

3. 本合同生效后，双方可协商制定本合同的若干附件或补充条款，其附件或补充条款经双方盖章后成为本合同不可分割的一部分。

注：提单须加盖出库专用章方为有效，如凭传真提单发货，请向发货人电话确认。

甲方：（存货方）　　　　乙方：（保管方）

法定代表人：　　　　　　法定代表人：

或授权代表人：　　　　　或授权代表人：

××××年××月××日　　××××年××月××日

范例内容精讲

仓储合同的甲方为存货方，乙方为保管方，合同中应注明仓储物的品名、品种、规格、数量、质量以及包装方面。本例中第一条对存储货物的情况进行叙述，省略了有关存储货物的信息，表示在之后进行提供。

有关货物验收的条款，由于验收由保管方负责，所以要约定好验收的内容、标准，主要包括 3 个方面（没有在合同中约定的，应在其他资料或附件中做好说明）。

- ◆ 一是无须开箱拆捆就直观可见的质量情况，项目主要有货物的品名、规格、数量、外包装状况等。
- ◆ 二是包装内的货物品名、规格、数量，以外包装或者货物上的标记为准；无标记的，以供货方提供的验收资料为准。
- ◆ 三是散装货物按国家有关规定或合同的约定验收。验收方法有全验和按比例抽验两种，具体采用哪种方法，应在合同中明确约定。

有关仓储物的损耗标准，在合同中也需进行约定，包括仓储物在储存期间和运输过程中的损耗。磅差标准的执行原则，有国家或专业标准的，按国家或专业标准规定执行；没有国家或专业标准的，可以商定在保证运输和存储安全的前提下由双方作出规定。本例第六条省略了具体的内容，在甲、乙双方的责任条款中做了规定。

对于保管条件，仓储物的储存条件和储存要求必须在合同中明确作出规定，如果需要在冷冻库里储存或是在高温、高压下储存，都应通过合同订明。而易燃易爆、易渗漏、易腐烂、有毒等危险物品的储存要明确储存条件和方法。

本例中要求乙方遵循甲方的要求对货物进行存放和保管，那么乙方就应该按照要求做好保管工作。

可能很多人会认为，仓储合同涉及的费用只有仓储费用。其实不然，本例第七条列举了每天仓储费、集装箱掏箱费、卡车卸车费、入库费、出库装车费和货权转移费共 6 种费用及其费率。

由于涉及费用项目繁杂，所以需要提前商议，并在订立合同时，一条一条列明，这样可避免后续双方因为费用引起纠纷。

拓展贴士 *仓单、入库单等凭证的内容*

存货人交付仓储物的，保管人应当出具仓单、入库单等凭证并进行签字，可以说仓单和入库单是保管和提货的凭证。民法典上规定仓单应包括下列事项：

（一）存货人的姓名或者名称和住所；

（二）仓储物的品种、数量、质量、包装及其件数和标记；

（三）仓储物的损耗标准；

（四）储存场所；

（五）储存期限；

（六）仓储费；

（七）仓储物已经办理保险的，其保险金额、期间以及保险人的名称；

（八）填发人、填发地和填发日期。

---

6. 承包合同

承包合同是指买卖双方在经济活动中对基建产品约定的价格，由双方通过谈判，以合同形式确定，是确定发包与承包双方的权利与义务，并受法律保护的一种契约性文件。承包合同具有以下特征。

（1）**承包合同以完成一定的工作为目的**。在承包合同中，承包人应按照与定作人约定的标准和要求完成工作，定作人主要目的是取得承包人完成的工作成果。

（2）**承包人完成工作的独立性**。定作人与承包人之间定立承包合同，一般是建立在对承包人的能力、条件信任的基础上。所以承包人应独立完成工作，才符合合同要求。

（3）**定做物的特定性**。承包合同一般针对个别项目进行商定，定做物往往具有特殊性。

范例精讲｜承包合同

范例内容展示

承包合同

发包方（甲方）：××居民小组

地址：＿＿＿＿＿＿＿＿＿＿

联系方式（负责人）：＿＿＿＿＿＿

承包方（乙方）：××建筑工程有限公司

地址：＿＿＿＿＿＿＿＿＿＿

联系方式（负责人）：＿＿＿＿＿＿

根据《中华人民共和国经济合同法》《建筑法》及有关法律、法规的规定，为了明确双方职责，为维护双方利益，避免纠纷，结合本工程实际情况，经双方共同协商签订本合同，并严格履行。

一、工程概况

1. 工程项目名称：×××××。

2. 工程施工地点：×××××。

3. 承包方式：包工不包料(单包)。

4. 承包价格：每平方米工价为××元。

二、工程期限

本工程工期自××××年××月××日至××月××日完成，在施工过程中如遇下列情况时，工期可顺延。

梁、架、柱、板、楼面抹平、内外粉刷、外墙面瓷砖、钢筋网架、楼顶瓦面盖好，主体工程中所有大小项目均由乙方全部完成。

4. 安全设施及吊装运输由乙方负责购制并安装到位。

5. 每层所需原材料的规格、型号、数量及材质要求必须由乙方提出详细计划；商品混凝土必须计算准确；所需辅料（模板、木支撑）由乙方自己购制。

6. 乙方必须服从甲方对工程质量和施工现场的监督管理，并积极配合甲方工程负责人的工作，确保工程质量和工程进度。每道工序完成后，分部分项地检查验收，待验收合格后，方可进入下道工序施工。

7. 乙方必须搞好现场管理，加强安全教育，特别要注意安全意识、遵守操作规程、配置安全设施、防范安全事故。否则，出现任何伤亡事故及财产损失，由乙方全部负责，甲方不负任何连带责任。

五、付款方式

根据本工程进度按每层建筑实际面积核算，分期付款，进场预付××万元，基础完成后付××万元，一层盖板付××万元，屋顶面完工付××万元，内粉完工付××万元，外粉及墙贴面完工付××万元。待工程竣工甲方根据国家质量验收规范和评定标准进行验收，验收结算后余款付清。

1. 由于甲方原因造成停工、停电、停水达四小时或不可抗拒的原因等，工期顺延。

2. 施工途中由于甲方提出变更设计、更改施工图纸，工期适量增减。

三、甲方责任

1. 甲方向乙方提供建筑施工图。

2. 负责组织图纸设计员向施工人员进行图纸设计解说交底。

3. 按时如数供应乙方在施工中所需的原材料，及时到位，保障乙方正常施工。

4. 对工程质量及用料进行全面监督，提出合理要求，发现粗制滥造、违章施工等现象，甲方有权令乙方返工或停工并追究责任损失。

四、乙方责任

1. 参加技术图纸会审、制定施工方案、组织施工人员做好协调工作，保障水、电、路通、建筑所用设备材料等费用全部由乙方承担。机械设备进场、安全设备到位、做好各项准备工作、确保按时开工。

2. 按照设计图纸及施工规范精心施工。除水电、防盗门、塑钢窗、楼梯扶手、栏杆和后期精装等附属工程及卫生间防水处理由甲方安排第三方施工外，乙方必须积极搞好配合。

3. 乙方施工内容：挖机挖基础土方回填，基础、墙体、

六、其他

1. 施工人员的安全保险金，由乙方出资购买。

2. 乙方如果中途退场、拖延时间，甲方有权另行安排施工队，其所有工资当作自动放弃。甲方所有损失由乙方赔付。

3. 本合同一式三份，双方各执一份，存档一份。甲乙双方签字后生效，具有法律效力作用。

本合同未尽事宜，由甲乙双方协商解决。

甲方签字：　　　　　　　乙方签字：

××××年××月××日　　　××××年××月××日

承包合同的项目内容各式各样，核心内容的写法也千差万别，不过，在承包合同中应该包括的要素有如下 6 点。

◆ 发包方和承包方的基本信息，比如名称、地址、联系方式以及负责人等。

◆ 承包项目的内容以及发包方的具体要求，包括项目名称、施工地点、项目概况等内容。

◆ 承包期限，是指承包项目的起止日期，可以约束承包方提高工作的效率。

◆ 发包方和承包方的权利责任，约定好各自的责任和权利，尤其是延期责任，才能更好地完成工作。

◆ 验收方式和付款方式。

◆ 双方约定的不违反国家法律法规的其他内容。

本例大致可分为 3 个部分，第一部分对合同双方的信息进行展示。第二部分则是正文引言，写出合同根据和目的。第三部分就是正文的核心，主要内容有 6 项，包括工程概况、工程期限、甲方责任、乙方责任、付款方式及其他，对承包项目的各项要素进行说明，使得甲乙双方能够依据合同展开工作。

7. 租赁合同

租赁合同是指出租人将租赁物交付给承租人使用、收益，承租人支付租金的合同。租赁合同的当事人分为两方：

◆ 提供租赁物的使用或收益权的一方为出租人。

◆ 对租赁物有使用或收益权的一方为承租人。

凡是当事人需要取得对方标的物的临时使用权、收益而无须取得所有权，并且该物不是消耗物时，都可以适用租赁合同。

范例精讲｜租赁合同

范例内容展示

租赁合同

第一章　总则

第一条　订立合同双方

甲方（以下简称出租人）：××公司。

乙方（以下简称承租人）：××及其合伙人。

第二条　根据出租人的公开招标和承租人的投标与答辩，经过评标委员会的最后评标，××及其合伙人被确定为中标承租人。出租人和承租人双方依据招标标底所确定的基本内容，特订立本合同。

第三条　租赁双方表示，租赁经营是一种新型的经营方式，愿意在提高经济效益的前提下，创出企业租赁经营的新经验。

第四条　××厂租赁经营后，仍然隶属××公司，不改变原来的财政、税收渠道。

第五条　××厂租赁经营后，必须贯彻执行国家的各项法律法规。

第六条　××厂的经营范围和产品方向，原则上应符合××行业的特点和发展规划。

第七条　××厂租赁经营后，应成为独立核算、照章纳税、自主经营、自负盈亏、具有自我改造和自我发展能力的法人。

第二章　租赁期限、财产和租金

第八条　××厂租赁经营期限为×年，即从××××年××月××日起，至××××年××月××日止。

第九条　××厂共有财产××元，其中：固定资产××元，流动资金××元。租给承租人自主经营。

第十条　租金定为××元，分××年缴纳。

其中：

××××年度××元。

××××年度××元。

××××年度××元。……

第十一条　租金于应交年度的年后三十日内，由银行划拨，一次付清。

第十二条　出租人为了××厂发展需要，将租金收入返回承租人，作为扩大生产的资金，应当相应增加租金。承租人应做到专款专用。

第十三条　承租人对租赁的固定资产，应提取不低于××%的折旧基金和××%的大修理基金，必须做到专款专用。

第十四条　××厂租赁经营前的债务，由出租人清偿。

第十五条　承租人用个人所得对××投资，产权归承租人所有，租赁期满后，可以带走，也可以折价给下一个承租人。

第三章　承租人的权利和义务

第一节　承租人的权利

第十六条　承租人是××厂租赁经营期间的法定代表人和厂长。合伙租赁的承租代表人为法人代表或副厂长。

第十七条　承租人对租赁的财产有完全的使用权。

第十八条　承租人对××厂的经营有完全的自主权。

第十九条　承租人对××厂经营管理有如下权利：

（一）机构设置权。

（二）人事任免权。

（三）专业技术人员的聘任权。

（四）奖惩、招用和辞退职工权。

（五）自选工资形式、自定工资标准和奖金分配权。

第二十条　××厂纳税后剩余的利润，由承租人自主支配，分配的办法，承租人可以同职工商量决定。

第二十一条　承租人对租赁的设备中闲置无用、技术性能落后的旧设备，可以提出处理意见，经出租人同意，办理手续，进行更新改造。

第二节　承租人的义务

第二十二条　承租人必须按照有关规定缴纳各种税费和统筹基金。

第二十三条　承租人必须按期如数缴纳租金。

第二十四条　承租人必须保证租赁的厂房、设备的完好，按照设备管理的有关规定，对设备进行定期维护保养。不经出租人的同意不得转租、转包他人经营。合同终止时，承租人应当保证租赁的固定资产净值不减少。承租人应当对租赁的厂房、设备进行财产保险。

第二十五条　承租人必须保障××厂职工的合法权益，应当在提高经济效益的前提下，不断提高职工的平均收入，不断改善职工的劳动条件和福利待遇。

第二十六条　承租人应当有价值××元的财产抵押，抵押物在租赁经营期间只有使用权，无处分权。抵押物应申请家庭财产保险。抵押金应交出租人存入银行，利息归承租人所有。

第四章　出租人的权利和义务

第一节　出租人的权利

第二十七条　出租人有权按时如数向承租人收取租金。

第二十八条　出租人有权监督租赁财产不受损害。

第二十九条　出租人有权监督××厂的产品方向。

第三十条　出租人对××厂有财务监督、审计权。

第三十一条　出租人对××厂的产品质量有检查权。

第三十二条　出租人有权维护××厂职工的合法权益。

第二节　出租人的义务

第三十三条　出租人应根据承租人的请求，积极协助解决经营活动中的困难和问题。

范例内容精讲

本例内容和篇幅都较多，所以按章、节、条的写法分出内容层次，逐一书写，保证内容的完整度。

第一章为总则内容，对甲乙双方的信息、标的物进行说明。

然后对租赁的有关事项，如租赁期限、金额以及租赁双方的权利义务进行说明。而在书写租赁双方的权利义务时，本例分为了承租人和出租人两个部分进行说明。其实，还可以换一种写法，结构如下：

一、租赁权利

1. 承租人权利

2. 出租人权利

二、租赁义务

1. 承租人义务

2. 出租人义务

接着第五章、第六章对合同的变更、解除和终止，以及违约责任作出说明，最后书写附则，特别约定了"承租代表人发生意外事故，由合伙人根据合伙协议另行推选承租代表人"。

拓展
范本

| 聘书/解聘书 | 意向书 | 合同 |

扫码做习题　　　　　　扫码看答案

第6章　沟通类文书写作与范例

　　工作中各种函件的收发，能够有效维持组织机构内的情感联络，所以沟通类文书的利用率很高，书写者尤其要注意这类文书的书写格式以及书写的情感，要真诚具体，让对方能够感受到。

信函

商务函

传真

扫码获取本章课件

6.1 信函

信函是指以套封形式，按照名址递送给特定个人或单位的缄封的信息载体。在工作中，信函的利用率也是非常高的，通过不同类型的信函能够传递对应的信息与态度，下面一起来认识信函的基本特点。

6.1.1 信函的特点

信函作为一种古老的沟通载体，进入现代社会后以电子邮件的方式存在，依旧承载着其基本的沟通作用，无论何种信函，都具有沟通性、灵活性、单一性、及时性这几个特点。

（1）**沟通性**。沟通性可以说是信函最基本的特性了，在工作中利用信函能够连接不同的部门，连接上下级，连接客户，使各单位间完成商洽、对谈、询问与答复，做到有来有往。

（2）**灵活性**。信函的灵活性主要表现在两个方面，一是行文灵活，信函是不拘泥行文对象的，可以是上行文，可以是下行文，也可以是平行文，比起其他公文来说少了很多限制；二是格式灵活，日常工作中对信函的格式有要求，但不十分苛刻，可以根据实际情况省略一些结构。

（3）**单一性**。与日常生活中的信函相比，工作信函更注重单一性，不是天南海北的胡侃，而是有主题，一般一份信函只写一件事，以引起对方的重视。

（4）**及时性**。为了提高沟通的效果，信函一般都是及时发出，以便得到对方最新的反馈，若不是最近的工作事项，也就失去了本来的意义，这样就浪费了双方的时间。

6.1.2 信函的基础格式

信函的格式与人们常见的书信格式差不多，主要包括标题、称谓、正文、结尾和落款 5 个部分，不同类型的信函，内容与格式可能会有变化，下面来看基本的格式内容表述。

1. 标题

信函的标题写法大致可以分为两类，一是以信的主题内容作为标题，通过对主题内容进行浓缩、概括得到标题，但要注意标题的简短凝练，越是精简的标题越能吸引人的注意力，并让人在短时间内获得有效信息；二是直接以信的类型作为标题，如"感谢信""表扬信"等。

2. 称谓

信函的称谓即对收信人的称呼，不同类型的书信称谓各有差异，常见的称谓有如下一些。

尊敬的 ×× 先生 / 女士

×× 有限公司

全体员工

×× 同志

3. 正文

信函的正文一般在称谓下方另起一行空两格书写，遵循一文一事或一事一段的原则，追求简洁，最好不要篇幅过长，容易让人失去阅读的耐心。同时，还要注意层次清楚，将重点讲清楚，无须做过多的修饰。

4. 结尾

信函的结尾一般是指在正文结束后，另起一行书写表达祝愿、希望或是要求的内容，抑或是添加一些固定结语，如"此致"，该部分可以依情况而省略。

5. 落款

信函的落款即指最后的署名与时间，署名可以是个人也可以是部门或公司，一般要写全称。

6.1.3　信函范例解析

企业内部常用的信函类型有贺信、慰问信、感谢信、公开信、介绍信、表扬信及证明信等，下面通过案例分别对这些信函的写法进行参考。

（1）贺信

贺信是机关、团体、企事业单位或个人，向取得重大成绩、做出卓越贡献的有关单位或人员表示祝贺或庆贺的礼仪书信。

范例精讲｜贺信

范例内容展示

贺信

东莞分公司：

　　欣闻东莞分公司××××年累计承保保费突破×亿元，提前3个月圆满达成分公司全年任务目标，在此谨代表总公司向东莞分公司取得的成绩表示最衷心的祝贺！

　　东莞分公司开业不足一年时间，面对激烈的市场竞争，在×总的带领下，全体员工艰苦创业、奋勇拼搏，紧紧围绕公司"稳健、快速和高效发展"的经营理念，以公司下达的任务目标为己任，不断提升业务平台，在市场上迅速崛起，树立了市场品牌。××月××日又以全年累计规模保费×亿，提前×天达成了全年度的任务目标，实现又一次新的跨越。东莞分公司团队凭着扎实的基础和拼搏实干的精神铸就了不凡的成绩，为业务的整体发展做出了突出贡献。

　　现特发此信祝贺，对东莞分公司员工勇于开拓市场，甘于奉献的拼搏精神予以大力表扬，希望你们继续发扬成绩，再立新功，为公司发展做出新的更大的贡献！

　　同时，号召各机构向东莞分公司学习，在市场上凸显专业和价值，为公司××××年度目标的全面实现奋勇前行。

总经理：××

××××年××月××日

范例内容精讲

　　贺信的标题格式有很多种写法，有直接写"贺信"两字的，如本例所示，还有如下一些：

◆ "祝贺对象＋文种"，如"致××公司的贺信"。

◆ "祝贺者＋文种"，如"××公司贺信"。

◆ "祝贺者＋祝贺对象＋文种"，如"××公司致××公司的贺信"。

◆ "祝贺事由 + 文种"，如"祝贺 × × 店顺利开业"。

本例贺信对象为东莞分公司，所以直接以分公司名称作为称谓。正文分为 4 段进行书写。

第一段对分公司取得的成绩进行简单说明并表达祝贺。

第二段对分公司的发展背景、工作态度进行叙述，表达分公司面临的不易，以及分公司员工的努力。

第三段再次祝贺，并表达对分公司员工的希望。

第四段发出号召，希望所有员工都能向分公司进行学习，完成下一年度的工作目标。

书写内容层次分明，逐渐递进，很有逻辑性。第四段就是通常意义上的结尾或结束语。

无论贺信的内容是什么，正文都要交代清楚以下 3 项内容。

◆ 说明背景、环境形势，对表达祝贺的内容进行丰富。

◆ 概括说明对方在哪些方面取得了成绩，分析其取得成绩的原因，如技术超群、态度认真，这样祝贺显得更加真诚。

◆ 表达热烈的祝贺，鼓励对方，还可进一步提出希望、要求。

在工作往来中，贺信的内容可以说是多种多样，如开业祝贺、周年庆贺、升职庆贺、上市庆贺等，无论何种内容，都可以套用以下的例句进行开头。

欣闻 / 欣获……，在此特殊时刻，我谨代表……向……致以最诚挚、最热烈的祝贺。

2. 慰问信

慰问信是指机关、团体、单位向有关方面或个人表示安慰、问候、鼓励和致意的一种事务性书信，它能体现企业的关怀、温暖。书写慰问信感情要真挚，语气要诚恳，使被慰问者从中得到慰藉与鼓励。

范例精讲 | 高温慰问信

范例内容展示

高温慰问信

奋战在一线的××员工们：

目前，正值持续高温天气，你们忍受高温煎熬，一如既往，坚守岗位，以高昂的热情和认真的态度努力工作，为企业生产流下了勤劳的汗水。

在此，公司领导、工会向在高温下坚守岗位、努力工作的生产一线员工表示亲切的慰问和崇高的敬意！

为做好防暑降温工作，公司安委办在车间放置冰块改善车间防暑降温条件；当温度高于35°发放冷饮；安委办还配备了清凉油、人丹、十滴水等防暑降温用品，体现了公司领导对一线员工的关心。

由于工作性质不同，钣金、喷漆等车间防暑降温条件仍然十分艰苦。油漆车间的员工不但要经受热浪的冲击，还要经受烘烤热量的烘烤；食堂组员工在备餐的高温下，不顾炎热，不怕疲劳……这一切，无不体现着××员工对企业的一片执着和热情。

高温天气，希望各部门主管要高度重视抗高温工作，时刻关注员工的身体健康，防止中暑发生；要深入车间、关心一线，及时提供降温设备和降温饮品；要灵活机动，调整作息时间；发现有高温不适的员工，要及时采取措施。

员工的健康就是企业最大的财富，希望大家要时刻注意

身体健康和人身安全，合理安排工作、饮食和休息时间，回到宿舍后要打开空调，保证充足的睡眠。相信在大家的共同努力下，我们一定能克服高温环境带来的困难！

××公司行政中心

×××年××月××日

范例内容精讲

慰问信从内容上看，一般可分为 3 种类型：一是慰问辛苦，二是慰问受难者，三是节日慰问。

慰问辛苦，主要对企业内部工作繁重，或是工作环境艰苦的员工进行慰问，表达鼓励和赞许。

慰问受难者，主要对受到挫折、受到意外事故打击的员工表示同情和安慰，鼓励他们克服困难。

节日慰问，一般就是传统佳节循例问候员工，提高企业内部的凝聚力，根据节日的不同，问候语会有变化。

本例为高温慰问信，针对恶劣的工作环境，对辛苦工作的员工表达问候，标题格式为"事由 + 文种"。除此之外，还有 3 种标题写作格式。

◆ 直接写"慰问信" 3 个字。

◆　"慰问对象＋文种"，如"致×××的慰问信"。

◆　"慰问者＋慰问对象＋文种"，如"×××致×××的慰问信"等。

本例中称谓前加了定语，并不是简单地称呼员工，而是"奋战在一线的××员工们"，指代性非常强，这可以让受慰问对象感受到更为关切的慰问。

正文内容分为6段，重点内容分别为：

第一段写工作背景和员工表现，即高温天气，员工一如既往地工作。

第二段直接表达慰问和敬意。

第三段写公司的应对措施，不仅是口头慰问，还有一系列降温防暑的工作，如放置冰块、发放冷饮、配备清凉油。

第四段具体叙述一线员工的不容易和艰苦，展现企业的关注。

第五段写对各部门主管的要求，希望他们关注员工的身体状况，做好应急处理。

第六段表达公司对员工身体状况的重视和关心，更表达一种希冀。

本例叙述内容较为详细，涉及的方面多且全面，分段也更细，实际写作时可以适当删减。

慰问信的结尾一般都会写祝福语或鼓励语，如"祝愉快""祝身体健康""祝阖家幸福"等。而有的节日慰问信的结尾内容会更特别一点，如下所示：

一个成功的公司，少不了很多优秀的员工；一个优秀的员工，背后少不了伟大的家属。值此佳节，衷心祝福公司员工及家属：

年年君意如满月，月月事事遂君心。

花好月圆人舒畅，万事如意家业兴。

3. 感谢信

感谢信是重要的礼仪文书，是集体单位或个人对关心、帮助、支持本单位或个人表示衷心感谢的函件。在日常工作中，得到对方的帮助和支持，可用感谢信表示感谢。

范例内容展示

感谢信

　　××有限公司于××××年××月××日在××举行隆重开业典礼，此间收到全国各地许多同行、用户以及外国公司的贺电、贺函和贺礼。世界各地的贵宾，国内最著名的电缆线路专家等亲临参加庆典，寄予我公司极大的希望，谨此一并致谢，并愿一如既往与各方加强联系，进行更广泛、更友好的合作。

××有限公司

范例内容精讲

　　此篇感谢信非常简短，没有冗杂的描述，让人一目了然。以"感谢信"3个字作为标题，与整体的行文风格非常符合。当然，感谢信的标题还有其他格式，主要包括以下 3 种。

◆ "感谢对象＋文种"，如"致 ××× 的感谢信"。

◆ "感谢者＋感谢对象＋文种"，如"公司董事长致全体员工的感谢信"。

◆ "事由＋文种" ，如"招商感谢信"。

　　本文由于不是写给特定的对象，所以没有称谓，在感谢对象较多的时候，一般将感谢对象放在正文中提出。

　　一般来说，感谢信的正文要写清楚对方对自己的支持和帮助，包括时间、地点、原因、事件、结果和影响等要素。本例中将开业典礼时对自己表示过支持的各界人士以及为公司带来的正面效益进行叙述。

　　最后表示感谢，并希望以后保持联系与合作。结语一般用"此致敬礼"或"再次表示诚挚的感谢"之类的话，也可自然结束正文，不写结语。

写感谢信要注意下面几点：

◆　叙述对方对自己或本单位的帮助，一定要把人物、时间、地点、原因、结果以及事情经过叙述清楚，这样才能表达自己的真诚。

◆　行文应充满感情，突出对方的好意，加强自己的感激之情。

◆　表达谢意应该直接，且用语应该得体，注意彼此的身份。

◆　感谢信以说明事实为主，切勿不着边际地大发议论。

4. 公开信

公开信是将内容公布于众的信件，其对象一般比较广泛，如"三八妇女节写给全公司妇女的公开信"。信的内容一般涉及比较重大的问题，具有普遍的指导作用、教育作用和宣传作用。

范例精讲｜致 ×× 全体业主的公开信

范例内容展示

致××全体业主的公开信

尊敬的业主：

自××××年底园区入住以来，我们物业公司得到了广大业主的信任与支持。我们将一如既往，竭诚为大家服务。现在，园区配套建设即将完工，全体业主将生活在整洁、美好的环境之中。

入住园区以来，广大业主认真遵守《业主管理规约》，主动配合支持物业工作，表现出很高的素质和修养。对此，我们深表感谢。与此同时，我们也遗憾地看到，还有个别不文明的现象时有发生：个别人不爱护公物，故意损坏单元门等业主共有设施；有的乱扔垃圾，影响小区整洁；有的把旧家具等杂物堆放在楼道内，既影响邻里出行，又极易引起火灾等。所有这些不仅严重影响了小区的正常管理，也降低了业主生活的质量。为此，我们倡议：

一、自觉树立城市意识、文明意识。要自觉克服传统陋习，不乱扔垃圾，不乱堆杂物，不乱停车辆，并教育子女热爱家园，争做城市文明居民，园区文明业主。

二、认真践行《业主管理规约》中的各项承诺。《业主管理规约》对入住园区后的各个方面都做了规定。希望业主认真阅读并遵守各项管理要求，积极配合园区管理工作，共同创建美好家园，全面提升业主的居住环境与生活品质。

三、真诚希望广大业主对物业工作提出建议和要求。我们将积极改进工作，尽最大努力为业主提供优质服务。

最后，祝您阖家欢乐，幸福安康！

×× 物业管理有限公司

××××年××月××日

公开信可分为 4 种类型,写法各有不同。

◆ 向有关单位、部门或人员发出的书信,表达问候、表扬、鼓励。

◆ 针对某一问题写给有关对象的公开信,可以提出建议、表扬、批评。

◆ 发给私人的公开信,如社会上的一些寻亲信,在工作中不常见。

◆ 给予澄清,企业面对社会上的负面影响是需要澄清的。

本例中所示的是物业公司发给全体业主的公开信,属于第二种公开信,物业公司就小区内部的不文明现象提出意见和建议,发出倡议。

公开信的标题有 3 种写法,可以在正中写"公开信"3 个字,或写出公开信的对象,就像本例标题"致 ×× 全体业主的公开信",或者不写。

本例正文分 4 个层次进行书写,各个层次如下所示。

第一层写基本的背景信息,即园区正式入住,园区内的设备也正式完工了,可以自然引出下文。

第二层写业主入住园区引发的各种现象,首先对大多数业主进行表扬,表示大多数业主遵守规定、配合工作,但还有一小部分业主出现了不文明的行为,对小区的环境造成了不好的影响,随后罗列了一些不文明的现象。

第三层写面对小区内部的不文明现象,物业公司发出的倡议,主要有 3 个方面,一是树立意识,二是遵守《业主管理规约》,三是接受建议。

第四层,对广大业主表示自己的祝愿。

除了本例的用法,公开信更多的还是用作澄清,涉事公司对不实报道或传言做出回应与说明,能够有效地维护公司的名誉。如下所示。

由我司出品的动画电影《××》于 ××××年 ×× 月 ×× 日在国内院线上映,同时也引发了一些误会,为澄清事实,我公司特向各媒体及电影观众发表本次公开信:

1.《××》是由我公司独立出品的动画电影,影片讲述的是……的故事。

2. 我公司必须澄清,作为一部国产动画电影,《××》与迪士尼的《××》的任何动画形象或商标等无任何关系。并且,自始至终,我公司在主观以及行动上均未表明《××》与该影片有任何关系，或者与这些影片的出品方有任何关系。

3. 对于市场上（网友）引起的一些争论，以及因此给迪士尼造成的误解，我公司深表歉意。

我公司真诚感谢各位观众对《××》提出的各种批评意见，对于各种批评意见和建议，我公司将虚心接受。

该篇公开信的正文结构分为 3 个部分，首先讲了公开信发布的背景及原因，然后列出澄清的事项，对市场上的争议进行回应，最后结尾处表达公司的整体态度。

5. 介绍信

介绍信是用来介绍联系接洽事宜的一种应用文体，是机关团体、企事业单位派人到其他单位联系工作、了解情况或参加各种社会活动时用的函件，它具有介绍、证明的双重作用。使用介绍信，可以使对方了解来人的身份和目的，以便得到对方的信任和支持。

介绍信分为两类，一是普通介绍信，二是带存根的介绍信。

1）普通介绍信

这类介绍信用一般的公文信纸书写，包括标题、称谓、正文、结尾、落款及附注 6 部分。

标题部分，在第一行居中写"介绍信"3 个字。

然后另起一行顶格写收信单位名称或个人姓名，姓名后加"同志""先生""女士"等称呼，再加冒号。

书写正文时，一般不分段。要写清楚基本的要件，一是派遣人员的姓名、人数、身份、职务及职称等；二是说明所要联系的工作、接洽的事项等；三是对收信单位或个人的希望、要求等，如"请接洽"等。

结尾处一般写上表示致敬或者祝愿的话，如"此致 敬礼"等。

附注一般要注明介绍信的有效期限，具体天数用大写。

2）带存根的介绍信

带存根的介绍信一般由存根、间缝、正文 3 部分组成。

① 存根部分由标题（介绍信）、介绍信编号、正文、开出时间等组成。存根由出具单位留存备查。

② 间缝部分写介绍编号，应与存根部分的编号一致。还要加盖出具单位的公章。

③ 正文部分基本与普通介绍信相同。

下面通过案例来认识实际工作中使用的介绍信。

范例精讲 | 介绍信

范例内容展示

介绍信

××市人民政府政务服务中心：

　　兹介绍我公司正式工作人员张×（身份证号：××××）携带我单位有关资料原件，凭该同志有效身份证原件到贵单位办理××市政府投资工程建设项目网上招标投标注册及密钥购买事宜。之前，我单位在××市人民政府政务服务中心公共资源交易网"登记注册"时提供的资料数据与现所提供的原件一致，并对其真实性、合法性和完整性负责。

　　我单位用于接收贵单位相关交易信息的手机号码为：×××（仅限一个）。若该手机号码变更，我单位将及时书面告知贵单位，并承担因延误通知号码变更而导致的全部责任。

　　此致！

　　　　　　　　　　　　　　　签发单位：××有限公司
　　　　　　　　　　　　　　　××××年××月××日

（经办人有效身份证复印件粘贴处）

范例内容精讲

该例是普通介绍信，正文分两段进行介绍，与其他介绍信相比，本例的内容属于较多的一种。

第一段书写了介绍人前去办理的相关事宜，然后说明公司提交的资料的一致性、正确性。

第二段介绍单位的联系方式及相关注意事项。

可以看出，在本例中需要公司进行说明的事项较多，因此还需分作两段书写，实际上，大多数介绍信一段内容足矣，基本的书写格式如下：

兹有我单位××同志等×人前往你处联系……事宜，请予接洽，希协助为荷。

介绍信常用的结语有这样一些："请予以协助""望接洽为盼""请予接洽为盼""望贵司协助办理一切相关手续""敬请接洽并予以协助""希接洽并予以协助为荷"。

带存根的介绍信如图 6-1 所示。

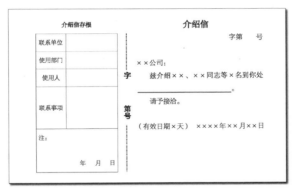

图 6-1　带存根的介绍信

从结构上看，带存根的介绍信分为两个部分，右边是可使用的介绍信，左边是企业存根，存根部分还用表格进行记录，更加清楚，各项数据都能一目了然。当然存根式介绍信还有上下结构的，每个公司都有些许差异。

6. 表扬信

表扬信是对他人的行为表示赞扬的信函。在企业内部多用于上级对下级表示赞扬，并借此激励其他员工。

范例精讲｜表扬信

范例内容展示

表扬信

××同志：

　　××××年××月××日晚上，你在酒店二楼大厅打扫卫生时，在沙发上捡到客人皮夹一个，内有现金一万多元、银行卡几张及个人身份证。在你主动上交后，酒店及时送还给客人，客人在拿回自己丢失的皮夹后对酒店予以了高度的赞扬和感谢。

　　你的拾金不昧，体现了我们酒店服务人员的优秀品质，也体现了我们××酒店的"尽我所能，如您所愿"的服务标准，急客人之所急，想客人之所想。

　　为了表彰这种拾金不昧的行为，经酒店研究决定奖励你人民币××元，并在全酒店通报表扬。希望酒店的每一位员工能向你学习，共同塑造我们××酒店的优良形象。

　　　　　　　　　　　　　　　　　　××酒店

　　　　　　　　　　　　　　　××××年××月××日

范例内容精讲

　　表扬信的正文内容一般包括两个方面，一是发出表扬的背景，精简叙述事件发生的时间、地点、起因、经过和结果，书写注意实事求是，不得添油加醋；二是对事件产生的正面意义进行说明，如给公司内部、社会层面带来了哪些好的影响。

　　本例中将正文分为 3 段：

　　第一段对受表扬事件的背景进行介绍，详细说明了事件发生的时间、地点、具体经过及最后结果。

　　第二段对员工拾金不昧的行为所带来的影响进行肯定。

　　第三段提出公司的奖赏，表达希望，希望酒店内的所有员工都能从中学习。

7. 证明信

证明信是以行政机关、社会团体、企事业单位或个人的名义，凭借确凿的证据证明某人的身份、经历或某件事情的真实情况时，所使用的一种专用书信。证明信一般也直接称作证明。

范例精讲｜收入证明

范例内容展示

收入证明

　　<u>××</u>（身份证号码：_____）系我单位在职□、实习□、病休□、下岗□、内退□、临时□（请打√）人员，___年___月___日至___年___月___日发放工资、奖金等固定收入_____元。平均每月实际收入_____元。

　　特此证明，并声明：本证明只用于个人事宜，且本公司不负任何担保责任。

　　　　　　　　　　　　××公司人事部（盖章）

　　　　　　　　　　　　公司联系人签字：××

　　　　　　　　　　　　公司联系人电话：××

　　　　　　　　　　　　××××年××月××日

范例内容精讲

本例为某公司出具的收入证明，可用于员工办理贷款、购房等各项事宜。正文内容主要叙述所证明事项的关键信息，本例分有两段内容。

第一段叙述员工的收入情况，包括姓名、身份证号码、工作状态、固定收入和平均月收入等信息。

第二段为证明信的固定结语以及备注，证明信常以"特此证明"作为结语，这里还进一步规避了公司的担保责任。

除了收入证明外，在工作中常见的证明信还有离职证明，如图6-2所示。

离职证明

兹有××(姓名)同志于××××年××月××日至××××年××月××日期间在我单位担任××职务,现已正式办理离职等相关手续。

特此证明。

××公司(盖章)

××××年××月××日

图 6-2　离职证明

离职证明是用人单位与劳动者解除劳动关系的书面证明,是用人单位与劳动者解除劳动关系后必须出具的一份书面材料。

若没有特殊情况,离职证明一般非常精简,只需一两句话就能说清。正文内容需包含的要件有离职员工姓名、任职时间以及职务,然后说明"现已正式办理离职等相关手续"或"现已从公司离职"。

有的岗位可能会涉及竞业限制,所以某些离职证明中还会加一句"因未签订相关保密协议,遵从择业自由"。

6.2　商务函

商务函主要是指商业往来中,各公司商洽工作、询问和答复问题、建立业务关系等过程所用的信函。

6.2.1　商务函的六大文种特性

在商务活动中,发送商务函件达到不同目的的联络是很常见的,也是很简便的方式,那么商务函具有哪些特征呢?

(1)**是内容直接**。为了提高阅读效率,商务函的内容往往简单直接、突出重点,较多使用质朴直白的语言,方便阅读者进行理解。对于内容中有用的信息，最好能够精确展示，这样能避免商务联络出现误解，保证各项业务发展顺畅。

（2）**态度真诚**。商务联络比起日常联络更加正式，所以要充分表达礼貌与真诚的态度，注意用语得体。在整体态度上，要给合作伙伴一个正向的、积极的反馈。

（3）**三是主题单一**。商务函内容最好是一文一事，主讲一件事，突出主题，不要絮絮叨叨、杂乱堆砌。

（4）**格式规范**。商务函格式与书信格式差不多，结构大同小异，一般都会包括标题、称谓、正文、结尾和落款这几个部分。如果是外贸商务函，就要按国际惯例进行写作。

（5）**地位平等**。商务函是平行文，双方的地位是平等的，所以用语上更加自由，保持互相尊重就可以了。

（6）**及时发出**。商务函相关的商务活动都具有时限性，面对别人的信函要及时回复。企业进行商务函写作时也要注意过时太久的事件，根本没有书写的必要，只会浪费双方的时间和注意力。

6.2.2　商务函的写作格式

商务函一般包括标题、称谓、正文、祝语和落款 5 个部分，分别进行如下介绍。

1. 标题

商务函的标题一般要说明发函目的或是函件的主题，这样收信人可以通过标题得知函件的大致内容。标题格式为"事由 + 文种"，如邀请函、询价函、催款函等。

2. 称谓

商务函的称谓要用尊称，在标题左下方单独占行，顶格书写，后加冒号。称谓可分为两类。

一类是泛指尊称，即"尊敬的 + 泛称 / 职务"，如"尊敬的女士 / 先生 / 总经理 / 厂长"等。

另一类是具体称谓，即"姓名＋泛称／职务"，如"王三先生""周月女士""王总"等。

3. 正文

商务函的正文要求内容简洁、语言简朴、一文一事，主要由问候语、主体和结束语组成。

商务函开头大多会用一句问候语表达友好，如"您好"，接着顺利引出下文。当然问候语也是可以省略的。

正文主体要对具体事项进行说明，有关的时间、地点、人物等要素需表达清楚，且发函缘由和背景也需简单概括说明。

结束语多是约定俗成的用语，或表达强调，或表达请求，或表达希望回函，常见的结束语有"特此函电""特此函达""望协助解决为盼""静候佳音"等。

4. 祝语

祝语是书信、函电特有的一种表达方式，也是一种特殊的格式。一般在正文结束后，另起行空两格书写，如"敬祝""顺颂"等，然后另起一行顶格书写，如"商祺""生意兴隆"等。该部分可以视情况省略。

5. 落款

落款即指商务函发出的单位名称和发函日期，有的企业为表郑重，签章以后才会发出商务函。

6.2.3 商务函范例解析

商务函类型多样，应用广泛，适用于各种商务活动，常见的有邀请函、询价函、催款函、索赔函、订购函、征询意见函、商洽函、催办函及答复函等，下面通过案例进行详解。

1. 邀请函

邀请函一般是邀请商业伙伴、知名人士、专家或政府官员等参加某项活动时所发的请约性信函，在商务礼仪活动中所占位置十分重要。它体现了活动主办方的礼仪愿望、友好盛情，反映了商务活动中的人际社交关系。企业可根据商务礼仪活动的目的，自行撰写具有企业文化特色的邀请函。

范例精讲 | 邀请函

范例内容展示

邀请函

尊敬的××先生/女士：

　　过往的一年，我们用心搭建平台，您是我们关注和支持的财富主角。

　　新年即将来临，我们倾情实现网商大家庭的快乐相聚。为了感谢您一年来对××的大力支持，我们特于××××年××月××日14:00在青岛××大酒店一楼××厅举办××年度××客户答谢会，届时将有精彩的节目和丰厚的奖品等待着您，期待您的光临！

　　让我们同叙友谊，共话未来，迎接来年更多的财富，更多的快乐！

××公司
××××年××月××日

范例内容精讲

本例的邀请内容是简单的总—分—总结构，开头与结尾都是常规性用语，主要表达对邀请者的重视和对未来的期盼。

中间部分用于说明邀请事宜的各项要素，如下所示。

- ◆ **邀请原因：** 为了感谢您一年来对 ×× 的大力支持。
- ◆ **活动时间：** ×××× 年 ×× 月 ×× 日 14:00。
- ◆ **活动地点：** 青岛 ×× 大酒店一楼 ×× 厅。
- ◆ **活动主题：** ×××× 年度 ×× 客户答谢会。
- ◆ **活动特色：** 有精彩的节目和丰厚的奖品。

这几点基本囊括对方应该知道的基本信息。而最后结尾处，一般可以加上"敬请莅临""敬请光临"等惯用语，本例中进行了省略，并且邀请函一般不加祝语。

另外，有关邀请函，书写者还需知道，其文本内容大都包括两部分：邀请函的主体内容和邀请函回执。

所谓邀请函回执，即受邀方向邀请方证明邀请函已经收到的凭据，由受邀方填写相关信息后发回邀请方。回执一般附在邀请函下方，可以是文字格式，也可以是表格形式，如表 6-1 所示为某邀请函的回执单。

表 6-1　某邀请函的回执单

参加单位			
参加人员姓名	职务	性别	手机 / 电话

2. 询价函

询价函，是指买方向卖方就某项商品交易条件提出询问的信函。询价的目的是请对方报出商品价格，询价对交易双方都没有法律上的约束力。

范例精讲 │ 询价函

范例内容展示

询价函

××经理：

我公司对贵厂生产的绿茶感兴趣，需订购君山毛尖茶。品质：一级。规格：每包 100 克。望贵厂能就下列条件报价：

1. 单价。

2. 交货日期。

3. 结算方式。

如果贵方报价合理，且能给予最惠折扣，我公司将考虑大批量订货。

希速见复。

××副食品公司

××××年××月××日

范例内容精讲

询价函的主要内容就是各项与商品交易有关的条件，本例对询价产品的品质、规格都做了要求，并询问其报价。

书写者在叙述时将报价条件单独列出，且书写格式也加以改变，从直接叙述变为分条列出，这样能让对方更快接收到关键信息。

结语"希速见复"为询价函中最常用的一句惯用语，表达希望快速得到回复的意思。

在询价产品种类较多的时候，还可以选择以表格的形式展现产品相关信息，更清晰准确、一目了然，如表 6-2 所示。

表 6-2　产品相关信息

序号	设备名称	规格、型号、性能参数	数量	单位	备注

3. 催款函

催款函是一种催交款项的文书，是交款单位或个人在超过规定期限，未按时交付款项时使用的通知书。催款函主要有以下 3 个作用。

（1）**查询**。通过催款函可以及时了解对方公司拖欠款的原因，以及双方沟通的情况，以便采取相应的对策和措施，协调双方关系。

（2）**催收**。为了保证公司内部的资金周转，向拖欠方发催款函，可提醒对方尽快归还相关款项，尽可能避免或减少经济损失。

（3）**凭证**。有时合作方对于欠款久拖不还，导致企业造成了实际经济损失，催款函可以起到记载凭证作用，即当催款单位在向有关方面提出追查对方的经济责任时，催款函可以作为一种有力的凭证。

范例精讲｜催款函

范例内容展示

催款函

××公司：

　　于××××年××月××日为止，我公司已为贵公司安装了××××，货款金额计＿＿＿＿万元，发票编号为＿＿＿＿＿＿。可能由于贵方业务过于繁忙，以致忽略承付。故特致函提醒，请即进行结算。如有特殊情况，请即与我公司×××联系，手机：×××××××××××，邮编：××××××，地址：×××××××。

　　特此函达。

我公司账户名称：□□□□□□□□□□□

开户银行：□□□□□□□□□□

账号：□□□□□□□□□□□

××有限公司
××××年××月××日

范例内容精讲

通常来说，催款函中包括以下主要条款。

◆　欠款单位的全称和账号。

◆　欠款的原因。

◆　欠款的时间。

◆　欠款的金额。

◆　发票号码。

◆　建议处理措施或意见。

本例先写欠款原因及背景，并将欠款时间、欠款金额、发票编号一并进行说明，然后介绍本公司的联系人员与方式。

通过结束语"特此函达"完成主体内容的表达，简单明了。接下来，空行另附公司的收款信息，包括公司账户名称、开户银行以及账号。

全篇内容目的明确、要素齐全，虽是催款，但表达合理温和，不会激化矛盾。

为了顺利收到款项，在书写催款函时尤其要注意表达语气，并且应该根据催款的性质与情况有所变化。

一般初次催促，以通知和提醒的语气告知对方付款时间将要到或已经到，让对方准时付款，催促语气不宜强烈。

若进入第二阶段，欠款方未按时付款或已长时间拖延付款，那就不仅是通知付款，更有警告的意思，催促语气也更强烈，催款的内容、时间也更为明确。

如果欠款方对催款函置之不理，同时故意不归还欠款，就可以下最后通牒，准备法律措施了。

由于本例所示的催款函对应的是初始阶段，所以并未有其他内容，只是催促对方尽快还款。到了第二阶段，可根据相关规定（如合同约定）在催款函尾部增加罚金内容。

拓展贴士　*催款函处理意见*

催款方可在催款函上提出处理办法和意见，更有助于欠款方归还欠款，这种意见一般从以下 3 个方面予以说明。

① 要求欠款方说明拖欠的原因。

② 重新确定一个付款的期限，希望对方按时如数交付欠款。

③ 久拖不还将采取罚金或其他措施。

---

4. 索赔函

索赔函是指合同双方中的一方，根据法律法规和双方签订的合同，以对方违反合同约定，造成当事人经济损失或精神损失为理由，向另一方提出赔偿或维护其他权利的一种书面材料。

范例精讲 | 索赔函

范例内容展示

索赔函

北京××货运有限责任公司：

　　××××年××月××日，我公司委托贵公司将回流焊设备一台，通过公路运输至××，交付给收货人××（以下简称收货人），收货人在××市验收时发现设备已经破损而拒绝接收。设备于××年×月×日退回我公司，经贵公司和我公司双方查验，由于贵公司运输、装卸不当，造成设备和包装破损。

　　此次事件，不但使我公司设备损坏，遭受二次紧急调运设备的运费损失，而且使我公司对客户逾期交货，信誉受损并要承担逾期交货的违约责任。我公司向贵公司郑重要求立即赔偿以下设备修理费用和运输费损失：

破损部位及程度	费用（元）
上罩：两合页部分螺丝穿孔，严重掉漆	1300.00
温室：合页部分及四个边角破裂	1900.00
横梁：中间部分压损	800.00
包装箱	450.00
修理设备运输费	400.00
设备修理人工费	1200.00
费用合计	6050.00

以上是我公司的最低要求，请贵公司于7日内支付上述赔偿金额，或者贵公司自己将设备送去经我公司认可、有相应技术能力和修理设施、设备完善的修理厂修理，贵公司承担全部修理费用。7日后如果贵公司不支付赔偿金，又不将损坏设备送去修理、恢复设备完好，我公司将自己委托修理厂修理，并通过法律途径追偿全部损失，不再通知。

　　顺祝商祺！

北京××有限责任公司
××××年××月××日

范例内容精讲

　　索赔函的结构一般由标题、编号（可省略）、称谓、正文、附件及落款6个部分组成。

　　标题的写作比较灵活，有两种格式，一是"事由＋文种"，如"关于××的索赔函"；二是直接以"索赔函"作为标题。

　　正文要包括索赔理由、索赔要求及意见、索赔项目等要素，本例的主体内容可以分为4个部分。

　　第一段将事件的缘起介绍清楚，概括叙述事件的起因、经过、结果。

　　第二段接着叙述由此事件导致的损失，要如实叙述，依据调查结果和调查资料进行表达。

　　接着通过表格形式将需要赔偿的设备修理费用和运输费列出来，清楚直白。

最后表明公司的态度和要求，要么赔偿现金，要么赔偿设备。

本文没有附件内容，一般来说，附件作为说明情况的资料会附在函件之后，或是另行发出。

拓展贴士 *索赔函中常见的索赔理由*

索赔函是一定要写清楚索赔理由的，常见的索赔理由有如下几点：

① 质量不符合合同标准。

② 数量短缺。

③ 包装不完善。

④ 运输拖欠。

⑤ 违反合同规定并按合同约定可以索赔的其他事项。

---

5. 订购函

订购函是指买方按双方谈妥的条件向卖方订购所需货物的信函。在发出订购函前买卖双方需经过反复磋商，都接受了交易条件后，买方才会发出订购函。

订购函中需要写明所需物品的名称、规格、型号、单价、数量等信息，方便卖方备货。同时买方还需交代具体的结算方式、交货日期、交货地点等，以便卖方根据买方要求提供相应服务，确保交易的顺利进行。

订购函包括标题、称谓、正文及落款 4 个部分，每个部分的写作要点如下。

◆ 标题：一般直接写作"订购函"。

◆ 称谓：常常以卖方公司全称作为称谓，也可以"对接人的姓名＋职位/泛称"作为称谓。

◆ 正文：主要包括这些内容：①商品信息；②运输信息；③肯定交易；④注意事项等内容。有时会以固定结语"请即予办理为荷"结束全文。

◆ 落款：署名及日期，要书写公司全称。

范例内容展示

订购函

××先生：

　　贵厂××月××日的报价单收悉，谢谢。贵方报价较合理，特订购下列货物：

××打印机：10 台，单价 1500 元，总计 15000 元。

××电脑：10 台，单价 4900 元，总计 49000 元

××电话机：10 部，单价 150 元，总计 1500 元。

交货日期：××××年××月底之前

交货地点：×市×仓储部

结算方式：转账支票

烦请准时运达货物，以利我地市场需要。我方接到贵方装运函后立即开具转账支票。

请即予办理为荷。

　　　　　　　　　　　　　　　　××××公司

　　　　　　　　　　　　　　　××××年××月××日

范例内容精讲

　　本例正文可分为 4 个部分，每个部分分别表达相应的内容。

　　第一段表明公司对商品报价已知悉，愿意开展合作，并通过"特订购下列货物"引出下一部分的重要内容。

　　中间是订购信息，顶格书写，分条罗列，格式上突出，视觉上方便获取关键信息。

　　之后一段说明交易的注意事项，然后以固定结语结束。

　　订购函的常见写作模式如下所示，在工作中可以参考借鉴。

订购函

_____先生 / 小姐：

贵公司____年____月的报价单收悉，谢谢。贵方报价较合理，特订购下列货物：

（货物一）：品名（型号），单价，数量，总计

（货物二）：品名（型号），单价，数量，总计

_____

交货日期：_____

交货地点：_____

包装：_____

结算方式：_____

请即予办理为荷。

_____

___年___月___日

6. 商洽函

商洽函在平行机关或不相隶属机关之间相互协商或联系工作时使用。商洽函正文内容通常由协商原因、商洽事宜、对对方公司的要求与希望 3 个部分组成。商洽函的常见格式如下所示：

×× 关于请求 ×× 的函

××××（主送单位）：

目前，……（事实背景），根据……（依据），为了……（目的主旨），现请……（意图主旨），由……（分旨），……。

妥否，请函复。（结语句）

发文单位（印章）

××××年××月××日

下面通过具体的案例对商洽函的写法与内容做更进一步的了解。

范例精讲｜商洽函

范例内容展示

商洽函

敬启者：

目前本公司已将商务机械部扩大并考虑增加新产品，特函奉告。

贵公司各类打字机、计算机颇适合我方市场，请惠赐一份贵公司目前生产之产品全套目录及样品，并盼最低价报价。贵方能否供应，请惠函赐知。

若本公司决定为贵公司销售产品，贵公司应向我方保证，在东南亚地区将不同时销售此种产品。

盼尽速回音。

敬上

××公司市场部××

××××年××月××日

范例内容精讲

本例中的称谓是陈述套语，并未指出具体的人，一般在初次交流或接触时会采用这种写法。

正文有 3 段核心内容，首先表明己方公司目前状况——市场扩大，然后说明发函目的——询价，最后提出要求——不在东南亚同时销售商品。

结语"盼尽速回音"表明己方期待回函。

对于初次商洽合作的函电，这样简洁明了是最佳的方式，能够吸引阅读者的注意力，若是内容太多，很可能被对方选择性忽视。

7. 催办函

催办函即催促对方办理有关事务的函件，写法上以简洁为主，说清楚急需办理的事项和要求即可，不用长篇大论。

注意表达语气的急迫感，下面通过案例来了解具体内容。

范例精讲｜催办函

范例内容展示

催办函

××有限公司：

　　为保障贵司承包的××安置房项目场地内有组织排水，不产生内涝，前期已多次催促贵司尽快实施相关道路排水工程，目前仍未启动。鉴于××××年雨季即将来临，为工程质量、安全考虑，再次督促贵司尽快组织、启动相关排水工程。

　　请贵司尽快复函！

　　附：前期通知文件：《工程通知单》（编号：×××××
×）、《工程通知单》（编号：××××××）、《工程通知
单》（编号：××××××）

××地产开发有限公司（盖章）
××××年××月××日

范例内容精讲

　　该例的正文核心部分只有一段，主要是为催促该公司启动排水工程。首先叙述该公司的工作责任，即"保障贵司承包的 ×× 安置房项目场地内有组织排水，不产生内涝"，接着叙述公司目前状况，即"多次催促……，目前仍未启动"。然后通过"鉴于……"句式，表明催促的必要性和原因，最后说明催促事项，即"尽快组织、启动相关排水工程"。

　　由于需要附上《工程通知单》，所以另起一行罗列附件内容。

8. 答复函

　　答复函是公司、部门为答复来函邀请、商洽、询问或联系事宜而使用的一种公文，既可用于上级单位对下级单位的答复之用，也可用于平行单位或不相隶属单位的答复。

范例精讲│××有限公司关于调价的回函

范例内容展示

××有限公司关于调价的回函

尊敬的××有限公司：

　　首先感谢贵公司在以往的合作中对我司产品及服务的信赖与支持。

　　贵公司××月××日《关于供货价格要求下调的商洽函》已收悉。鉴于我公司与贵公司一直保持着长期愉快与友好的合作关系，并已于今年年前协商好将每台设备价格按××××年执行价格下调××元/台。

　　由于现今人工费用高，原材料费居高不下，直接导致生产成本费用增加，公司已是薄利销售。但考虑到贵我双方长期的友好合作关系，本着互惠互利与诚信经营的原则，在保质保量的情况下，我司同意在此基础上再将价格下调××%，产品价格实已为最低优惠价，希望贵司能理解与支持！衷心期待与贵司的长期合作！

　　特此函复！

顺颂商祺！

××有限公司

××××年××月××日

范例内容精讲

　　答复函一般用第一人称书写，标题常写作"关于××的回函"或"××关于××的回函"。

　　本例是关于调价的回函，分3段对函告事项进行说明。

　　开头表明对合作方的感谢，体现友好、轻松的氛围。然后表示已经收到对方来函，说明产品现在的价格情况。

　　接着说明公司的经营难处和最终决定，该段内容通过转折的写法表达了两层含义，一是公司做出降价决定非常困难，二是公司对双方的合作非常重视。

最后，通过惯用语"特此函复""顺颂商祺"，向对方表示祝愿，并结束全文。

6.3　传真

传真是近百年来发展最快的非话电信业务之一。将文字、图表、相片等记录在纸面上的静止图像，通过扫描和光电变换，变成电信号，经各类信道传送到目的地，在接收端通过一系列逆变换过程，获得与发送原稿相似记录副本的通信方式，称为传真。

6.3.1　传真的写作格式

传真是工作中常见的文书类型，随着网络技术的发展，传真形式也越来越多样化，文书、文字材料、图像等都能进行传递。为了展现企业的专业与规范，工作人员一定要注意传真的基本格式，按照规定将重要信息表达清楚，提高工作效率。

一般来说，传真包括标题、传真头、传真内容和传真尾 4 个部分。各部分写法如下所示。

1. 标题

传真标题以简洁为原则，标题格式主要有 4 种，分别为：

◆　以传真主体内容的标题作为传真标题。

◆　"发文机关 + 文种"，如"××有限公司传真"。

◆　"事由 + 文种"，如"关于调价的回复传真"。

◆　省略标题，以过渡语开头，如"感谢贵公司对我们的支持与信赖""您好""中秋快乐"。

2. 传真头

传真头主要书写发件方与收件方的信息，其中收件方的信息包括收件单位名称、收件人姓名、地址、联系电话、网址、抄送人姓名和传真号等；发件方的信息包括发件人单位名称、发件人姓名、网址、发件日期、资料总页数、联系电话、传真号、主题、紧急程度以及回复要求等。

3. 传真内容

传真内容是整份传真的核心内容，是想要收件方知悉的关键内容，其表达的形式比较自由，所以比起普通文书的书写格式有很大变化。若是传真内容为文字书写，则全文字体统一，每个段落首行缩进两字，字号大小没有统一规定，据情况决定即可。

需要注意，传真若不止一页，那么最后一页至少要有 3 行以上的正文内容。

4. 传真尾

传真尾一般以礼仪性的惯用语结束，如"期待回复""希望合作愉快""望尽快回复"等，此部分内容也可依情况省略。

6.3.2　传真范例解析

传真的类型多样，按照内容的重要性来划分，可以分为普通传真与重要传真两种。下面通过案例认识不同类型传真的写法。

1. 普通传真

普通传真是工作中使用频率较多，内容性质一般的传真，传递的内容和资料都是常规性的。其基本写作格式为：

发件人：×××

地址：×××××××××

电话：××××××××

传真号：×××××××××

日期：×××××

总页数：××

收件人：×××

地址：×××××××

电话：×××××××

传真号：××××××××

主题：××××

————————————————————————

××公司：

　　××。

××公司

××××年××月××日

除此之外，还可以用表格的形式展示传真头内容，格式如下：

收件者		寄件者	
副本		电话	
电话		传真	
传真		文件页数	
公司名称		寄件日期	

××女士：

　　您好！×××。

××公司

××××年××月××日

范例精讲 | 普通传真

范例内容展示

××有限公司

		□紧急	□普通	□加密
收件者：周女士		寄件者：张××		
副本：		电话：028-××××××××		
电话：0825-××××××××		传真：028-××××××××		
传真：0825-××××××××		文件页数：1		
公司名称：××不锈钢公司		寄件日期：××××-××-××		
主旨：请提供样品				

周女士：

　　您好，麻烦贵公司提供外径 0.5mm、内径 0.3mm 和外径 0.65mm、内径大于或等于 0.3mm 的两种规格不锈钢毛细管样品，两种样品的长度均为 300mm 左右即可，谢谢。下面是我司的通信地址：

　　地址：××市×区××大楼 1104 室

　　邮编：×××××

　　收件人：张××

　　希望以后能进一步加强合作，若您有任何疑问再与我联络，谢谢！

　　祝商祺！

范例内容精讲

　　本例传真没有标题，页面左上角为公司名称标志。许多公司为了让接收者一眼辨别传真的来处，在制作传真文件时，会将公司的名称或 logo 插入展示在页面左上角，形成独特标志。

　　传真头设计了专门的样式与正文内容区隔开来，为了表达传真的紧迫性，以提醒接收者处理，在传真头第一行划分了文件的紧急程度，分别是紧急、普通和加密。该项内容是可有可无的，有的公司就没有这一项。

　　传真头分两边书写收件者和寄件者的信息，中间间隔很宽，使两方的信息显示清楚，不会有凌乱的感觉。

正文内容以"请对方提供样品"为主旨，分 3 部分叙述，第一部分对样品规格进行说明；第二部分介绍收货地址，第三部分书写一些惯用语，如"期待进一步合作""祝商祺"等。

2. 重要传真

重要传真与普通传真相比，涉及的内容更加严肃，一般与资金、名誉、权责有关，常见的有退款传真，用于企业之间发生退款行为时，一起来看看下面的案例吧。

范例精讲｜退款传真

范例内容展示

退款传真

发件公司名称		收件公司名称	
联系人		收件人	
传真		传真	
电话		页数	

业务信息（请在此提供您相应的业务信息）

退款信息

退款原因	
退款金额	
账户全称	
银行账号	
详细的开户行地址	

请在此附上您的公章（公司用户）

范例内容精讲

退款传真多以表格形式呈现，一般分为 4 个板块。

第一个板块就是传真头部分，对收件方与寄件方信息进行填写。

第二个板块对退款行为相关的业务信息进行说明，以便双方依照业务退款约定行事。一般要说明具体的业务内容，还有注册账号信息。

第三个板块是最重要的退款信息的填列，这部分内容一定要准确，以免收不到款项。

第四个板块需要留足一定的空间，以便退款公司附上企业公章，以作证明。

以上 4 个部分是退款传真中必不可少的内容，在设计退款传真的格式时，工作人员就要注意细节，从公司业务出发，将退款需要的资料和信息好好规划，不要遗漏某些条目。

信函   商务函   传真

扫码做习题

扫码看答案

第7章　计划类文书写作与范例

　　常见的计划类文书有计划、安排、方案和规划等类型，每类文书的写作内容都有相似之处，但仍各有侧重。书写者在实际书写时，要善于分清计划类文书的区别，使书写内容更相宜。

计划

安排

方案

规划

扫码获取本章课件

7.1　计划

计划是企事业单位对今后一段时间的工作、活动作出预想和安排的一种事务性文书。为避免工作的盲目性，必须前有计划、后有总结，本节对计划写作进行简单介绍。

7.1.1　计划的分类与特点

按照不同的分类标准，计划可分为多种类型。常见的计划类型如表7-1所示。

表7-1　计划分类

分类依据	计划类型
工作领域	生产计划、采购计划、销售计划、财务计划、人事计划、业务计划
适用范围	部门计划、小组计划、企业计划
时间长短	长期计划、十年计划、中期计划、五年计划、短期计划、年度计划、季度计划、月份计划
涉及面	综合性计划、专题性计划
表达方式	条文式计划、表格式计划、文表结合式计划
指导强弱	指令性计划、指导性计划
制定机构	班组计划、单位计划、系统计划、地区计划、国家计划
详细程度	简要计划、详细计划

无论是哪种类型的计划，在书写时都要考虑到其基本特点，即预见性、针对性、可行性和约束性。

（1）**预见性**。这是计划最明显的特点之一。在书写计划之前，要对目前的状况以及未来的目标进行分析，对之后工作的目标、方法做出预见性确认，这样书写计划才是有意义的。

（2）**针对性**。计划是针对公司内部的领导决策、工作任务、主客观条件和相应能力而定的。要求以实际情况为依据，力求解决工作中的要点和难点问题。

（3）**可行性**。计划是为了工作人员在日后的工作中能够达成预计目标而制订的，所以计划不能变得天方夜谭，而要有操作的可能性，能让员工按照计划一步一步达成目标。所以切忌将计划目标定得过高，或是无力实施；当然目标定得过低，虽然能够实现，但失去了价值与成就感，同样没有可行性。

（4）**约束性**。经过领导确认的计划，在其所指向的范围内就具有了约束作用，员工就应该以计划为基本方针开展工作，才最有可能如期完成目标。

7.1.2　计划写作的注意事项

进行计划写作时，有一些需要注意的问题，主要包括以下 5 点，对于这些写作的注意事项，了解得越多对写作越有利。

1. 实事求是

计划的内容一定要有凭有据，建立在客观事实的基础上，并且需要依赖各种生产资料，并不是凭空写就的。因此，资料的收集就是一件非常重要的事，要依据计划的内容和目标，寻找建立资料库，筛选有用的资料。

2. 全面丰富

计划是针对未来某段时间的工作做出的事先安排，所以务必要预计到几乎所有的可能性，针对可能出现的问题和情况做出预处理，能够减轻工作的负担，保证工作按计划进行。

计划书写者一定要对所写工作项目十分了解，才能全面分析有关资料，结合工作经验及敏感度，保证内容齐全。

3. 有逻辑

计划的书写内容一般较多，越是内容和篇幅多的文书，越注重逻辑性。对于新手来说，事先列好大纲是个有效的办法，可先列好大提纲，然后分出小标题。如表 7-2 所示。

表 7-2 某商业计划书大纲

第一部分　项目概述	一、超市的主要经营业务	
	二、发展目标	
	三、项目投资方式	
	四、项目投资地点	
	五、投资项目规模	
	六、宣传口号	
第二部分　项目的必要性和可能性分析	一、市场分析	宏观分析
		微观分析
	二、竞争对手分析	
	三、财务分析	投资成本分析
		经营成本分析
		收入利润分析
	四、市场调查	
第三部分　经济评价		
第四部分　组织结构及人员工资		
第五部分　资金来源及中小企业融资方式		
第六部分　可能的采购环节		

在计划书内，有两个内容是一定要包括的，即计划要达到的目标以及实施措施和步骤。

4. 理清计划目标

计划目标和任务是计划书中的要点，该部分内容要写明以下几点。

◆ 总目标和分目标，分条列明，重点标注。

◆ 各项指标准确直白，最好用数字表示。

◆ 做好目标分类，如经营目标可分为收入指标、利润指标和坏账率。

5. 写全实施步骤

理清计划目标后，如何达到目标又是另一件重要的事，在计划书中应该明确列出实施步骤和方法，包括：

◆ 涉及人员，哪些是主要负责人，哪些是次要负责人。

◆ 可利用资源，是技术资源、设备资源，还是人力资源。

◆ 需要哪些部门的合作。

◆ 会经历哪些阶段，哪个阶段是难点，应该如何处理。

7.1.3　计划的写作格式

计划一般由标题、正文和落款 3 个部分组成，每个部分该如何书写呢？下面分别来了解。

1. 标题

计划标题一般包括制订计划单位的名称、适用时间、事由和文种 4 大要素，其中某些要素可酌情省略，这就导致标题格式出现以下几种。

◆ "制订计划单位的名称＋适用时间＋事由＋文种"，如"××食品有限公司 2022 年培训工作计划"。

◆ "适用时间＋事由＋文种"，如"2022 年人才招聘计划"。

◆ "制订计划单位的名称＋事由＋文种"，如"××文化有限公司销售计划"。

◆ "事由＋文种"，如"工作计划""裁员计划"。

需要注意的是，公司规模越大或计划越大型，计划内容涉及范围就越广，在拟定标题时越不能省略标题要素，日常工作计划则无妨。

2. 正文

计划的正文由前言、主体和结尾 3 个部分构成，前言内容一般与制订计划的背景、依据、目的或意义有关，抑或提出总的工作目标。书写前言时要以简洁为原则，最好不要超过两个自然段。同时善用过渡语，如"××××年工作计划如下："　"根据……做出以下工作计划："　"我们该如何在市场上取得更大的进步呢？"等句式作结，并引出下文内容。

计划主体对计划的具体事项进行叙述，由于内容较多，需要分成不同的层次来书写。内容不同，分层的逻辑也不同，书写者需要自行归纳总结重点事项，看哪些事项是并列关系，哪些事项是包含关系。具体写作时，可在计划事项写完之后就结束全文，将结尾部分省略。

3. 落款

计划正文结束后，一般会署上单位名称和制订时间。如果文件要进行外发，还需要加盖发文单位的公章，内部发文一般不加盖公章。

拓展贴士 *计划不同的形式*

公司内部的计划都有统一的目的，不过形式却大有不同，有文章式、表格式和时间轴式。

文章式。即把计划按照指导思想、目标和任务、措施和步骤等分条列项地编写成文，这种形式有较强的说明性和概括性，经常用于全局性的工作计划。

表格式。即整个计划以表格的形式表述，经常用于时间较短、内容单一或量化指标较多的工作计划。

时间轴式。即整个计划按照主时间轴依次列开，内容按照实施先后顺序编制。

7.1.4 计划范例解析

计划书类型多样，针对不同的计划内容写法和表现形式也都不一样，下面通过不同的案例来了解工作中那些常见的计划书，如商业计划书、销售计划书和工作计划书。

1. 商业计划书

商业计划书是公司、企业或项目单位为了达到招商融资或其他发展目标，根据一定的格式和内容要求而编辑整理的一个向受众全面展示公司和项目当前状况、未来发展潜力的书面材料。

范例精讲 | ×× 超市商业计划书

范例内容展示

××超市商业计划书

第一部分 项目概述

一、超市的主要经营业务

1.水果零售；2.蔬菜零售；3.蔬菜自助加工

二、发展目标

本超市为中小型蔬菜、水果超市，主要以满足中低消费水平的学生、教师及当地居民的消费需求为主要目标，经营目标是建立并扩大知名度，成为××区附近学校及社区居民的日常消费店铺。

三、项目投资方式：独资

四、项目投资地点：××区××小区

五、投资项目规模

超市大约200平方米，经营蔬菜、水果等低成本商品。

六、宣传口号

天天饮食，天天健康

第二部分 项目的必要性和可能性分析

一、市场分析

1.宏观分析

学生顾客中大学生情侣有手动加工蔬菜的愿望，但受学校条件的限制，以及设备成本偏高，这一愿望很难实现，因此，蔬菜自助加工的业务推广比较容易。

（2）宣传费用

由于该超市属于新店铺，可以在学校、××社区及其周边地区派发传单，成本还算低廉。预计为500元。

（3）其他费用

水果蔬菜货架、保鲜设施大约需要4000元；流转资金大约5000元；不可预见费用3000元。总计12000元。

2.经营成本分析

（1）货品

日购入水果、蔬菜：预计1000元，年计12000元。

运输费用：蔬菜水果批发商送货上门，费用为0。

（2）工作人员工资

店长1名：1000×12=12000元/年

厨房清洁人员2名：300×2×12=7200元/年

收银人员1名：300×12=3600元/年

导购人员1名：400×12=4800元/年

注：店长、厨房清洁人员、收银人员、导购人员均由在校学生兼职担任。

（3）摊销折旧：价格/使用年限=7000÷5年=1400元

（4）租金：80000元

由上述费用计算得：

经营成本=12000+12000+7200+3600+4800+1400+80000
=121000元。

2.微观分析

（1）××区地处郊区，公交车辆少而单一，购买蔬菜、水果并不便利，再加上××大学共有在校学生一万人左右，附近还有教师公寓、××社区。加上在本店消费成本不高，因此潜在顾客人群大约两万人。

（2）现有供给

据调查，××社区附近都没有此类店铺。

二、竞争对手分析

竞争对手主要有××社区内各超市、学校水果超市以及××社区附近的蔬菜水果市场。××社区附近的蔬菜水果市场大都集中在老城区，需要进城购买，乘坐公交亦太方便；而校内水果超市，只针对部分水果销售，并未销售蔬菜这一服务。××社区的超市及部分水果商贩，出售的水果种类较少，不能满足各消费群体的需要，且其质量在中等水平，价格也偏高。

三、财务分析

1.投资成本分析

（1）场地及基本设施

根据目前市价在××社区租用一套实用面积200平方米的店面年租金约为80000元。购置厨房用具，包括液化器炉、液化气罐、排气设施，大概需要3000元。

3.收入利润分析

（1）营业收入

厨房：每日平均客流量预计约为20组，每人平均消费额约50元。

水果蔬菜超市：日平均客流量预计为40人次，每人平均消费20元。年收入=20×50×300+40×20×300=54万元。

（2）税金

因企业属于小规模纳税人，可向税务机关申请固定税金年500元。

（3）利润

利润额＝营业收入－营业成本－税金
=540000-121000-500=418500元。因此，此项目的盈利能力很强，而且对带动将来集团事业的发展很有好处。

四、市场调查

通过网络、走访学校等调查方式，学生对在学校附近开设可以自己进行手动加工的蔬菜水果超市呼声很高，而且经过调查。因此，计划可行性结论为在××校区附近开设一个蔬菜水果超市是可能的，因此具备开设的必然性。

第三部分 经济评价

超市经营描述：

1.该超市以蔬菜、水果自选为主，其中蔬菜分未经加工与初加工两种。需求量不大、成本较高的蔬菜为了便于保存、

范例内容精讲

商业计划书并没有固定模式，但却有约定俗称的编写格式，涵盖了商业计划中最需要回答的问题。常见的内容框架为：

- **封面和目录**：如果对投资人递交，最好能有美观的封面和索引目录。

- **行政性总结**：对企业的来源、性质、目标和策略进行概括，说明产品和服务的特点，市场潜力和竞争优势。

- **企业描述**：对企业的历史、起源及组织形式进行介绍，并重点说明企业未来的目标。

- **市场分析**：描述行业的市场状况，指出市场的规模、预期增长速度和其他重要环节。

- **竞争分析**：明确指出与企业竞争的同类产品和服务，分析竞争态势和确认竞争者信息，解释企业为什么能够赢得竞争。

- **产品和服务**：列举企业当前所提供的产品和服务类型，陈述产品和服务的独到之处。

- **财务计划**：包括企业的实际财务状况，预期的资金来源和使用，资产负债表，预期收入（利润和亏损状况）以及现金流量预测等。

- **附录**：这部分应附上关键人员的履历、职位，组织机构图表，预期市场信息，财务报表以及商业计划中陈述的其他数据资源等。

本例只是一份开设超市的商业计划书，篇幅不大，省略了封面与附录。全文划分为 7 个部分，包含了商业计划书应该包含的内容，如主营业务与发展目标、市场分析、竞争对手分析、财务分析、组织结构及资金来源等。从各个方面分析出开设超市盈利的可能性是很高的。

2. 销售计划书

销售计划书是企业在某一时期对商品销售活动制定的具体安排。销售计划从时限上可分为长期销售计划和短期销售计划，从内容上可分为综合销售计划和专项销售计划。

范例精讲｜2022 年公司销售计划

范例内容展示

2022 年公司销售计划

根据公司 2022 年度深圳地区总销售额 1 亿元，总销量 5 万套的总目标及公司 2022 年度的渠道策略做出以下工作计划。

一、市场分析

空调二级、三级市场的低端需求，随着城市建设和人民生活水平的不断提高以及产品更新换代的到来带动了一级市场的持续增长幅度，从而带动了整体市场容量的扩张。2021 年度内销总量达到 1950 万套，较 2020 年增长 11.4%，2022 年度预计可达到 2500 万～3000 万套。根据行业数据显示全球市场容量约为 5500 万～6000 万套，中国市场容量约为 3800 万套，根据区域市场份额容量的划分，深圳空调市场的容量约为 40 万套，5 万套的销售目标约占市场份额的 12.5%。

目前××在深圳空调市场的占有率约为 2.8%，根据行业数据显示品牌市场占有率将形成高度的集中化，公司 2022 年度销售目标完全有可能实现。20××年中国空调品牌约有 400 个，到 20××年下降到 140 个左右，年均淘汰率 32%。到 20××年在一线品牌的"围剿"下，中国空调市场活跃的品牌不足 50 个，淘汰率达 60%。20××年度，××空调在广东市场则呈现出急速增长的趋势，但深圳市场基础比较薄弱，团队还比较年轻，品牌影响力还需要巩固与拓展。根据以上情况做以下工作规划。

二、工作规划

根据以上情况 2022 年度销售工作计划主抓六项工作：

1. 销售业绩

根据公司下达的年销任务和市场具体情况进行分解。分解到每月、每周、每日。以每月、每周、每日的销售目标分解到各个系统及各个门店，完成各个时段的销售任务。并在完成任务的基础上，提高销售业绩。主要手段是：提高团队素质，加强团队管理，开展各种促销活动，制定奖罚制度及激励方案（根据市场情况及各时间段的实际情况进行）。在销售旺季针对国×、苏×等专业家电系统实施力度较大的销售促进活动，强势推进大型终端。

2. K/A、代理商管理及关系维护

针对现有的 K/A 客户、代理商或将拓展的 K/A 及代理商进行有效管理及关系维护，对各个 K/A 客户及代理商建立客户档案，了解前期销售情况及实力情况，进行公司的企业文化传播和公司 2022 年度的新产品传播。此项工作在 8 月末完成，在旺季结束后和旺季来临前不定时地进行传播。了解各 K/A 及代理商负责人的基本情况进行定期拜访，进行有效沟通。

3. 品牌及产品推广

公司进行定期品牌宣传及产品推广活动，提升品牌形象，包括一些公益活动，如"××空调健康、环保、爱我家"等。

有可能的情况下与各个 K/A 系统联合进行推广，不但可以扩大影响力，还可以建立良好的客户关系，产品推广主要进行一些"路演"或户外静态展示。

4. 终端布置（配合业务线的渠道拓展）

根据公司 2022 年度的销售目标，渠道网点普及还会大量地增加，积极配合店中店、园中园、店中柜的形象建设，以及产品陈列等工作，此项工作根据公司业务部门的需要进行开展。布置标准严格按照公司的统一标准。（特殊情况再适时调整）

5. 促销活动的策划与执行

促销活动的策划及执行主要在 2022 年 4～8 月销售旺季进行，第一严格执行公司的销售促销活动，第二根据届时的市场情况和竞争对手策划促销活动。主题思路以避其优势、攻其劣势为原则。

6. 团队建设、管理与培训

团队工作分四个阶段进行：

（1）第一阶段：2021 年 8 月 1 日-8 月 30 日

A. 对促销员进行重点排查，进行量化考核，清除部分能力低下的人员，保留 40 人左右，进行重点培养。

B. 制定相关的团队管理制度、权责划分和工作范围规范，完善促销员的工作报表。

C. 完成××空调系统培训资料。

（2）第二阶段 2021 年 9 月 1 日-2022 年 2 月 1 日

第二阶段主要是对主力团队进行系统的强化培训，配合产品的推广活动及品牌宣传活动，业务部门做好网点扩张，积极进行终端布置建设，保持与原有终端的有效沟通，维护好终端关系。

利用周例会对全体促销员进行集中培训：

2021 年 9 月 1 日-9 月 30 日：进行企业文化与行业知识培训

2021 年 10 月 1 日-10 月 31 日：进行专业知识培训

2021 年 11 月 1 日-11 月 30 日：进行促销技巧培训

2021 年 12 月 1 日-12 月 31 日：进行心态引导及心态建设

2022 年 1 月 1 日-1 月 31 日：进行促销活动及终端布置培训

2022 年 2 月 1 日-2 月 28 日：进行全体成员现场模拟销售培训及现场测试，并在每月末进行量化考核。

（3）第三阶段：2022 年 2 月 1 日-2 月 29 日

用一周的时间根据网点数量的需求进行招聘，利用 10 天的时间对新入职促销人员进行系统培训、考核、筛选。对合格人员做好卖场安排，试用一周后对所有促销人员再次进行考核，最后定岗定人，保证在 3 月 1 日之前所有的终端岗位有人。

范例内容精讲

销售计划书应该包括哪些内容呢？书写前应先问以下几个问题。

①要卖什么？（商品计划）

②卖到何处？（销售路径或是顾客计划）

③以什么价格卖？（售价计划）

④由谁去卖？（组织的计划）

⑤怎么卖出去？（销售方法计划）

本例正文总的结构为总分，首先说明 2022 年度的销售总目标，然后分层叙述。

从市场分析、工作规划两个方面说明计划内容，前后行文逻辑连贯，只有了解了市场变化，才能确定今后的销售方向，所制订的销售计划才是有意义的。通过过渡语"根据以上情况做以下工作规划"引出后文，十分自然。

销售工作的规划主要分为 6 项重点，包括销售业绩、K/A、代理商管理及关系的维护，品牌及产品推广，终端布置，促销活动的策划与执行，团队建设、管理与培训，每项要点工作都用小标题单独列出，并详细叙述有关内容。

3. 工作计划书

工作计划书是一个单位或团体在一定时期内的工作计划。写工作计划书要求简明扼要、具体明确，用词造句必须准确，不能含糊。工作计划书一般包括：

- ◆ 工作的目的和要求。
- ◆ 工作的项目和指标。
- ◆ 实施的步骤和措施。

换言之，工作计划包括为什么做、做什么、怎么做、做到什么程度。根据需要与可能，规定出一定时期内所应完成的任务和应达到的工作指标。在明确了工作任务以后，还需要根据主客观条件，确定工作的方法和步骤，采取必要的措施，以保证工作任务的完成。

范例精讲 | 企划部××××年度工作计划

范例内容展示

企划部××××年度工作计划

一、总的指导思想

企划部的主要职责分三个方面：一是企业内部文化的建设，二是企业对外的宣传形象构建，三是产品品牌的建设和推广。首先对××××年度的工作做总结，从而来规划×××××年度的工作纲要，确定为什么做、做什么、怎么做、做到什么程度。

二、××××年度总结（为什么做）

1. 从我公司整年的销售产值来看，××××年是一个丰收年。各方面的媒体宣传、大小展会的积极参与、小区的大力开发等都大大提高了公司的知名度，促进了品牌价值的快速提升，对于公司的销售业绩起到了至关重要的作用。

2. 公司销售业绩的提升也得益于公司对于广告宣传的大力投入，今年在报纸、公交电视、网络媒体等方面的广告投资相对于往年来说大幅度提高。但是从每期统计的数据来看，并没有达到特别好的效果。

3. 展会是公司大力支持的一项活动。每年大小型的展会公司都积极参与，自然每年在这一方面的成本也在逐步增加。因为企划部对展厅的设计与布局首先决定了公司的整体形象，从公司对展会的成本投入上看，公司对企划部的期望很高，但是与××、××还存在距离。

4. 小区开发一直都是市场部在决策，其实企划部应该介入，给予一定的建设性意见。今年公司对市场要求开发的小区给予投资后，迟迟无法达到公司的开发目的，市场在准备开发小区时，除了该小区的户数、均价、户型等需考察外，还要对小区的市场知名度，以及同行哪些公司参与开发做统计，从而来决策。

5. 家装课堂是公司的"王牌"，从今年所办的家装课堂集会来看，成交率还是不错的。但有时候受报纸广告的影响导致邀请到场的业主数量不多，这是日后必须解决的问题。在成单率趋向良好的同时，设计师也逐渐增加了对家装课堂的依赖性，这对公司设计师的发展也有负面作用。

回顾××，成绩可喜。从根本上来说得益于公司的大力支持。但是公司的投资与应该产生的效益没有达成正比，说明在不同方面我们还是做得不够，还需要进步和提高。为了使公司更上一个台阶，我们还需要把很多事情做尽善好做完美。

三、工作安排（做什么）

1. 新一年的开始首先要对公司整体形象做包装，以全新的面貌服务于新的客户。

2. 筹划春季首场家装赶集会，第一场是重中之重，并对以后的展会活动做大致的统筹安排及职能划分

3. 确定新一年广告核心推广点以及营销的侧重点。

4. 根据公司的整体发展规划，对年度品牌做重新审度或定位。

5. 除了展会、家装课堂、小区开发外，开发新的营销渠道，为公司的发展奠定基础。

四、具体事项及职能划分（怎么做）

1. 企划总监

站在公司长期发展的高度，结合行业和经济发展的特征、现状，为公司提供战略规划或与之相关的建议，激发创意，有效地运用手中有限的资源，选定可行的方案，以推动公司的健康快速发展。作为企划部的决策者和管理者，对本部门员工有服务、指导、培养的责任和义务，对公司要完美配合达成年度销售目标。

2. 文案

（1）根据上级的营销策略，拟定与实施各类广告宣传文案，避免乏味的主题。根据市场行情及业主近期的热论话题来撰写我们的广告软文，引起消费者的注意。

（2）家装课堂、大小展会、小区开发等活动的材料整理、采集、照片收集，需做系统分析，从而对我们的工作进行重点定位。

（3）时刻捕捉和分析行业的信息与动态，根据同行各项促销活动的资料，来策划我们的应对方案，提高市场竞争力和影响力。

（4）把实践作为学习，提升文案能力。研究同行的广告软文，对于适合我们的主题，要加以转化利用。

（5）每两周一次部门会议，对报纸硬软广告、主题活动网络推广等作归纳总结。

3. 平面

（1）从今年的展会来看，我们的喷绘一直在变更，由于地理位置特殊，不像其他公司的矩形展位那么规范。在平面设计的时候要考虑每个面的布置，从而导致出现多个主题。而像××、××等，他们大多一直不变的外观，简单而醒目的平面布置来凸显主题，达到了事半功倍的效果。

（2）在业主心目中我们有很多出众的优点，我们却没有想到去考虑"公司的核心竞争力到底在哪"，所以每期主题一定要立一个标杆。现代都市人生活繁忙，有时候在设计上考虑得简洁明了，能给予业主放松的感觉。

（3）公司的对外形象宣传，比如网站、宣传手册、店面LED显示屏、手提袋等要随着公司的主题活动同步更新。

五、年度总规划

我们要对公司定位转型，摆脱以价格竞争为主的销售方式，从以往的降价促销转为人们对品质化的认知，起到降低公司成本的效果，同时让消费者完全认可我们在××属于一线品牌。

1. 报媒广告要立竿见影，每期达到一定的咨询量，整体要比今年实现20%的突破，为各店面家装课堂的电话邀约提供足够的客户来源。

工作计划的标题一般包括单位名称、计划时限、计划内容摘要和文种4个要素，具体有以下3种写法。

◆ 单位名称＋计划时限＋计划内容摘要＋文种，如"××公司秋季招聘工作计划"。

◆ 省略计划时限，如"仓储部除虫工作计划"。

◆ 极简式标题，即"工作计划"。

◆ 省略单位名称，如"××××年度采购工作计划"。

工作计划的正文大致应该包括3方面的内容，一是工作目标，二是达成目标的措施与办法，三是工作步骤（指执行计划的工作程序和时间安排）。本例为总—分—总结构，如图7-1所示。

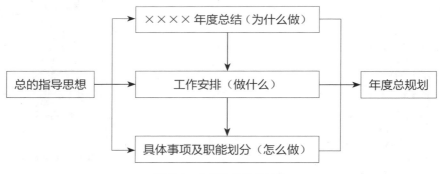

图7-1　本例的总分总结构

虽然篇幅不大，但只要将工作计划需要说明的要点内容都展示出来，便可指导后续工作。

7.2　安排

安排与计划的内容有些类似，不过安排是短期内要做的，且范围不大、内容单一、布置具体的一类计划，具有临时性。

7.2.1　安排的特点与适用范围

安排的适用范围很广，在企业中，各部门，各不同种类、性质的工作及活动都可用安排这一文种来进行规划、布置和策划，可以随写、随发、随用。且安排常常作为工作的补充文件，对工作进行指导。

作为一种计划性文体，安排具有以下几个特点。

（1）**内容单一**。安排与计划不同，安排中的事项比较单一，往往针对某一专项活动或日常工作，即使有周安排、月安排这类综合性的工作安排，涉及不同的工作，但大都是围绕某个主题展开，每项工作叙述都简单、简洁，不会过多描述。

（2）**措施具体**。安排的工作措施内容更加符合实际，员工在实施时，一般都是直接利用，这样说明安排更具实用性。

（3）**时间较短**。计划可长可短，但安排的时间跨度都不长，最常见的就是日安排和周安排，也有月安排，但基本没有年安排。安排的时间跨度一旦变长，就容易脱离实际，参考价值也随之下降。

（4）**简单直白**。安排的内容应该精练、一目了然，将实用的、核心的内容进行说明就足矣。一般不要求写前言，而是把所要安排的工作列清，再把有关的要求、措施讲明即可。

7.2.2　安排的结构与写法

安排涉及的内容单一，一般来说，篇幅也有限，全文包括标题、正文和落款 3 个部分。

1. 标题

安排的标题一般包括主送机关、事由和文种 3 个要素，写法上有两种情况。

◆　一是"主送机关＋事由＋文种"，如"××公司行政处培训工作安排"。

◆　二是"事由＋文种"，如"××促销活动工作安排""五一联谊活动安排"。

2. 正文

安排的正文书写比较灵活，格式随内容会有变化，有时是"开头和主体"

构成，有时直接开门见山说明工作的具体内容。一般包括以下 3 点内容。

目的依据。该部分书写在开头部分，主要介绍对某一事项、某一工作进行安排的目的，或进行安排的依据。其写作原则就是"短小简洁"，一两句结束最好，常以"为了""根据"等介词起领。

安排事项。这部分内容就是逐一列出员工接下来要做的工作，注意具体、周密和严谨，一般用数字序号进行排列。

要求措施。安排了事项后，可能还需对员工的具体实施过程有所要求，注意表达准确、不用模棱两可的话，不留有较多余地，以免执行要求落实时发生分歧。

3. 落款

安排的落款包括发文机关和发文时间两部分，可以省略。

拓展贴士 *安排分类*

安排作为日常工作中常见且应用广泛的文体，其具体有哪些分类呢？

①按其性质分，有工作安排、生产活动安排、会议日程安排等。

②按范围分，有部门制定的安排、单位制定的安排、班组制定的安排等。

③按时期分，有日安排、周安排、月安排等。

④按表现形式分，有条款式、表格式等。

7.2.3　安排范例解析

根据内容的不同，常见的安排有会议日程安排、活动安排、安全工作安排等。下面通过案例来展现各类安排的书写要点。

1. 会议日程安排

会议日程安排是对公司接下来开展的会议，从开始到结束所有事务所做的安排。常见的有表格式和文章式，文章式常以时间先后顺序为逻辑顺序，以下所示为文章式写作。

范例精讲｜会议日程安排

范例内容展示

会议日程安排

（一）嘉宾签到、致辞

1. ××××年××月××日，AM08:30-09:00 来宾签到

主持人：何× 公司行政部主管

2.AM09:00-09:30 领导致辞

①苗× 行政部秘书长

②李× ××公司总经理

（二）主题演讲

1. AM9:30-10:30

演讲主题：××市场的形势分析

演讲嘉宾：陈× ××公司市场部经理

2. AM10:30-11:15

演讲主题：行业发展趋势与展望

演讲嘉宾：赵× ××大学××系主任

3. AM11:15-12:00

演讲主题：行业多元业态协调发展

演讲嘉宾：冯× 公司行销部部长

4. PM13:45-15:10

演讲主题：二、三线城市市场现状与发展机遇

演讲嘉宾：李× ××公司市场部经理

姚× ××公司市场部经理

李× ××公司市场部经理

罗× ××公司市场部经理

毛× ××公司市场部经理

5. PM15:10-15:50

演讲主题：技术转型

演讲嘉宾：张× 公司生产技术部工程师

6. PM15:50-16:30

演讲主题：××融资策略及企业金融能力建设

演讲嘉宾：郑× ××股权投资基金管理有限公司董事长

（三）高端对话

PM16:30-17:30

对话环节：二、三线城市市场开发企业发展战略研讨

①在当前形势下，对未来市场趋势的判断和企业的应对。

②在新型××战略方向下，探讨企业新的市场机遇。

主持人：苗× 行政秘书长

对话嘉宾：李× ××公司市场部经理

姚× ××公司市场部经理

李× ××公司市场部经理

罗× ××公司市场部经理

毛× ××公司市场部经理

安徽、广西、湖南、云南、江苏优秀企业负责人

范例内容精讲

该例风格简洁明了，省去前言和结尾，开门见山。全文分为 5 个部分，依照时间先后依次叙述，分别是嘉宾签到、致辞→主题演讲→高端对话→招待晚宴→项目考察。

在小标题下，本例以时间为脉络对不同时间段的要点内容进行罗列，包括基本事宜（如来宾签到、领导致辞、项目参观）、演讲主题、演讲嘉宾、主持人和对话嘉宾等。

其实很多时候，为了让会议日程安排的脉络更清晰，常用表格式写法，如表 7-3 所示。

表 7-3　会议日程安排

日期	时间	内容
11 月 30 日	全天	会议代表报到、注册
12 月 1 日	上午 8:00-8:30	开幕式 1. 介绍与会领导、嘉宾，宣布大会开幕 2. 领导致辞和讲话
	上午 8:30-12:00	大会特邀报告 1. 洪 ×（生产部副部长） 2. 任 ×（×× 公司市场部副主任） 3. 韩 ×（市场研究员、×× 项目首席科学家） 4. 云 ×（×× 大学教授）
	下午 13:30-18:00	大会报告 15 ～ 20 位优秀行业青年工作者作报告
	晚上 18:15-20:00	招待会
12 月 2 日	上午 8:30-12:00	分组报告 1. 科技与教育组 2. 管理与推广组
	下午 14:00-18:00	1. 行业优秀报告选拔 2. 闭幕式 （1）领导致闭幕词 （2）×× 理事长作会议总结
12 月 3 日	上午	参观 ×× 产品试验基地和 ×× 园，不参加会后参观者返程

从表 7-3 中可以看到，表格将时间与会议事项划分开来，阅读者对每个时间段的安排能看得更清楚。

2. 活动安排

活动安排指在公司内部各种活动开展前，通过对活动程序和日程等事项做事前准备和计划，指导活动顺利进行。

范例精讲 | 小区促销活动安排

范例内容展示

小区促销活动安排

一、物料安排

物料包括从公司领取的帐篷、展架、出样样品及包装、服装、赠品等物料，各小区负责人需详细记录从公司领取的物料，并做到责任到人，避免物料及商品出现丢失及损坏。

二、人员分配

1. 赵×、赵×、王×一组，组长为王×，主要负责小区为××城、××花园。

2. 岳×、李×、王×一组，组长为王×，负责××花园。

3. 郑×、刘×、周×一组，组长为周×，负责××二期。

4. 孟×负责××花园、供电局小区。

各队组长负责和公司对接，负责处理促销工作中的各种问题。

三、小区促销方式及内容

1. 小区推广先期工作主要是扫楼，通过上门拜访了解小区内的装饰情况及对我公司品牌的认知度，然后整理有意向的客户，通过促销来促进成交。

2. 小区推广人员要不断完善产品知识及行业知识，对于有竞争品牌存在的小区，更要做充分研究，在和顾客沟通时要拿出一线品牌员工的态度，对产品有自信。

3. 所有小区促销人员要求着装规范，推荐道具和资料要齐全。

4. 小区促销在公司原来促销基础上加送厨房用锅具三件套，送 VIP 贵宾卡，如果交全款则享受全款优惠政策。（具体优惠见方案）。小区活动价格应和商场价格一致。

5. 关于小区团购优惠方式仍以加大送赠力度为主要优惠。5 台以上可以把××机规格由 701 提升到 901，10 台以上可以由 701 升成 WF-1004。

四、工作结束交流

1. 每个员工在当日下午下班前通过微信群，通报当天工作情况，工作中若出现问题可以当下请教。每组的组长把有意向的客户上报到群里，这样各商场及售后就知道具体的情况，如果成交会给对应的销售小组提成。

2. 每周至少有一次的面对面交流，具体时间由销售主管安排。

五、所有小区销售人员不分临促还是公司正式员工，一视同仁，同样的任务，同样的奖励。具体按公司小区促销办法执行。

范例内容精讲

该例针对公司"小区促销活动"做出提前安排，内容精简，标题之后直接书写正文主体部分。全文分为 5 个部分，包括物料安排、人员分配、小区促销方式及内容、工作结束交流以及人员约束。

对于该项促销活动涉及的物料、人员、工作方式等要素，文中都进行了叙述，为了保证阅读的连贯性和易读性，有的地方采用统一书写格式，如人员分配的每条内容，其要素、格式都是一样的，就算用文字表示，也不会觉得凌乱。

3. 安全工作安排

无论什么公司对安全问题都看得非常严肃，对于某些专项活动或安全隐患较大的工作，会出具安全工作细则或是安全工作安排。尤其在节假日前后，公司对安全问题更加看重，会提前发布安全工作安排文件，列明各项需要注意的事项。

范例精讲 | 物业公司双节安全生产工作安排

范例内容展示

物业公司双节安全生产工作安排

公司各部门：

为了认真落实双节期间安全生产各项工作要求，特制定安全生产工作安排，现将具体工作安排如下：

一、加强防范，严防各类事故发生

1. 加强与当地公安机关联系，以免节庆期间出现重大事故。

2. 公司安全生产领导小组假前至少进行一次隐患排查，做好隐患排查记录，针对发现的问题实施整改。

3. 开展专项检查，做好节假日的值班安排和记录工作。

4. 安保人员对重点区域和重点部位加大巡查力度，大门岗坚守岗位，做好外来人员和车辆的出入登记记录。监控岗加大监控力度，扩大监控范围，与巡逻岗积极配合联动。

5. 财务人员提高安全防范意识，假前关好窗锁好门，务必存放好印章及相关账簿，保险柜内尽量不存放现金和贵重物品。

6. 水电工班要确保设备规范化操作和安全运行，保证大楼内各设施设备正常运转。

7. 加强保洁作业监督和保洁员管理，禁止使用腐蚀性强、有毒有害药剂，避免二次污染和对人体、设施设备的伤害。

二、做好重点防范和更新各类台账

1. 及时更新并上报各基础台账和危险源台账，以便管理

部门和上级及时了解情况；做好大楼内各重点部位的档案管理，加强防范和检查。

2. 进一步建立健全各种突发事件应急处置预案，保证各员工都能正确面对各类突发事件，保持充分的镇定。

范例内容精讲

该例是公司在双节齐放时发布的安全工作安排，主送机关是全公司各个部门。全文以一个简短的开头展开内容，没有一句多余的话，这种精练的句式可以直接借鉴。

正文主体内容分为两个部分，一是安全防范，二是更新台账。每个部分都分条列出关键事项，由于内容不多，所以通过数字排列书写，并没有继续划分结构层次。

7.3 方案

方案是从目的、要求、方式、方法及进度等方面部署具体、周密，并有很

强可操作性的一种计划，内容较为复杂。由于一些具有某种职能的具体工作比较复杂，不做全面部署不利于工作的高效完成，因而公文内容构成势必要烦琐一些。

7.3.1　方案的写作格式

方案的写作内容一般包括指导思想、主要目标、工作重点、实施步骤、政策措施和具体要求等项目。方案包括标题、成文时间和正文 3 部分内容，与其他公关不同的是不用落款。

1. 标题

方案的标题有两种写法，如下所示。

- ◆　一是"发文机关＋计划内容＋文种"，如"××建筑公司节能方案"。
- ◆　二是省略发文机关，即"事由＋文种"，如"产品销售合作方案"。

2. 成文时间

方案的成文时间一般不省略，且要注在标题下。

3. 正文

方案的正文可分为两个部分，分别是导言和主体，如表 7-4 所示。

表 7-4　方案正文内容

结构	具体内容
导言	导言部分可以省略，在书写时要注意简洁，只交代关键的内容，如方案制定目的、意义和依据，常见句式为"为了……根据……特制定本方案"
主体	主体部分由于书写的内容不同，会有极大的不同，划分结构与层次也各有千秋。主要包括三大内容： 一是背景，即制作方案的背景情况，如活动基本信息、工作开展的要点。 二是有关工作的具体部署，包括不同工作推进的重要事项、基本目标、员工职责及工作措施等。 三是对有关问题的处理，如有关矛盾和问题的解决等

7.3.2　方案的写作要点

方案正文有两种写法，一是常规写法，即按指导方针→主要目标→实施步骤→措施→要求这几大内容来写，这种较固定的程序适用于一般常规性单项工作。

二是变项写法，即根据实际需要加项或减项的写法，适合对特殊性的单项工作进行书写。但不管哪种写法，"主要目标""实施步骤""措施"这3项内容是必不可少的。在实际写作时，会将主要目标分为总体目标和具体目标；实施步骤也要分成基本步骤、阶段步骤或是关键步骤，具有内容特殊性。

另外，书写者还要注意以下一些写作要点，能让写作更轻松。

◆　首先，确定方案写作的目标是非常重要的环节，尤其是一些主题活动，最好不要有歧义。

◆　其次，拟订方案要考虑各方面的问题，经验很重要。若是第一次承办，还是应该向有经验的前辈多加请教，从而得知此类活动或工作中可能出现的问题和隐患。

◆　最后，起草方案前要收集好各类资料，并进行整理，以免在写作过程中遗漏重要内容。

7.3.3　方案范例解析

依内容划分，方案类型很多，为了了解不同方案的写作方式，接下来一起看看下面的案例。

1. 合作方案

合作方案是合作双方在签署合作协议前，需要了解的重要事项。通过合作方案，双方都可以了解到合作的形式、合作的盈利、合作流程以及合作能够享受的服务等。合作方案的制作目的是促进双方合作，提高交易的可能性。

范例精讲｜合作方案

范例内容展示

合作方案

甲方：××金属投资有限公司（以下简称甲方）

乙方：××金店（以下简称乙方）

参与合作企业：××贸易有限公司、××玉石协会

一、合作目的

双方根据自身的优势进行资源的共享、配置及有效组合。提高合作双方的盈利能力，促进新的利润增长点，迎合国内黄金市场与日俱增的投资需求和投资时机。

二、合作产品

1.au(t+d)上海黄金交易所黄金现货延期交收业务，ag(t+d)上海黄金交易所白银现货延期交收业务，au代表黄金，ag代表白银。

2.上海黄金交易所国库标准金条。

3.黄金矿料、旧料的回收。

三、合作方式

甲方作为上海黄金交易所金融类会员单位的合作单位，乙方通过甲方的授权，从而取得上交所批准甲方经营的一切业务，主营业有au(t+d)、ag(t+d)、国库标准金条等。

四、au(t+d)、ag(t+d)交易规则

1.既可以买涨，也可以买跌，双向交易。

2.保证金交易，15%的保证金，资金利用率高。

3.交易时间更长，早盘9:00-11:30，下午盘13:30-15:30，晚盘21:00-02:30。

4.t+o交易模式，当日可以随意平仓建仓。

5.随时可提取现货（国标金条），无交割日期限制。

6.银金直通车，客户资金由××银行做为第三方托管，客户自行划拨交易资金。

五、合作方收益

1.au(t+d)

例如：王先生在黄金240元/克时建了1手多仓（买涨），1手=1000克，则王先生所需要的保证金为1000×240×15%=36000元，当金价涨到250元/克时，平仓（结束交易），则王先生的手续费为：1000×240×0.0017+1000×250×0.0017=833元，王先生的利润为：(250-240)×1000-833=9167元。

也就是说客户交易的手续费为万分之十七（0.0017），我们的合作方（乙方）收万分之六(0.0006)，在上面的案例中合作方（乙方）的手续费收入为1000×240×0.0006+1000×250×0.0006=294元。

简单概括为：合作方的收益为客户交易额的万分之六，交易一手黄金大约为300元，无论客户是盈利还是亏损，手续费是客户不变的成本。以一个10万元资金的客户为例，一般正常交易每月最低10手，这样该账户合作方的收益为10×300=3000元。

2.ag(t+d)

例如：王先生在白银3800元/千克的时候建立1手多仓（买涨），1手=1000克，则王先生所需要的保证金为1×3800×0.15=570元，当银价涨到3900元/千克时，平仓（结束交易），则王先生的手续费为：1×3800×0.0017+1×3900×0.0017=13.09元，王先生的利润为：(3900-3800)×1-13.09=86.91元。

交易一手白银我们合作方（乙方）的手续费收入为：3800×1×0.0006+3900×1×0.0006=4.62元。

简单概括为：客户交易一手白银，合作方的利润大约为4.62元，无论客户是盈利还是亏损，手续费是客户不变的成本。还是以10万元资金账户为例，正常交易每月800手，这样该账户合作方的收益约为800×4.62=3696元。

六、合作流程

1.无任何代理费用，只需合作方拥有150平米方以上的营业面积，提供企业营业执照、税务登记证、代码证以及法人代表身份证的复印件既可。

2.签署合作协议。

3.甲方发放授权书。

4.给合作方分配黄金与白银交易客户端的管理后台。

5.甲方派遣人员协助乙方完成前期运作工作。

6.甲方每个月15日给乙方返上月的佣金收入，节假日顺延。

七、我们的优势

1.与××金融电子结算中心合作，实现××地区首家银金通功能，客户自行划拨资金，××银行作为资金的第三方托管方。

2.手续费比银行低，银行为万分之十九，我们为万分之十七。

3.××的客户服务、技术指导目前是××地区最好的一家。

八、我们的扶持

1.我们会派出黄金分析技术人员与市场人员协助合作方开展工作，时间根据合作方的情况而定。

2.定期安排人员培训，定期举行黄金论坛讲座。

3.客户的交易指导和维护都由我们来完成。

书写合作方案需要写清楚以下几点内容。

◆ 介绍合作背景。

◆ 提供合作方式。

◆ 详细说明操作步骤或合作规则。

◆ 合作双方的工作、职责。

◆ 合作双方的获利情况。

该合作方案涉及了多方公司，包括甲、乙双方，还包括一些参与合作企业，所以在标题下方不仅对甲、乙双方的单位名称进行叙述，还隔行列出"参与合作企业"。

正文主体没有引言部分，而是开门见山分出 8 个小标题，然后依照小标题直接书写对应的内容。

首先对合作目的、合作产品及合作方式进行介绍。然后通过重点产品的交易规则说明合作方能够获得的利益，这是整篇方案中的核心部分，是能够促进合作的有效内容。该部分分列了两个重要的盈利项目，采用平铺直叙的方式书写，通过"例如"和"简单概括为"做点睛，方便阅读者寻找要点内容。

合作流程则是按数字序号排列，虽然写作形式简单，但在阅读上却十分直观。最后为了加大合作的砝码，甲方在方案中叙述了己方的优势和提供的扶持。

2. 工作方案

工作方案是对未来要做的重要工作做了提前安排，并具有较强的方向性、导性粗线条的筹划，是应用写作的计划性文体之一。

如下例所示的"××公司××××年招聘工作实施方案"，通过对该方案的具体写法进行了解，我们也能在工作中自如运用。

范例精讲｜××公司××××年招聘工作实施方案

范例内容展示

××公司××××年招聘工作实施方案

根据公司今年项目建设和开发需要，结合公司人才招聘工作精神，特制定公司××××年人才招聘实施方案。

一、指导思想

本着"公平、公正、公开"的原则，通过科学的招聘方式，吸收优秀人才充实到公司员工队伍中，努力建设一支结构科学、管理规范的企业人才队伍。

二、招聘计划（详见附件）

三、招聘方式

按照资格审查、笔试、面试、考察、集体审议等程序进行招聘。

四、成立招聘工作机构

1. 招聘领导小组

2. 招聘监督：邀请部分职工代表参与监督；监督机构具体人员名单向全公司公布。

3. 招聘实施机构：以办公室为主，协调相关部门人员参与。

五、招聘渠道

1. 在公司网站上刊登招聘启事。

2. 委托集团公司发布招聘启事。

3. 在人才网上发布招聘启事。

4. 人才市场现场招聘。

5. 委托中介招聘有一定工作经历和业务技能的管理人才。

六、招聘策略及选人基本要求

1. 优选学历较高、工作经验丰富、业务技能较强、具有大型企业工作经历者。

2. 在招聘人员定位上，应届生要求专业对口、全日制本科以上学历；有一定工作经验的可以适当放宽学历要求。

3. 结合各部门当前人员专业、学历结构综合考虑应聘人员，避免过于偏重某一方面。

七、规范招聘程序

1. 发布招聘信息

将所需职位信息通过可选择的招聘渠道发布出去。

2. 报名

凡是符合招聘条件的，可以通过不同渠道提交简历，同时注明个人对岗位的要求。

3. 初选招聘人员

办公室对应聘人员资料进行收集、分类、整理，根据岗位任职要求，对照招聘范围、条件进行资格审查，初步筛选。

4. 通知招聘人员应聘

根据初步筛选情况，通知应聘人员面试，并携带相关应聘资料。应聘者需携带以下资料：

① 身份证原件及复印件 1 份。

② 个人简历 1 份。

③ 英语、计算机等级考试成绩单原件及复印件 1 份。

④ 一寸免冠照片 2 张。

5. 初试

与应聘人员面谈，着重考核应聘人员的学识、智力、心理、综合分析能力，并对应聘者的个性特点、职业忠诚度、自我认知能力、协作能力等综合素养进行测评。

6. 复试

根据求职者专业及应聘岗位需求，由公司领导、招聘考评小组、用人部门领导组成复试组进行复试，各应聘人员先进行笔试。

7. 集体审议

笔试通过后，对拟录用对象提交办公室进行讨论，确定后拟录用人员名单。

8. 体检

要求拟录用人员进行体检。

9. 报批

拟录用人员体检合格后，由办公室行文呈报集团公司审批。

10. 办理聘用手续

根据集团批复，通知应聘人员报到；签订劳动合同；试用 3 个月，试用期满经考核后给予转正，对经考核不合格人员解除其劳动关系。

11. 招聘总结

招聘工作完成后，进行应聘资料整理归档，对聘用人员建立入职档案，招聘工作告一段落。

同时对整个招聘工作进行总结分析，反思工作，总结经验，形成招聘工作报告报集团公司。

范例内容精讲

　　该例首先用一段简短精练的导言说明书写的依据，这里强调了制定本方案是根据"公司项目建设和开发需要"，直白地表示了公司有扩大规模的打算以及人才的需求。而且不用多余的赘述，只需一句话便可交代制定本方案的意义和依据，引出下文。

　　正文主体主要分为7个部分，分别是指导思想、招聘计划、招聘方式、成立招聘工作机构、招聘渠道、招聘策略及选人基本要求、规范招聘程序，每个部分的作用如下所示。

　　① 指导思想是对方案背景的叙述。

　　② 招聘计划、招聘方式、成立招聘工作机构这些内容主要说明招聘工作具体的部署安排，省略了招聘计划，需要工作人员具体情况具体运用。

　　③ 招聘渠道、招聘策略及选人基本要求、规范招聘程序这几个部分是对招聘问题的处理与解决办法，是需要招聘人员深入了解的方面。

　　一般来说，工作方案的基本内容就是这些，不过书写者在写作时还要注意以下几点。

- 首先确定工作目标，制定的方案才有实用性。
- 在拟制工作方案过程中，需要提前考虑到可能发生的问题，或是工作过程中易产生歧义或矛盾的地方，从而使方案更趋完善。
- 工作方案不是唯一，也可以根据所掌握资料的多少和有用程度，起草多种可供选择的工作方案，并在多种方案的基础上，分析、比较、鉴别、评估，选出最佳方案，供领导决断。

3. 活动方案

　　活动方案是指为某一次活动所制定的书面计划性文书，叙述活动的具体实施办法、步骤、人员、注意事项等，以确定活动顺利、圆满开展。下面来看具体的案例。

范例精讲｜公司年会活动方案

范例内容展示

公司年会活动方案

一、年会筹备小组

总策划：陈×

总执行：陈×、罗×

成员：××科技公司所有部门成员

二、年会内容

活动名称：××年新春晚会

活动基调：喜庆、欢快、盛大、隆重

活动主题：创新与奋斗

活动目的：对××××年公司的工作成绩进行总结，展望公司××××年的发展愿景；同时丰富员工企业文化生活，激发员工热情，增强员工的内部凝聚力，增进员工之间的沟通、交流和团队协作意识。

活动日期：××××年××月××日16:00-20:00

活动地点：××酒店

参会人数：公司内部171人，厂商30人，共计201人。

参会人员：内部员工和特邀嘉宾。

活动项目：总经理致辞、文艺汇演、晚宴（详细流程安排见附表一）

三、工作分工（详细分工明细见附表二）

（一）文案组

负责人：张×、王×

组内成员共7名。负责主持人形象设计；串词，祝酒词起草、审核；总经理讲话稿起草、审核。

（二）会场布置组

负责人：邓×、黄×

1.组内成员共7名。负责设计、联系制作年会舞台背景墙、横幅、签名板及各种材料的打印和制作。

2.负责鲜花或花篮的采购/租赁；

3.现场摄影、DV摄像、照相；

4.开场PPT制作，年会期间除节目音乐外所有音乐收集；

5.负责与酒店工作人员配合调试灯光、音响、话筒、投影、电脑，并播放年会现场所有节目伴奏带、颁奖音乐和进场PPT等；

6.会场安全检查（消防、电源、设备等）。

（三）节目组

负责人：陈×、罗×，组内成员共7名。

节目类型：唱歌、舞蹈、小品、话剧（歌舞剧）、魔术、乐器演奏、戏曲、相声、时装秀等。

选取节目规则：以抽签的形式，每个部门可抽取2个节目签，从中选取一个节目类型表演。

节目质量标准：若彩排时达不到质量要求，须重新编排直到达到要求为止。

节目彩排时间：1月25日-2月5日每日选抽两个部门彩排。文艺汇演节目内容的要求是"以客户为中心"。节目组负责人具体工作如下：

1.负责完成对所有节目的排练、设计、筛选及后期的彩排工作；

2.负责节目的编排及演出的顺序和流程衔接；

3.负责联系租用或购买节目所需的服装道具和主持人、演职人员的化妆品等；

4.负责小游戏的提供、抽奖奖项设置等；

5.负责安排文艺节目评委及奖项设置；

6.负责确定颁奖人员。

（四）迎宾组/礼仪组

负责人：陈×，组内成员共8名。

1.年会进场入口处迎接嘉宾，并引领入座。

2.负责嘉宾、参会人员的签到，并发放年会礼品（做好登记）；

3.负责配合抽奖奖品、文艺表演奖品的发放；

4.负责年会过程中放礼炮。

（五）后勤组

负责人：樊×，组内成员共7名。

1.负责活动所需的礼品、奖品、纪念品、食品及其他年会所需物品的购买、准备、保管及发放；

2.负责与酒店工作人员的沟通、协调工作。

四、活动费用预算（具体费用分配由各项目负责人自行安排）

五、相关注意事项

（一）活动前

1.年会开始前，年会筹备小组成员必须确保每人持有一份"年会流程具体执行方案"。

2.在年会开始前30分钟，必须对所有年会需要用到的设备进行调试、检查。

3.确保年会场地布置，所需物资、参会人员、表演人员全部到位。

（二）活动中

1.对工作人员明确分工，每项工作都必须责任到人，保持手机的开通（统一设置振动），便于及时联络。

2.对现场环节进行控制及管理，包括演出的催场候场、舞台道具提供，整体节奏的把握等。

（三）活动后

1.年会后期的纪念视频制作、发放（由行政人事部制作DVD，统一发放，每人一张）；

2.年会照片的收集及保存；

3.年会总结。

　　活动方案的内容依据情况各有侧重，书写上更注重灵活性和随机性。如下所示为活动方案中常常涉及的内容。

　　① 活动时间、地点。

　　② 活动目的及意义。

　　③ 活动参加人员，具体负责组织人员。

　　④ 活动内容概述。

　　⑤ 活动过程。

　　⑥ 活动对象意见（如员工意见等）。

　　⑦ 结果与讨论。

　　本例行文类型比较直接、实际，没有导言或引语，直接分出5个小标题，按年会筹备小组、年会内容、工作分工、活动费用预算和相关注意事项进行叙述。每个大项下都分别书写该项内容的重点事务与要素，如：

　　年会筹备小组下包括总策划、总执行、成员3个要素。

　　年会内容则介绍了有关的名称、基调、主题、目的、日期、地点、参会人数、参会人员及活动项目，几乎囊括了所有的内容要素。

　　工作分工标题下，分出了文案组、会场布置组、节目组、迎宾组/礼仪组和后勤组，为年会中几大重要工作的安排，介绍了负责人和主要事务。

　　通过这几项的书写，活动方案就基本成形了，另外，活动费用的预算也是非常重要的一项，有的公司对预算把控非常严格，如果不计算好各项开支，很难通过。

7.4　规划

　　规划也是计划类公文中的一种，指个人或组织制订的比较全面长远的发展计划，是对未来整体性、长期性、基本性问题的思考和考量。

7.4.1 规划的特点

企业中的规划写作一般时间跨度较长（如 10 年规划），且涉及内容多、范围广，具体有哪些特点，下面一起来认识。

1. 长期性

规划比起计划时间跨度更长，规划常以"年"计，一般都在 3 年以上，常见的有 3 年规划、5 年规划和 10 年规划。

2. 全局性

规划的内容涉及多个方面，有总领全局的意义，规划中的目标、实施步骤、方法措施等内容更详细，概括性更强，写作前更需厘清行文逻辑关系。因此，规划常作为总体指导文书，不能将有关操作具体到部门及个人。

3. 预见性

由于书写时间跨度长，所以规划的内容要具有前瞻性，这样才能指导未来的工作，若是只顾现下，在今后很容易作废，就失去了制定的意义。为了保证规划的科学性、预见性，制定前需对市场发展做好调查，并收集大量资料，预测可能会有的变化，将其考虑进规划内容中。

7.4.2 规划写作格式与注意事项

书写规划首先要了解其基本格式，规划由标题、正文和结尾 3 个部分构成，每个部分的写法如下。

1. 标题

规划标题涉及制作单位、规划内容、规划时限和文种 4 个要素，其中规划时限可依据实际情况决定是否省略，如"××公司发展规划"。

2. 正文

由于规划内容涉及时期长、内容全面，所以篇幅一定不短，这时结构如何划分、主体内容包括哪些就变得更加重要。规划内容主要包括 3 方面。

（1）**制定依据**。即指制定规划的原因、背景及指导思想等，该部分采用概括的写法，通过分析资料，得出有利和不利条件，或对后续内容简单说明，以便顺理成章地展开写作。

（2）**目标任务要求**。规划围绕"要做什么"展开相关的内容，所以得写明最开始的任务与目标，有时可涉及多个目标任务，需要理清各个目标之间的逻辑关系，才不会影响之后的写作。

（3）**实施措施**。即指"怎么做"，对应的目标应该提出对应的实施措施。写作方式有两种，一种是一项目标下书写一项措施；另一种是先写总任务，再分写措施。

3. 结尾

规划的结尾多用于展望未来和发出号召，所以大多是总结类语句，结尾注意篇幅与字数，应简洁而有力，不要喧宾夺主。另外，规划不用落款。

在实际书写时，书写者还应该掌握一些写作技巧，可为规划增色不少。

◆ 注意规划的科学性，选用资料应该是正规机构发布的，准确性和参考性都大大增加；多种渠道收集资料，以免单一资料对未来发展的把握不准确。

◆ 注意吸收和借鉴他人的意见，书写者要懂得参考其他员工和前辈的建议，最好能通过会议进行讨论，这样对规划的大致方向也能有一定把握。

◆ 规划不是计划，不用事无巨细，规划涉及内容多，时间跨度又长，事无巨细地书写具体的步骤安排是不现实的，也会让内容不可控制，要知道规划不是定细节，而是宏观部署。

◆ 按时间划分阶段，若是书写的规划时间跨度很长，用时间划分阶段能让任务目标更清晰，操作措施更具可行性，这样进阶式的规划设计也更合理可控。

拓展贴士 *规划目录*

由于规划涉及的内容非常多，篇幅也长，因此，为了便于阅读者翻阅文件内容，写作者通常会在正文之前附加目录页，标注说明各部分内容对应的起始页码。

7.4.3　规划范例解析

规划有很多不同的类型，公司内部常见的有工作规划、发展规划和战略规划，下面来看看具体的案例。

1. 工作规划

工作规划与工作计划的内容大同小异，只是时间跨度上有区别。企业内部的工作规划，多是部门或个人对之后工作所做的一个长远打算。

下面的案例是某公司工艺部门制定的工作规划，主要针对部门明年以及后年的工作目标进行部署，时间跨度在 3 年内，在规划中算是较短的，所以篇幅也不长。

范例精讲｜工艺部门工作规划

范例内容展示

工艺部门工作规划

随着公司经营范围和生产规模迅速扩大，公司的管理模式正在向规模化、规范化、专业化的方向发展。在这样的形势下，针对工艺部门工艺体系的建立、工时定额的管理和工艺技术完善等方面需做进一步的设想。

一、指导思想和工作目标

（一）指导思想

围绕我公司工艺体系，对工艺技术标准、工艺技术文件、材料消耗定额、工时定额制定、编制和管理方面展开工作。

（二）工作目标

1. 长远目标

建立健全工艺技术标准和工艺管理体系，完善工艺技术的内容，做好工时定额的管理工作，使公司内部的工艺运行体系变得完整。

2. 后年工作目标

（1）完成冲压件工时定额标准的验证和使用，通过定额标准和实际测算，全部重新修订工时定额，基本控制在一个较合理的范围内。

（2）编制材料消耗定额卡。

（3）更新必要的工艺技术标准，完善工艺技术的内容，制定符合公司实际的工艺技术管理制度。

3. 明年工作目标

明年的目标主要为以下三个方面的内容，能为后年的工作做好基础数据储备。

（1）整理、测算工时定额，找出明显不合理的产品定额，经过现场测试重新修订。同时有计划地对各机床、各工序以及各工种进行工序作业时间测试，完成冲压件工时定额标准初稿和焊装件工时定额标准的验证使用。

（2）收集、整理、汇总产品下料尺寸和进场原材料的规格及使用情况，为后年新增加材料消耗定额卡的工艺项目做准备。

（3）汇总车间现有生产中存在的工艺问题，考虑下一步整改措施。制定统一的工艺卡和作业指导书格式标准，明确所要填写的内容和规范。研究夹具制造工艺方案，初步确定夹具制造工艺方法和制造工艺过程。

二、工作规划

（一）明年的工作规划

为了实现明年的工作目标，须按以下工作规划的内容和步骤完成，为后年的工作做好数据储备。

1. 近期工艺部门由车间工艺员、模具工艺技术员、焊装技术员组成小组开展工作，待工作一段时间后根据实际情况再考虑人员需求问题。除模具工艺技术员、焊装技术员、车间工艺员现有职责和工作内容保持不变外，对车间工艺员重点管理，扩大工作范围，增加工作内容，明确工作任务，充分发挥其职能、职责效果。

2.用一周到两周的时间，了解各车间的生产现状、工时定额核定和工艺技术文件使用情况，确定下一步的工作重点。

3.明年冲压件工时定额这部分工作是重点。先从了解、整理、熟悉和新产品开始入手。通过调查并与车间主任沟通，并了解工人的收入情况，找出明显不合理的产品定额，经过现场测试重新修订，以积少成多的方法逐渐控制在一个范围内，同时要特别关注临时定额的核定和加强审核。

4.有计划地对各机床、各工序以及各工种进行工序作业时间测试，在后年初完成冲压件工时定额标准初稿。

5.模具钳工工时定额标准是前几年制定的，经过几年使用须考虑重新修订，计划修订时间在明年七八月。

6.焊装件工时定额标准制定从今年10月开始，预计明年6月以后新产品投入生产时可以试使用。现在焊装件定额还存在很多问题，以后要逐渐进行修正。

7.以各车间产品档案为依据，向冲压车间主任、工段长以及其他有关人员调查、了解，对现有冲压件生产工艺存在的问题进行排查，列出明细，组织有关人员分析、讨论，提出整改意见，并协助冲压技术部先对重点项目的工艺进行更改和完善，逐渐向老产品过渡，使之操作和工艺相一致。

8.制定统一的工艺卡和作业指导书格式标准，明确所要

填写的内容和规范。现在生产中使用的工艺卡格式有好几种，明年从新产品开始，逐渐置换老产品工艺卡。

9.我公司夹具制造刚起步，在加工过程中工艺方法有很多问题，再加人工夹具制作经验少，因此在夹具投入生产时，把通用的工艺方法和制造工艺过程确定下来，作为夹具制造的参考依据和工艺规范。经常到生产现场了解情况和指导，及时解决生产中出现的技术问题。

10.收集、整理、汇总产品实际下料尺寸、材料牌号和进场原材料的规格，这项工作主要由车间工艺员完成。为后年增加材料消耗定额卡编制工作做准备。

（二）后年的工作设想

后年的工作主要是在明年工作的基础上继续完善，工作有依据、有标准、有规范，管理有制度。

1.完成冲压件工时定额标准的验证和使用，通过定额标准和实际测算，把全部工时定额从新修订，使之基本控制在一个较合理的范围内。

2.制定材料消耗定额卡标准格式，编制产品材料消耗定额卡。通过实际产品下料尺寸的数据收集和了解实际裁剪方法，经过整理填写在材料消耗定额卡中，使原材料的使用有技术依据、有要求。

3.完善工艺文件的内容，如现在的小件冲压工艺卡，无工序尺寸和公差标注，在操作和检验时就没有明确的判断依

范例内容精讲

该案例整体的行文风格简洁实际，没有书写多余的内容，全文围绕工作目标与工作规划展开书写，大纲如表7-5所示。

表7-5　本例大纲

一、指导思想和工作目标	（一）指导思想	
	（二）工作目标	1.长远目标
		2.后年工作目标
		3.明年工作目标
二、工作规划	（一）明年的工作规划	
	（二）后年的工作设想	

开头和结尾都用简短的一段话对规划内容进行了补充，使全文结构看起来完整。开头说明了公司的规模在不断扩大，所以对工艺生产有了新的

设想；结尾则表达了近 3 年的规划是初步设想，仅做参考，可不断改进。

2. 发展规划

企业发展规划是对企业战略发展的规划，核心主题是如何更好地发展企业，书写内容大致包括以下几个方面。

◆ 企业自身和环境的客观实际情况。

◆ 指导思想、方针和应遵循的原则。

◆ 市场条件。

◆ 发展方向和目的。

◆ 具体的规划措施。

◆ 归纳总结性语句。

范例精讲｜食品加工企业发展规划

范例内容展示

食品加工企业发展规划

为抓住市场发展机遇，通过实地的调查研究、分析讨论，并结合企业实际提出了未来五年的企业发展规划。

1. 发展目标

1.1 经济发展目标

公司力争实现至 2022 年销售额 2500 万元，利率 5%，利润 125 万元。

公司力争实现至 2023 年销售额 3500 万元，利率 6%，利润 200 万元。

公司力争实现至 2024 年销售额 5500 万元，利率 7%，利润 375 万元。

公司力争实现至 2025 年销售额 8000 万元，利率 8%，利润 640 万元。

公司力争实现至 2026 年销售额 1 亿元，利率 9%，利润 900 万元。

1.2 品牌经营发展目标

构建以××为中心，辐射周边地区的经营网络，形成品牌特色经营网络规模，实现产品在快餐消费市场的渗透力。

扩大商超产品销售规模，实现特色化经营。

1.3 新产品开发目标

根据市场销售反馈，调整产品结构，建立有针对性的产品线。

打破传统的包装和模式，开发适合现代人群需求的、高效便捷的营养快餐产品。

2. 发展对策

我公司符合现代社会的高速发展，有着巨大的市场前景和发展潜力。但是传统的经营机制、逐渐老化的人员结构、日渐陈旧的观念、落后的硬件设施也成为企业发展的瓶颈。唯有打破这些瓶颈，才能实现企业的可持续发展。

2.1 优化内部管理

2.1.1 加强风险管理

食品安全问题已经成为社会关注的焦点，公司必须了解食品生产行业政策，把握营养餐配送行业发展的大方向，顺势而为。同时，不断加大技术投入，提升产品的内在质量。

要规避和转移质量风险、成本风险、资金回拢风险等内部风险，必须加强企业风险控制，建立和完善内部控制系统。公司力争在五年内，针对管理的薄弱环节和主要业务流程设计和实施一系列制度、规章和措施。

例如：建立定期产品质量回顾制度，降低不合格返工的风险、降低质量成本；建立产品售后追踪，完善产品召回应急机制；完善原材料采购机制，合理制定库存率；建立原材料采购链周转控制制度，降低人为原因造成的材料损耗。

2.1.2 建立和实施内部审核制度

五年内，公司将建立受总经理室直接领导的内部审核组织、制定和完善内部审核制度。将部门年度例行审核、重大项目审计和临时审计相结合，率先在成本消耗大、对企业利润实现起关键作用的部门或经营环节实施。

审核主要着眼以下几个方面：经营合规性审核、质量内审、行政采购项目审核、固定资产审核、部门运作成本审核、人力成本审计、采购审计、销售成本审计等。

2.2 改革人员结构

2.2.1 转变用工方式，合理配置人员

公司将在未来五年内进一步转变用工方式，在部分非高专业化、高技能要求的岗位推行劳务派遣用工制。并且制定专门针对这一用工方式的工资制度和考核奖励制度，来调动员工的积极性，促进劳动生产率的提高。

根据公司经营业务发展需要重新调整企业组织机构，优化职能部门的设置，根据部门职责合理配置人员，完善"定岗、定编"工作。

2.2.2 完善企业内部人才储备、晋升机制

公司拟制订有针对性的培训计划，加强员工技术操作技能的培训，使年轻人尽快掌握实践技能。

同时，建立管理型人才培养储备机制，挖掘和培养有责任心、德才兼备的管理人才，并通过工作轮岗、见习助理等方式为他们搭建发挥自身才能的平台。结合绩效考核机制，建立一条从普通员工到助理到班组/部门负责人甚至到高级

管理人员的公平公正的晋升通道。

2.3 改建厂房设施，更新设备

公司要发展过亿产值的目标，势必要开辟新的生产线，形成与之相适应的生产、仓储、物流运输运作规模。加之经营目标的实现必须要有相应的生产线和产能，确保生产出高质量、多样化的产品，满足日益增长的市场需求。

综合上述因素，因地制宜地进行厂房设施的再规划和调整，以及生产设备的更新成为未来五年里进一步提高食品生产合理性，实现产能产值目标，创造既定经济效益的基础。

2.4 开发高附加值、差异化的新产品

2.4.1 进一步细分产品线

根据销售对象以及销售方式的不同，找准产品定位，进一步细分产品线，生产适合市场需求的个性化产品，满足不同群体的用餐需求。

2.4.2 开发功能性产品

速食产品除了满足不同群体的用餐需求以外，应积极研发具有特殊需求的应急食品等。在产品研发上力求扩展其保健功能，并且打破传统的饮食习惯，开发新品。

2.5 扩大、优化专卖店（柜）经营模式

商超这一销售模式经过运作，发展势头好，未来五年公司将扩大专卖店（柜）规模，实现特色化经营。

从配置专业化的专卖店（柜）市场运营和管理人员，组

范例内容精讲

该例为某食品加工企业的 5 年发展规划，算是一个中长期规划，全文结构是总—分—总式，开头结尾简短精练，中间部分内容多、篇幅长。

全文分为两大部分，一是发展目标，二是发展对策，叙述未来 5 年公司工作与管理的方向，通过向下分层的方式，将每一部分的内容都表达清楚完整。

第一部分对于发展目标的叙述只向下分了一个层级，3 点内容。第二部分关于发展对策的篇幅就较长了，向下分了两个层级，才将大量的内容展示完全。

3. 战略规划

战略规划是指依据企业外部环境和自身条件的状况及其变化来制定和实施战略，并根据对实施过程与结果的评价和反馈来调整，制定新战略的过程。

范例精讲｜企业战略规划

范例内容展示

企业战略规划

一、公司现状与环境分析

1. 公司目前发展情况

本公司模拟的是××公司，核心业务是电子科技产品，它在高科技企业中以创新而闻名。

2. 公司外部环境分析

以××市场为例，××品牌关注度下滑难以遏制，而×X、××、××上升明显。

3. 公司内部环境分析

本公司拥有 3000 万元的总资产。其中技术人员为 15 人，厂房价值 1000 万元，××机器 2 台，国内代理商 2 个，欧美代理商 2 个，东南亚代理商 2 个。国内销售人员××名，欧美销售人员××名，东南亚销售人员××名。

4. 提炼公司核心竞争力

本公司以"高质、高端"为核心竞争力，在市场中采用高质量取胜。

二、发展目标

1. 总体目标

我们公司将以××公司为榜样，自行运作生产、市场、销售、物流、研发及人力资源。作为一家股份制公司，我们将对股东负责；作为一家新公司，我们会承担交税的义务。

最终，发展成为一个运营稳健、信誉度高且获得可观利润的高端品牌公司。

2. 目标体系

（1）财务

基于产品特点，需慎重规划资本结构。在高端品牌市场中，要抢占先机，需要进行产品升级、研发投入。同时，在公司最为关键的成长期，又必须适时扩大公司规模，那么我们将慎重决策并采取一种敢冒风险的态度来调整资金流动比率，以及其他重要财务指标，以期以比较健康的负债率从营业中获得可观的利润。

（2）规模

由于高端产品的特性，再加之这一时期资金力量小、固定资产有限，初期将以产品升级以及新产品研发为重点，公司规模可能只是维持以及适当的扩张。待上市后将进行大量融资活动，以期针对每一种产品的发展阶段合理配置公司有限的资源，使各种资源的利用率达到最大。

（3）区域

产品主要有三大市场，国内、欧美和东南亚。其间会根据不同产品的特性重新选择主要市场，并进行合理取舍，以期达到公司利润最大化。

（4）质量

产品必须以一个优质、高端的形象呈现给消费者，走在科技的前沿，稳把质量关将是全体员工的最大动力。

（5）品牌

在三大市场根据不同产品的需求特点，适时调整品牌战略，树立一个诚信、优质的高端品牌形象。

三、发展重点

1. 企业总体战略：走高质高端路线，以产品良好的质量来获取市场。

2. 业务发展重心

核心业务：普通产品升级。

重点业务：保证产品质量，同时研发新产品。

一般业务：普通产品的大规模高质量的生产来争夺市场份额。

3. 业务策略

发展战略：在努力生产普通产品的同时升级已有产品，研发新产品并继续升级。

稳定战略：保证普通产品质量和数量，确保供货量和成交量，稳步发展在市场竞争中的份额。

退出战略：保守普通产品生产和升级，停止研发新产品。

4. 各职能战略

财务：确保公司资金运营正常，合理借贷，提高公司资本利润率。

生产：确保公司产品正常生产、升级和研发。合理购买

原材料、机器等生产设备，确保公司能够不间断生产，提高机器利用率和技术人员的利用率。

市场与销售：认真研究国内外市场以及产品的销售预测；合理雇用技术人员；建立强大的市场代理商，同时确保代理商不流失；加大广告投入，扩大消费者范围，提高市场的影响力。

人力资源管理：根据公司生产能力以及发展前景，合理招聘技术人员，确保公司生产运营正常。招聘销售人员，根据市场销量预测来建立销售人员、代理商激励机制，以扩大产品市场。

四、主要保障措施

1. 财务保障

以高新技术企业为研究对象，着重剖析高新技术企业财务保障体系存在的问题，以及应如何结合自身特点建立和完善财务保障体系及增强成本、风险等控制体系，以促进企业价值的增加。

2. 人力资源保障

计算出最优的工资加成数据，从而留住最多人才，以达到操作研发的最优匹配数据。

3. 信息化保障

收集竞争对手的资料，分析其成功以及失败原因，从而采用在自身企业建设和管理上。

范例内容精讲

　　一个完整的战略规划必须是可执行的，包括两项基本内容：企业发展方向和企业资源配置策略。企业的战略规划应是长期规划，如 5 年规划、10 年规划。

　　制定战略规划可分 3 个步骤，一是确定目标，即企业在未来发展要达到的目标；二是考虑使用什么手段、措施来达到这个目标；三是根据实际情况不断调整、变化。

　　本例是电子科技公司的战略规划，全文分为 7 部分，前 3 部分概括介绍公司现状与环境分析、发展目标和发展重点，是一个总括性的前提内容。

　　而主要保障措施、风险体系建设、预算体系建设以及绩效体系建设是具体的措施性内容，具有实操性和指导性，是从前提内容中引申出来的，对前面的内容是一种丰富。

计划　　　　安排　　　　方案　　　　规划

扫码做习题

扫码看答案

第8章 事务类文书写作与范例

常见的事务类文书有申请书和启事，这类文书主要进行一些事务性的说明。书写者在书写时要注意将事件的前因后果叙述清楚，这样才能完成写作目的。

申请书

启事

扫码获取本章课件

8.1 申请书

申请书是个人或集体向组织、机关、企事业单位或社会团体表述愿望、提出请求时使用的一种文书。申请书的使用范围广泛，同书信一样，是表达意思的工具。在企业中，员工可利用申请书向上级表达建议和请求，公司也可以向行政部门递交申请书，办理企业要紧事项。

8.1.1 申请书的书写格式

申请书要求一事一议，但无论哪种申请书，其写作格式都差不多，均由标题、称谓、正文、结尾和落款构成。

1. 标题

申请书的标题有两种写法，一是直接书写"申请书"，另一种则采用"事由＋文种"的格式，在"申请书"前加上主题内容，如"加薪申请书"等，工作中一般采用第二种写法。

2. 称谓

由于申请书与书信的属性差不多，所以称谓是不能省略的。一般在标题下方顶格写明接受申请书的单位、组织或有关领导，如"尊敬的主管""尊敬的总经理"。

3. 正文

正文部分是申请书的主体，既然是申请书，那么至少包括两大内容：

◆ 申请什么？

◆ 为什么申请？

首先提出要求，其次说明理由。理由要写得客观、充分，事项要写得清楚、简洁。

4. 结尾

申请书的结尾，一般是向上级或单位表示自己的诚恳与认真，展示一种严肃而积极的态度，或是书写一些惯用语，如"特此申请""恳请领导帮助解决""希望领导研究批准"等，也可用"此致""敬礼"这类的礼貌用语。

5. 落款

申请书的落款也是不能省略的，要向申请领导和单位说明申请者的姓名、单位（单位需加盖公章）。如此要紧的信息可不能遗漏，不然就是做无用功了，接着还要注明发文日期。

拓展贴士 *书写申请书注意事项*

申请书一般内容精简，篇幅也不大，写作难度不长，但仍有一些注意事项需要了解。

①申请事项要写清楚、具体，不能含混不清，涉及的数据要准确无误。

②申请理由要充分、合理，实事求是，重要的是让受文对象信服，否则难以得到对方的批准。

③语言要准确、简洁，态度要诚恳、朴实。

8.1.2 申请书范例解析

申请书一般都是依据申请的内容有所区分，对于工作中常见的申请书，书写者可通过案例多加了解，有利于在实际工作中借鉴使用。

1. 加薪申请书

薪水是影响工作满意度最重要的指标之一，加薪自然也成为众多职场人士的渴望。加薪申请书顾名思义就是向领导请求加薪的文书，那么职场人士应该如何得体书写加薪申请书呢？

下面通过案例来了解加薪申请书中包含的重点内容。

范例精讲｜加薪申请书

范例内容展示

加薪申请书

尊敬的部长：

　　我是××××年××月入职××集团财务部的员工，首先感谢公司领导对我的关心和重视，为我提供了这么好的工作环境。自加入××公司以来，我一直努力工作，不敢有丝毫懈怠之心，加之公司近年不断发展壮大，对外业务不断增加，我的工作量亦不断增大，同时个人能力也在不断地提升和进步。我现在的岗位是主管会计，目前工资是 5000 元，按照公司的财务制度要求，本着加强业务水平和为领导分担工作的理念，因此我向您提出加薪请求，希望领导对我的申请能够加以重视，我的理由如下：

　　一、工作量很大，我从××××年××月就已经在做国税和地税的纳税申报，企业工商年检，年末汇算清缴等工作，外加负责××工地和××工地两个项目的账目，按照会计法最少也得配备四名财务人员；年末四个公司和项目工地结算也需要加班，不是我的能力有问题，而是超大的工作量使我不得不加班。

　　二、根据目前北京消费水平，一名熟练的出纳人员月薪都是 5000 元，更何况一名主管会计，在同行业同水平一般月薪最低为 8000 元。

　　三、因为我有五年的工作经历，是一名成手会计，到岗即可以为企业解决问题，没有因工作失误遭到税务的罚款。

　　四、我所学的专业是财务会计，并通过了专业技术中级职称，外加各行业多年的工作经验，虽然工作量很大，但是以我个人的经验和业务能力完全可以胜任这份工作。

　　综上理由故决定提出税后月薪 8000 元的要求。

　　如果领导们认可我的工作能力，同意我所提的薪资待遇，我会更加努力地工作，多学专业知识提高自己的业务水平，为公司创造更大的价值。

　　如果公司领导认为我现在的工作内容及质量还未能达到加薪要求，我诚恳希望您能提出宝贵意见或建议，让我今后有一个努力方向和目标。也请您放心，如果公司不予考虑，我仍然会像以前一样，用积极、认真负责的态度去做好每一件事，不会因此怠慢工作。

申请人：刘×

××××年××月××日

范例内容精讲

　　该例是某公司的财务人员提出的加薪申请，正文主体分为 3 部分。

　　首先，介绍一些基本情况，包括个人的职位、工作状态、工作量及工资情况，然后提出加薪要求。该段既表达了对公司的感谢，又说明了工作的苦难，又顺势提出加薪请求，行文非常连贯，同时情感也到位。可以借鉴段尾句式做总结过渡。

　　按照……，本着……，因此我向您提出加薪请求，希望领导对我的申请能够加以重视，我的理由如下：……

　　其次，介绍具体的加薪理由，文中分列了 4 点，从工作量、北京的消费水平、工作能力以及专业知识方面进行阐述，有理有据。

　　最后，提出加薪的具体条件，即"税后月薪 8000 元"，接着说明了两种可能，一是领导认可，二是领导不认可。对于可能出现的两种情况，书写者都保持积极的态度，没有给公司施压，言语处处进退得体。

> **拓展贴士**　*书写申请书前应了解的必要事项*
>
> 　　虽说加薪申请书就是表达自己的加薪需求，没有太大的技术含量，但是为了获得领导的认可，书写者还是应从细节处入手，做好以下准备。
>
> 　　① 了解公司的经营状况与薪酬制度，如果公司经营状况不佳，加薪申请很难通过。同时加薪条件也受薪酬制度的限制，所以即使申请加薪也应和薪酬制度相符。
>
> 　　② 确定申请加薪的原因，只有有说服力的理由才能获得认可，常见的有优良业绩、大工作量、收入与市场平均水平存在较大差距等。
>
> 　　③ 收集加薪证据，确认加薪数目，可以历数自己的工作成绩，让领导看到自己的价值，并确定自己心目中的最佳数额，明确地说出来，才有可能达到自己的预期。

2. 工作调换申请书

　　调换工作应该是职员对现在的岗位不适应而产生的想法，在工作中这种情况十分常见，员工可通过申请书的形式向上级领导申请调离现在的岗位，从事其他工作。

范例精讲｜调换工作岗位申请书

范例内容展示

调换工作岗位申请书

尊敬的公司人事处：

　　您好！

　　首先感谢领导在百忙中审阅我的申请报告！

　　我是服务部的一名职工，××××年××月由××部调入服务部。在这里，我学到了很多以前从未接触过的知识，开阔了视野，锻炼了能力。我衷心感谢××经理对我的培养，感谢同事们对我的帮助。

　　由于自己习惯从事操作岗位的工作，在本工作岗位时间短、经验少，同时身体状况也不适应，工作中遇到了诸多困难，身心压力大，现无法从事该岗位工作。如果继续在该岗位上工作，会对本岗位的工作造成一定影响。

　　因此，请求领导酌情考虑到我的实际困难，同意将我调回到操作岗位上的请求，我将不胜感激，用更大的热情投入工作！

申请人：××
××××年××月××日

范例内容精讲

该例结构完整，标题、称谓、正文、结尾和落款都逐一书写完全，正文主体共4段。

第一段只有一句话，是一句惯用语，即"首先感谢领导在百忙中审阅我的申请报告"，可用于任何申请书的首句。

第二段对自己的工作情况进行说明，包括原岗位、现岗位以及现岗位的工作环境，并表达自己对现岗位领导与同事的感谢。

第三段叙述对现工作的不适应，可能会对工作造成影响，是调换岗位的缘由。

第四段则叙述自己的请求，并希望领导批准。

全文简洁凝练，每一段都是不可缺少的内容，且逻辑层层紧扣，一步一步推导出最后的结论。

拓展贴士 *调职申请书主体内容*

大体来说，调职申请书的书写内容离不开以下3项。

申请内容。调职请求可以在开篇就说，也可以放在最后，对于请求本身要直截了当、不含糊，让领导明确知道申请者的意图。

申请原因。调职原因的叙述需从工作情况进行说明，要着重反映目前工作的不顺和不适应，表明自己的能力所在。

决心和要求。最后进一步表明自己的决心、态度和要求，加大调职的希望，应写得诚恳有分寸。

---

3. 贷款申请书

贷款申请书，又称借款申请书，是企业向开户银行申请贷款时填写的文书。企业由于某种原因，造成生产经营过程中资金短缺的，可向银行申请流动资金贷款。

范例精讲 ┃ 企业贷款申请书

范例内容展示

企业贷款申请书

××商业银行：

　　××有限公司成立于××××年××月××日，位于××市××区××大道××号，主营产品为硅胶厨具、厨房用品、生活硅胶制品等。拥有高端生产设备 10 组、辅料机器 3 台，总价值 400 余万元，占地面积 5000 平方米，自成立以来一直以一线生产、代客加工和批发营销为主营业务。我厂资源丰富、营运能力较强，总体经营情况良好，在经营过程中遵纪守法、注重诚信，取得了良好的发展效益。

　　在××的生产经营中，公司受到广大顾客的支持，业务上也取得比往年更好的成绩，由于公司生产经营的不断扩展，故不断调整经营业务，研发新产品，购买新设备，导致资金回笼周转困难，直接影响公司正常的生产经营，强劲的发展势头也因此受到限制。

　　因此特向贵行申请流动资金人民币 200 万元用于周转。

　　还款来源为公司的营销收入，我司承诺一定按期偿还贷款和支付利息，保证贵行的贷款安全。恳请批复。

　　特此申请！

申请人：××公司总经理××

××××年××月××日

范例内容精讲

　　贷款申请书的主要内容包括借款单位名称、申请借款种类、借款金额、借款期限、借款原因、自有资金情况和还款来源等。

　　该例主体内容分为 4 段，第一段首先介绍企业的基本信息和经营情况，包括企业名称、成立时间、地址、主营产品、拥有设备和主营业务，让对方对企业有一个基本的印象和了解。

第二段对公司经营的成绩和困难进行说明，向银行表示公司经营业绩稳中向上，只是受转型影响有周转困难。

第三段直接表明公司的请求事项，即"申请流动资金人民币 200 万元用于周转"，清楚明白，一目了然。

第四段则向银行说明还款来源，这也是银行最关心的问题。

之后用一些惯用结束语完成写作，如"一定按期偿还""恳请批复""特此申请"。

8.2　启事

启事是机关、团体、企业、个人有事情需要向公众说明，或者请求有关单位、广大群众帮助时所写的一种说明事项的实用文体。通常张贴在公共场所或者刊登在报纸、刊物上。

8.2.1　启事的特点

按照书写内容，启事可分为不同类型，常见的有寻找、征招、周知和声明四大类。

- ◆ **寻找类启事**：是为了得到公众的响应和协助，这类启事有寻人启事、寻物启事、招领启事等。
- ◆ **征招类启事**：是为了得到公众的配合与协作，这类启事有招生、招考、招聘启事；征文、征订、征集设计启事等。
- ◆ **周知类启事**：是为了开展工作和业务，把某些事项公之于众，以便让公众知晓。这类启事有开业启事、迁址启事、变更启事、婚庆启事等。
- ◆ **声明类启事**：是为了完成法律程序，启事事项经声明公开、登报后，对其引起的事端不再承担法律责任。这类启事有遗失启事、更正启事和其他声明启事等。

启事具有公开性、广泛性、实用性和随意性的特点，具体如表8-1所示。

表 8-1　启事的特点

特点	具体阐述
公开性	主要用于向社会各界公开陈述或说明某些事项，目的在于吸引和招徕公众参加
广泛性	常借助广播、电视、报纸、期刊等新闻媒介广为传播；也可以在大众活动频繁的场所或人员聚集地区公开张贴
实用性	启事的发出都是有明确目的的，且涉及了具体的事件，所以内容非常实在
随意性	启事的形式多样，篇幅短小精悍，写作上个人发挥的空间很大，不具备法令性和政策性，更没有强制性或约束力

8.2.2　启事的写作格式

启事的内容和篇幅都不多，所以结构也十分简单，一般包括标题、正文和落款 3 个部分。

1. 标题

标题即启事的名称，主要由启事的内容决定，常见的写法有 3 种：

◆　第一种是只写"启事"二字，标题中无任何信息。

◆　第二种是"事由 + 文种"，如"招聘启事""开业启事"等。

◆　第三种是表明启事的重要程度和紧迫程度，如"重要启事"或"紧急启事"。

2. 正文

正文是启事的主要部分，要向大家说明有关情况或事项。不同类型的启事正文内容有所不同，应该包括这样一些要素：启事的目的、意义、具体办理方法、要求和条件等。

正文写法形式多样，可以分段写，也可以简单几句话结束。内容多的应逐条分项写清楚，语言应简练通俗，千万不可模糊、含混，以免产生歧义，影响事件的处理效果。

3. 落款

启示的落款即署名和日期，在正文结束后，隔行右下角写启事单位名称或个人姓名，视具体情况，有的还要写上地址和启事时间。在标题和正文中已写明启事者，结尾可省略，只写日期，报刊上刊登的启事也可以不写日期。

8.2.3 启事范例解析

企业中常见的启事有招领启事、招聘启事、征集设计启事、开业启事、迁址启事、变更启事及更正启事等，下面通过案例对其中一些启事做讲解说明。

1. 开业启事

开业启事是商贸公司、酒楼等经济实体开始营业时所刊播、招贴的一种启事类实用文体。主要目的是告知广大消费者和客户开业信息，并开列一些优惠条件，以吸引广大消费者。

范例精讲 | 开业启事

范例内容展示

开业启事

本公司经过三个月的筹备，各项工作已经准备停当，兹于七月一日正式开业。

我公司是一家提供汉语言知识教育服务的专业知识型网络公司，主要服务于初学的青少年及有一定华语基础的外国人士。开业期间，我司将赠送新会员免费大礼包，包括 180 天的小程序免费使用权。

本次优惠活动从 7 月 1 日至 8 月 1 日止。欢迎广大顾客前来了解。

地址：××市××大街×××号

电话：××××-××××××××

联系人：张×

××有限公司

××××年 6 月 25 日

范例内容精讲

本例是某网络公司的开业启事，主要内容包括开业时间信息、经营项目信息、优惠信息以及基本联络信息，全文篇幅短，耗费的阅读时间短，因此更有利于吸引大众阅读。

全文的书写格式分两类，前 3 段都是平铺直叙的，没有特别之处。后面为了更清晰地展示联络信息，采用分条列项的方式，罗列地址、电话和联系人信息，条目清楚，便于信息的接收。

开业启事的结尾，多是表达对顾客的欢迎，如下例所示。

××厨具公司系专门经营饭店、宾馆厨房用品的公司。备有中西餐所用的现代化产品，产品种类齐全，全部经国家质量检测部门验证。本公司总经理××携同全体员工竭诚欢迎新老顾客惠顾。

地址：××××××

电话：××××××××××

从上面两个案例来看，不同的开业启事无论是结构，还是内容都差别不大，只是具体的信息有所变化。书写时，还应注意以下一些要点。

① 开业启事虽然要表现企业的特点与优势，但不能弄虚作假，应遵循对消费者负责、诚实可信的原则来写作。

② 书写时，注意考虑本公司的目标消费者的特征，针对消费者的文化素养、年龄、性别、职业、收入及爱好等情况，了解其不同的需求，写出有针对性的、有吸引力的内容。

③ 应将开业公司的地理位置、地址、交通路线、经营范围和业务联系方式（电话号码、网址、邮箱）等情况交代清楚，以免造成误解。

2. 招商启事

招商启事是指企业、商店等单位为了招徕客户在自己的企业或商店内经营商贸活动，通过报纸杂志、广播电视、招贴橱窗等媒介进行说明告知的一种启事。

范例精讲│××商厦招商启事

范例内容展示

××商厦招商启事

　　××商厦位于××市繁华的商业黄金地段，滨江路××号，总面积 2 万平方米。商厦配有中央空调系统、自动扶梯、电子监控系统、电脑管理网络，并拥有进出口权，是经国家工商行政管理部门批准的大型商业企业。首批招商将遴选 20 余家生产金银珠宝、化妆品、电子产品、真皮制品、羊绒、羽绒制品、烟酒食品及家用电器、高档家具的企业。

　　欢迎联络。

　　地址：××市××路××号 B 座 23 室

　　电话：×××××××××××

　　联系人：高××、刘××

××××年××月××日

范例内容精讲

　　招商启事一般需包含以下 4 个方面的内容。

　　（1）**招商企业的基本信息**。如本例中对商厦的地段、位置、面积大小以及基本设施进行了介绍，实际书写时可以有所不同，依据招商企业的特点和优势选择书写内容即可。

　　（2）**书写招商范围或要求**。如本例中对招商的行业类型做了简单说明，包括金银珠宝、化妆品、电子产品、真皮制品、羊绒、羽绒制品、烟酒食品及家用电器、高档家具。在启事中进行了第一步的筛选，符合该招商范围的企业便可进一步联络有关负责人。除此之外，还可对招商企业应具备的技术、资金条件做出要求。

　　（3）**招商方式**。如价格、程序等，本例中省略了此部分内容，以保证文章篇幅的简短。

　　（4）**联系方法**。招商启事中没有说明白的内容，商家需要联系负责人才能了解清楚，所以联系方式至关重要，不能省略或出错。本例介绍了有关地址、电话、联系人，一项一行书写，清晰直白。

招商启事的落款一般包括招商单位名称、通信地址、邮政编码、电话、传真、电报挂号和联系人等要素。由于在正文中对企业名称做了介绍，所以本例的落款仅书写了发文时间。

拓展贴士　*招商启事的作用*

招商启事在商业活动中十分常见，具体的作用有两点。

①吸引投资者，减少己方资金投入，利用现有场地设施使商贸活动繁荣起来。

②扩大业主的知名度，建立与投资者的联系。

---

3. 迁址启事

迁址启事指企业搬家、迁移厂址后，通过报纸杂志、广播电视、招贴橱窗等媒体告知广大客户及消费者的一种启事。

范例精讲｜迁址启事

范例内容展示

迁址启事

本公司将于××××年××月××日迁入××开发区××路×号新址办公。可乘××路、××路公交车在××站下车。现将有关事项通告如下：

邮编：×××××

传真：×××××××

办公室电话：×××××××

人事部电话：×××××××

销售部电话：×××××××

财务部电话：×××××××

××公司办公室

范例内容精讲

迁址启事一般都较简短，正文主体部分可能一两句话就会结束，本例开门见山，介绍公司新迁入的地址，顺便对交通方式作了简单说明。

而在迁址启事中除了告知公司的新址外，还会一并向客户说明公司的各条联络信息，本例列明了邮编、传真、办公室电话、人事部电话、销售部电话和财务部电话。

除了本例这样将新址融入正文叙述中，还有另外的写法，如下所示。

我公司自××××年××月××日起迁往新址办公，现将新址敬告如下：

地址：×× 区 ×× 大道 296 号 1203 室

邮编：××××××

电话：×××××××

传真：×××××××

这样的写法更加突出新址。当然，除了对新址信息和交通状况作出说明，书写者还可加入迁址后业务的变化等内容，达到顺便宣传的目的，不过不能喧宾夺主，注意书写篇幅。

4. 招聘启事

招聘启事是指用人单位向社会公开招收、聘用有关工作人员而使用的应用文体，招聘启事撰写的质量，会影响招聘的效果和招聘单位的形象。

招聘启事的标题基本是简约风格，以"招聘启事"作为标题较为正式，大多数都以"招聘""诚聘"作为标题，简洁明了、干脆利落。

招聘启事的正文主要包括开头和主体两大部分，开头说明招聘的原因和情况，常见的有 3 种写法。

（1）**引子式**。三言两语说清招聘哪些岗位，快速进入正题，以招聘信息的发布为主。

（2）**简介式**。首先对公司简单介绍，目的是让应聘者对公司有基本的了解，方便双方互相筛选。对公司简介进行叙述时注意概括，书写时要考虑删减不重要的信息，以免偏离了"招聘"的主题。

（3）**议论式。**即将企业的用人理念加以说明，展现企业的精神内核，这种开头写法不常用，一般只有大型企业会作出说明。

相信大家在找工作的时候，从各类招聘网上见过不少招聘启事，但在实际书写时应该把握哪些要点呢？来看看下面的案例。

范例精讲 | 招聘启事

范例内容展示

招聘启事

根据公司业务发展需要，拟向社会公开招聘营业、客服人员数名。

一、应聘条件

1.全日制大学专科（含）以上学历。

2.年龄在 30 周岁以下。

3.有良好的表达能力和沟通能力，积极热情的工作态度，责任心强；能吃苦耐劳，有敬业精神。

4.有一年或以上销售业务工作经验者优先；具有机动车驾驶证者优先。

二、公司待遇

试用期三个月，三个月后考核合格者与第三方签订劳务派遣合同，由其代缴五项社会保险，薪酬待遇面谈。

三、报名时间

××××年××月××日至××日（上午 8:30-11:30，下午 14:00-17:30，不含周末）应聘者携带本人身份证、毕业证（原件、复印件）到××区××路××号 303 室报名。

报名咨询电话：××××××××

××公司

××××年××月××日

范例内容精讲

本例开头便采用引子式写法，有效节约了篇幅，同时又能概括核心信息。

正文主体部分是招聘启事的重点内容，对招聘岗位职责、应聘者的条件、公司待遇及应聘方式等内容进行叙述。本例分 3 个小标题进行介绍，省略了招聘岗位职责。

当然，招聘启事的写作还是十分灵活的，不同的企业可能会对内容做出简化或具体化，但一般来说，招聘启事都会包含以下一些要素：

① 单位名称。

② 招聘岗位与对应人数。

③ 应聘资格与条件。

④ 应聘方式与截止日期。

⑤ 咨询电话。

5. 征集启事

征集启事是指企业单位为征集商标、牌名、厂名、包装、图案及文稿、广告词等，通过报纸杂志、广播电视、招贴橱窗等媒体进行宣传，以吸引消费者及大众的兴趣的一种实用性文体。

为了吸引大众，征集启事一般都是有奖征集，设置一些奖金、奖品吸引大众参与，所以大多数征集启事都是有竞争性的，从各种征集作品中选择优秀的，有的还会设置一等奖、二等奖、三等奖。

常见的征集启事可以分为 3 类：第一类是投资征集启事，即企业征集投资发布的启事；第二类是设计征集，即为企业的商标、包装图、产品图案等征集创意；第三类是文稿征集，即征集一些广告语、公司口号。

本例就是某公司发布的广告语征集启事，下面通过具体的内容来了解写作的要点。

范例精讲 | 广告语征集启事

范例内容展示

广告语征集启事

　　××集团有限责任公司以港口物流、建材等为主业，经营范围涉及金融、酒店、科研设计等行业。力争通过 5 年的努力，建设成为主业优势突出、产业关联度大、综合实力强的大型综合性能源企业。

　　集团现面向社会征集形象宣传广告语，欢迎各界朋友踊跃参与。

　　一、征集时间：即日起至××××年××月××日止。

　　二、征集要求

　　1. 充分体现集团的形象及理念。

　　2. 文字短小精悍，字数在 12 字以内，通俗易懂、便于记忆和传播。

　　3. 广告语中最好含有与"××"两字关联的词语。

　　三、投稿事宜

　　1. ××集团相关资料可登陆网站 www. ××.com 查阅了解。

　　2. 作品需附作者详细联系方式，并提供作者签名的原创声明文件一份。

　　3. 投稿地址：×××省××有限责任公司办公室

　　投稿邮箱：××××@163.com

　　邮编：×××××

　　联系电话：××××-××××××××

　　四、奖项设置

　　此次征集活动设采纳奖 3 名，各奖励人民币 10000 元；优秀奖 10 名，各奖励人民币 500 元。

　　五、特别声明

　　1. 本次征集活动所投稿件均不退还，请自留底稿。

　　2. 征集作品必须是原创作品，作品涉及著作权、版权纠纷等法律问题，由作者本人负责。

　　3. 征集作品一经采用，其所有权和使用权归主办方××有限责任公司所有。

××有限责任公司
××××年××月××日

范例内容精讲

　　本征集启事可以分为两大部分，一部分是开头内容，对发布企业的基本情况简单概括；另一部分是征集内容，由 5 个要素书写而成。

　　开头即介绍发布公司全称，接着叙述其主营业务、涉足行业和公司属性，为大众展示一个大概印象。然后另起一段说明发布启事的目的，简单一句话既转折又过渡，丝毫不累赘，显得结构分明。

　　征集信息是征集启事的核心内容，要说清楚明白，方便大众参与。因此，该部分内容不用概括的写法，而要注意内容的全面性。这里从征集时间开始，依次叙述了征集要求、投稿事宜、奖项设置及特别声明。

　　征集要求的写作是对文稿的基本要求，简单来说就是文稿的主题，设计人员不能"偏题"或是自由发挥，这样不符合要求。

　　投稿事宜还需要重点对联系信息进行介绍，如投稿邮箱、联系电话及企业官网。

奖项设置是征集类启事大都会书写的内容，对奖项等级及对应的人数、金额做出说明，奖项较多的情况最好分条列出。

最后的特别声明则是对权责方面的问题进行解释，如著作权、版权纠纷、所有权和使用权等。

通过该例，对于征集启事的写作要点有如下一些总结：

① 文稿要求与限制要详细说明，务必清楚完善，以免征集到的文稿"文不对题"。

② 简单说明征集目的，方便内容的创作，如本例是征集广告语，自然是为了宣传而作。

③ 启事是应用文体，行文应该简朴直白。但有些征集启事为了吸引大众，为内容赋予一定的趣味性和号召性，语句也会有一定的感情色彩，所以征集启事自由发挥的空间要大一些。

6. 更名启事

更名启事是企业更改名称时所写的启事，目的是向社会大众宣告这一变化，避免相关业务办理出现差错。

范例精讲 | 更名启事

范例内容展示

更名启事

经上级有关部门批准，我公司将"××旅游服务中心"更名为"××旅游开发公司"。自××××年××月××日起启用新名称，原中心的各种印章即予废除，原银行账号不变，原来的一切业务关系及未尽事宜均由"××旅游开发公司"办理。

××旅游开发公司

××××年××月××日

范例内容精讲

更名启事的核心内容从标题就可以得知，正文中需要写清楚公司的旧名称是什么，新名称又是什么。除此之外，可简要交代更名原因，公章的启用或废除，以及单位的性质、开户银行账号、经营范围变化等。

更名启事的内容和篇幅都非常短小，本例亦是如此。书写时开门见山，直接叙述公司更名信息及启用时间，然后对原印章、银行账号的情况作简要说明，对于客户关心的业务问题，也加以说明。

本例没有结尾，整体结构简单，除了具体事务没有多余的话。需要书写者注意的是，落款应使用公司的新名称。

7. 招领启事

招领启事是指拾到东西后寻找失主前来认领的一种应用文书。一般商场、物业、工厂、娱乐城以及电影院等场合经常发布招领启事，在这些企业工作的行政人员也免不了要学会书写招领启事。

范例精讲｜招领启事

范例内容展示

招领启事

尊敬的业主：

您好！

我司安管人员于××××年5月27日晚上十点半左右在××二期××城大门口××广场（即2～3栋间）拾到一部儿童自行车，请失主移步到××城住户服务中心(即管理处)认领。

××城住户服务中心

××××年5月28日

范例内容精讲

　　招领启事的标题有两种写法，一是写作"招领启事"，二是写作"失物招领"或"招领"，这种写法比较日常，不过无论哪种写法都是可以的，不拘场合。

　　招领启事的正文内容十分简单，写清楚失物名称、遗失地点、拾取时间以及认领地点即可。常用句式如下：

　　××于某时在某地拾到××，请失主移步到××认领。

　　××在某时某地拾到××，内装有××等物，望失主前来认领。（地点：××××××，电话：×××××××××）

　　需要注意的是招领启事仅点明失物的时间和名称即可，具体的数目、特征不能实写，留待失主认领时核实，以防止他人冒领。

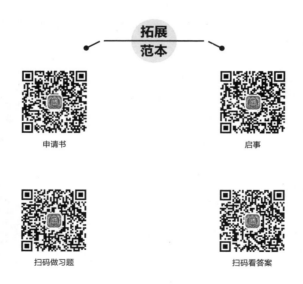

拓展
范本

申请书　　　　　　　　　　　　　启事

扫码做习题　　　　　　　　　　　扫码看答案

第 9 章　公关类文书写作与范例

　　公关类文书能帮助企业进行日常的交流与联络，如请柬、祝词和声明，让企业内部的同事、合作伙伴和大众看到企业的态度并了解到相关信息，这对企业的发展是有助力的。这类文书的书写以简洁为主，且表达上要真诚。

请柬

祝词

声明

扫码获取本章课件

9.1 请柬

请柬，又称请帖、简帖，是为了邀请客人参加某项活动而发的礼仪性书信。无论是日常生活还是工作场合，请柬都十分常见，既可以表示对被邀请者的尊重，又可以表示己方的郑重态度。因此，凡召开各种会议，举行各种典礼、仪式和活动，均可以使用请柬。

9.1.1 请柬的分类与特点

相较于一般的商务函件，请柬在款式和装帧设计上更美观精致。请柬有单双面之分，单面请柬，直接由标题、称谓、正文、敬语以及落款构成；双面请柬是折叠式，一为封面，只写"请柬"二字；一为封里，写称谓、正文、敬语和落款等内容。

书写请柬前，书写者首先应了解请柬的特点，具体有以下一些。

（1）**内容简洁**。请柬书写应主题明确，说清楚邀请事项即可，不介绍多余的内容，所以篇幅短小，结构简单。

（2）**样式美观**。每个公司的属性和印象都不同，所以请柬也应设计成对应的风格，不同的活动主题，其样式也会有所改变。总之，请柬的外观应有设计感，突出个性化，通过精美的外观让受邀请者感受到企业的诚意。

（3）**书面化**。请柬的用语稍微要讲究一些，书写时要用规范的书面语，体现庄重性。

拓展贴士 *请柬的尺寸规定*

常见的请柬形式主要有 3 种——正方形的、长方形的和长条形的，每种形式都有对应的尺寸规定。标准的比例和大小能让请柬看上去精致而大气。

正方形的，尺寸在 130mm×130mm ～ 150mm×150mm 范围内，大小随比例改变。

长方形的，尺寸在 170mm×115mm ～ 190mm×128mm 范围内，大小随比例改变。

长条形的，尺寸在 210mm×110mm ～ 250mm×110mm 范围内，大小随比例改变。

9.1.2 请柬的写作格式

虽然请柬的样式各有不同,但在书写内容上都包括了标题、称谓、正文、敬语及落款这几个部分,下面逐一介绍具体的写法。

1. 标题

一般在请柬封面印上或写明"请柬"二字,单面请柬则在顶端第一行正中书写,字体较正文稍大。有的请柬还会对标题做些润色或艺术加工,如采用名家书法、字面烫金或加以图案装饰等。

2. 称谓

一般在标题下方空一行顶格书写称谓,写明被邀请企业名称或个人姓名,其后加冒号。为表尊重可在个人姓名前加上敬辞,如"尊敬的",其后也要注明职务、职称或性别,如"×× 女士""×× 部长"。

3. 正文

正文内容于称谓下另起行,前空两格,主要叙述活动的内容、时间、地点及其他应知事项。

4. 敬语

敬语是书信类文体中的固定格式,一般以"敬请(恭请)光临""此致敬礼"等作结,可以紧接在正文之后,也可以另起行书写。

如"此致敬礼","此致"二字需另起行,前空两格,然后再另起行,顶格书写"敬礼"。

5. 落款

落款写明邀请单位(全称)或个人姓名,下边写请柬的制作日期或发送日期。

9.1.3 请柬与邀请函的区别

请柬与邀请函都有邀请对方参与活动的作用,是工作场合中常见的礼仪性文书。但在实际使用时,要注意两者的区别,避免使用不恰当造成商务场上的不愉快。

请柬与邀请函主要有以下几点区别。

（1）**性质不同**。请柬是公私兼用,适合礼仪性、例行性或娱乐性的场合,如庆典、宴会、仪式等；邀请函适用于公务活动,商业性更重,如各种商务会议、研讨会、论证会、发布会等。

（2） **邀请对象不同**。请柬的邀请对象一般只需出席参加,而邀请函的对象可能需要承担一部分工作,如发表讲话、鉴定、裁决等。

（3） **语言风格不同**。请柬的用语庄重、文雅；邀请函的用语更严肃、质朴、实在。

9.1.4　请柬范例解析

根据企业活动的不同内容,请柬的类型也是十分丰富的,下面通过不同的案例进行了解。

1. 宴会请柬

宴会请柬即邀请合作伙伴、社会名流参与企业举行的宴饮聚会的请柬,为的是共同庆祝企业取得的成绩,或借机宣传企业的服务与产品。

范例精讲｜宴会请柬

范例内容展示

宴会请柬

××先生:

　　谨定于××××年××月××日晚 7:00-9:00,在××大酒店一楼××堂举行我公司新产品的发布宴会,诚邀您携夫人共同出席。如蒙亲至,不胜感激。

××发展有限公司
××××年××月××日

该份请柬是邀请对方参与公司的新品发布宴会，对宴会开始的时间、地点和主题作简单介绍，并用"谨定于""诚邀""如蒙亲至，不胜感激"这些得体讲究的语句表示企业的尊重。

全文内容简洁，结构一目了然，仅说明参与宴会的关键信息，不会让受邀方觉得复杂累赘，大大提升了阅读观感。

2. 开业请柬

开业请柬是用于邀请各界宾客参与企业的开业仪式或庆典的请柬。在请柬中需要交代清楚开业公司全称、地点和时间。

开业请柬

尊敬的贵宾：

　　您好！我公司定于××××年××月××日 10 时 25 分，在××路××号××大厦二层举行××开业庆典，我携全体员工诚邀您亲临现场，感受养生理念餐饮。同时也向您的莅临表示感谢！

　　此致

敬礼！

××餐饮公司

××××年××月××日

该例为某餐饮酒店的开业请柬，为了表示对邀请对象的尊重，全文多处使用敬语，如"尊敬的贵宾""您好""诚邀""莅临""此致敬礼"。

对于请柬来说，时间地点是非常重要的信息，只有说清楚了这两点，才算一份有价值的请柬。本例直接叙述公司在某时某地举行开业庆典，然后展开邀请，表示感谢，写作一气呵成，内容完整又有情感。

一般来说，开业庆典有基本的书写格式，如下：

××公司谨定于××××年××月××日××时××分在××××（地点）举行开业活动，届时期待您的光临。

拓展贴士 *制作请柬的注意事项*

请柬发出的对象都是对企业来说有分量的人，所以制作和书写时一定要多加注意。

①不能转托请柬，无论是电子请柬还是纸质请柬，都要亲自递送给本人，以表真诚邀请之意，不能托他人转交，这是不礼貌的。如果时间、距离上受限，可采用邮寄方式递送。

②请柬需提前发出，一般两周前发出，一是表达郑重，二是给予邀请对象充裕时间安排接下来的行程。

③请柬中不用"准时"二字，这样不仅生硬，而且带有命令的语气，一般用"届时光临"字样，"届时"即为"到时候"，语气上更温和。

9.2　祝词

祝词也称作祝辞，泛指在各种喜庆场合中对事情表示祝贺的言辞或文章，是应用写作的重要文体之一。在工作场合，祝词多用于重大会议开幕、工厂开工、商店开业、展览剪彩以及其他纪念活动等，祝愿此事业顺利进行，早日成功。

9.2.1　祝词与贺词的区别

祝词和贺词十分类似，都是对人、对事表示祝贺的文体，在有些场合可以互用。那么这二者有哪些异同呢？

首先，祝词与贺词有时被合称为祝贺词，两种文体都富有强烈的感情色彩，针对性和场合性也很强。不过，二者所代表的含义并不相同。

① 祝词的内容一般尚未成功，所以表示祝愿、希望。

② 贺词的内容是事情已成，所以表示庆贺，如竣工庆典、荣升任职等。另外，贺词使用范围比较广，贺信、贺电等也属于贺词类。

9.2.2　祝词的写作要点

祝词的写作格式一般由标题、称谓、正文、结束语和落款 5 部分组成。下面来认识一下这几部分的写法。

1. 标题

祝词的标题写在第一行居中的位置，通常有两种写法。

◆ 一是直接写"祝词"二字。

◆ 二是写出具体祝贺的内容，再加上文种，如"×× 经理在 ×× 晚宴上的祝词"。

2. 称谓

祝词的称谓在标题之下第一行顶格书写，若是企业名称最好写明全称；若是人名，一般用"姓氏 + 职位 / 先生 / 女士"以示尊重，要注意称呼的先后顺序和亲切感。

3. 正文

祝词正文的写法比较灵活，针对不同的祝贺对象，不同的祝贺动机，祝贺内容会有变化。但总的来说，应包含下面几层意思。

◆ 首先应向对象单位或人员表示祝贺、感谢或问候，或者说明书写理由、原因。

◆ 其次对其已做出的成绩表示赞赏，或指出其意义。

4. 结束语

祝词正文结束后，用一些表示祝愿、希望的惯用语结尾，或给对方以鼓励之言，如万事顺意、勇攀高峰等。商业场合中常用的祝语有如下一些：

骏业肇兴、大展经纶、万商云集、骏业日新、骏业崇隆、大展宏图、源远流长、骏业宏开、陶朱媲美、贷财恒足、欣欣向荣、信用卓著……

5. 落款

在正文的右下方署企业名称或个人姓名，以及发文时间。如果在标题部分已注明，此处可省略。

9.2.3　祝词范例解析

祝贺的内容不同，祝词的类型也不同，工作场合常见的祝词有哪些呢？下面通过案例做相应的了解。

1. 事业祝词

这是常用的一种祝词，多用于祝贺会议开幕、工程竣工、剪彩、升职以及企业创办或节日纪念日等。

范例精讲｜升职祝词

范例内容展示

升职祝词

××主管：

　　听闻你即将升职为销售经理，我先在这里预祝你升职成功。

　　一直以来，你在工作中都尽职尽责、尽善尽美，在与你合作交流的过程中，你给予了我很大的帮助，解决了很多销售工作中的难题，您能获得这一职位是自然而然的。

　　最后，祝君步步高升，万事顺意。

××公司×××
××××年××月××日

范例内容精讲

本例是对合作对象即将升职进行祝贺，全文分为3段，开头开门见山预祝对方即将升职为销售经理。然后对对方的能力进行夸赞，一来表达自己祝贺的真诚，二来说明对方是实至名归。最后通过惯常用的祝贺语结束全文。

2. 节日祝词

节日祝词一般指在节假日，如春节、元旦、妇女节、中秋节等时节，向客户、合作伙伴或上下级同事发出的祝词，表示节庆祝福，并联络感情，以便今后在工作中能更好地合作。

范例精讲 │ 新年祝词

范例内容展示

新年祝词

尊敬的客户：

　　转眼繁忙的××××年过去了，在这一年，因为有了您的关注及合作，才有了我们现在的成绩。在这一年里，您的支持与信任就是我们的财富，希望在即将到来的××××年，我们能继续亲密无间的合作，开创更辉煌的业绩。

　　在此佳节之际，祝您阖家幸福，万事胜意。

　　　　　　　　　　　　　　　　　××公司业务经理×××

　　　　　　　　　　　　　　　　　××××年××月××日

范例内容精讲

节日祝词应该算是例行祝词，公司内部、商业合作伙伴间常定期发布。本例是新年祝词，有继往开来、承前启后的意思，所以祝词中常常涉及对一年工作的总结以及对来年工作的期望。

本例是发给合作伙伴的新年祝词，分两段书写祝词内容。开头直接表示今年已经过去，顺势做今年的工作总结，特别提及对方的帮助，进而表示期待明年的合作，自然而然地表达己方的愿景。最后表达对合作伙伴的新年祝福，简单利落。

3. 祝酒词

祝酒词在现代社会已发展成为一种招待宾客的仪式。祝酒词的写法与事业祝词的写法基本相同，只是开头、结尾略有区别，结尾时一般都要提出对参加宴会及与之有关人员的感谢，并为与宴会有关的事业的发展干杯。

范例精讲 | 新品发布会祝酒词

范例内容展示

新品发布会祝酒词

尊敬的各位来宾、各位同仁：

大家好！今晚，我们欢聚一堂，共同庆祝××××年××服饰公司的新品发布。值此良辰美景，我谨代表××服饰公司全体同仁对各位的到来再次表示热烈的欢迎和由衷的感谢！今年将是××服饰公司推陈出新的一年，我们将在品牌形象、产品结构、价格体系、渠道建设、市场管理等方面进行全面提升和完善。

今天在座的各位来宾，有许多是我们的老客户，同时，我们也有幸结识了一些新的合作伙伴，我们将一如既往地本着诚信共赢的精神和各位伙伴展开合作，实现双赢。

我们将××打造成有强大生命力和影响力的服饰品牌，为消费者带来全新的穿搭理念。"××××"是我们的立业之本，发展之源，希望在座的各位公司同仁都能铭记于心，实践于行。

古语云："有朋自远方来，不亦乐乎。"在此新老朋友相聚之际，我提议：让我们共同举杯，为新品发布的顺利进行，为我们今天的相聚，为我们美好的明天，干杯！

范例内容精讲

祝酒词算是祝词中比较特殊的一类，不需要发送给有关对象，而是在公司重大活动中发布，本例是在新品发布会中进行发布。

祝酒词的称谓都是用泛称，有常见的"各位女士、各位先生"，也可以根据活动参与者的身份来定，如"尊敬的领导、各部门主管"等。祝酒词正文一般会叙述以下几项内容：

◆ 致词人向参与者表示欢迎、感谢。

◆ 依据活动主题书写核心内容，介绍公司的成绩、价值、活动目的等。

◆ 讲发展，可以是公司的发展，也可以是合作关系的发展，还可以是公司业务的变化。

本例首段书写活动主题、表达对来客的感谢以及陈述公司今年的成绩，用概括的写法简单介绍，一两句便介绍清楚。

第二段仔细说明各方商务关系，对老客户与新客户表示合作的期待，在庆典与宴会中最能加强感情。

第三段则表明公司的发展愿景，展开说明公司的理念，提出对公司员工的要求。

最后则是祝酒词中的固定内容——提议举杯，进行庆贺。常用句式有：

请允许我，为……而干杯

最后，祝愿各位……，干杯！

我提议：让我们共同举杯，为……，干杯！

最后，请大家举杯，为……，干杯！

9.3　声明

声明是就有关事项或问题向社会表明自己的立场、态度的应用文体，是告启类文书的一种。为了让大众知道声明内容，声明需要在公共渠道中发布，如报刊、广播、电台等。

9.3.1 声明的作用和格式

在有些情况下，当企业的合法权益受到侵害，为了维护自己的合法权益，企业会发布声明引起大众关注，提出停止侵权的要求，给侵权方以警告。所以声明具备以下 3 种基本的作用。

◆ 表明己方的立场、观点和态度。

◆ 警告、警示相关人员。

◆ 维护企业合法权益。

拓展贴士 *声明与申明的区别*

声明与申明在日常工作的使用都挺常见，很多人可能会混为一谈，其实这两种文书有本质的区别。

从定义上看，"申明"是郑重说明的意思，"声明"是公开表示态度或说明真实的情况。申明有解释的意思在，重在说明，以说服对方；声明则侧重公开宣布，要让大众都了解知悉。

书写者在书写声明时，要了解其基本的结构，包括标题、正文和落款。

1. 标题

声明的标题有 3 种写法，分别是：① 只写"声明"二字，简单，并不透露任何信息；②"事由 + 文种"，如"免责声明""营业执照作废声明"等；③"发文单位 + 事由 + 文种"，如"×× 公司维权声明"。

2. 正文

声明的正文往往包括 3 点要项，一是发表声明的原因及背景，简单概括事件发生的起因、经过和结尾，以及对公司造成的影响；二是对有关事件的立场、态度，如反对、谴责等；三是公司将采取的措施，这是声明中最有分量的一部分内容，可以起到警告和震慑的作用。

最后，书写结束语，如"特此声明"，就可以作为声明的固定结构出现。结束语可视情况省略。

3. 落款

落款包括发文日期、声明发布方的单位名称或姓名，在单位名称上需要加盖企业公章。有的声明内容中提出希望公众检举揭发侵权者，那么在落款处还需列明单位地址、电话等信息，方便大众提供消息。

9.3.2　声明范例解析

依据内容，声明可做多种分类，企业中常见的声明有维权声明、授权声明、作废声明和免责声明等，下面通过案例进行讲解。

1. 维权声明

维权声明的内容涉及十分严重的侵权问题，所以书写者尤其要重视，语气更为强硬，才能更好地维护己方权益。

范例精讲｜维权声明

范例内容展示

维权声明

近期，经本公司调查发现，部分公司所运营的网站，存在未经我公司授权或许可，大量使用我公司已注册的商标进行商业活动的行为，上述行为已经严重侵犯我公司的企业名称权和注册商标专用权，并涉嫌构成商标侵权以及不正当竞争行为。

现我公司就上述侵权行为的相关事宜，严正声明如下：

1. 任何使用与本公司相同或近似的"××"系列商标或使用"××"字号的行为，均视为侵犯本公司企业名称权和注册商标专用权。

2. 相关单位或相关人士在接到本公司关于侵权事宜《敬告函》或浏览上述《声明》后应在十日内主动与本公司沟通，就本次侵权行为带来的负面影响及造成的损失等相关事宜与本公司进行妥善协商。

3. 为了维护本公司的合法权益，本公司已经着手准备对相关单位和人员采取法律措施，本公司保留追究法律责任的权利。

××公司
××××年××月××日

范例内容精讲

维权声明一般包括以下 4 项内容，可参考进行写作。

首先，叙述企业被侵权的实际情况，如：

近期，我公司发现有竞争同行未获许可仿冒我公司产品及商标，进行市场推广、销售或许诺销售。

其次，声明自己的合法权利，如：

此行为已严重侵犯我公司的知识产权。

再次，对侵权者进行警告，如：

我公司郑重声明：任何侵犯我公司知识产权的单位或个人，必须立即停止侵权行为，否则，我公司一定依法维权，追究其法律责任。

从次，提醒相关人员不要上当受骗，如：

为保证广大消费者能购买到正品的××，×× 公司特此敬告消费者购买时请到指定渠道购买：

（1）请前往 ×× 公司在全国各大城市授权的实体门店购买产品。

（2）若要通过网络途径购买，请到 ×× 指定网店购买，目前 ×× 在天猫的网店为"×× 家居旗舰店"。

同时，我公司温馨提醒广大消费者，在采购 ×× 时，一定要了解相关的专利、商标等知识产权情况，请不要购买存在侵犯知识产权问题的产品，以免蒙受不必要的经济损失和承担相应的法律责任。

本例是一篇篇幅不长的申明文书，对公司的名称权和注册商标专用权进行维护。正文分为 3 部分，第一段对维权行为进行叙述，接着强调此行为造成的侵权问题。然后通过一段过渡语，引出声明内容，常用句式如下所示：

×× 公司特此发出维权特别声明……

现我公司就上述侵权行为的相关事宜，严正声明如下……

为此我公司特声明如下……

最后，文书对声明事项逐一列明，分别书写了视作侵权的行为、侵权单位解决措施以及公司接下来的行动。

2. 授权声明

授权声明指企业为将某项权利赋予合作公司而发布的声明，以免其他公司冒名顶替，欺骗消费者。

范例精讲｜授权声明

范例内容展示

授权声明

社会各界朋友：

　　首先感谢您关注××汽车驾驶学校，我校为进一步规范代理招生（非本校在职人员）业务，防止欺诈事件的发生及客户个人信息的丢失，在确保客户利益的前提下，现发表关于代理招生业务的网站及代理人名称的官方授权声明，具体内容如下：

　　1. 我校授权的代理招生网站：

　　×××××××

　　2. 我校授权的招生代理人：

　　×××、×××

　　以上声明，敬请社会各界朋友关注，凡未注明的网站及代理，均视为我校非官方授权，如发生任何经济纠纷及相关责任，本校概不负责。同时，也告知非官方授权的且公示有我校名称及相关信息的网站及个人，停止一切关于我校的信息公示及业务代理，我校保留法律诉讼的权利。

　　社会各界朋友在报名学习过程中，如有异议，请致电我校监督举报电话：×××××××××。

声明人：××汽车驾驶学校

××××年××月××日

本例涉及代理授权的内容，向社会公开发布将企业招生业务授权给某网站的信息。

正文内容包括三大部分，一是对代理授权的情况和内容进行说明，二是向社会大众说明非官方授权面临的追责，三是介绍公司的监督举报方式。

总结起来，授权声明的主要内容包括以下几点：

- ◆ 授权对象。

- ◆ 未授权处理。

- ◆ 监督联络。

3. 作废声明

作废声明指企业就某证件、文书或印章作废发布声明，以免有人利用作废物件行不法之事。

公章作废声明

我公司郑重声明原编号为"×××"的公章作废，启用新备案编号为"×××"的公章，自登报之日起生效，请各合作单位及接洽部门认准新的公章。自登报之日起其余任何形式加盖非新备案编号公章的公文、合同及文字材料我公司概不认可，一切法律责任由使用人自行承担。

×× 公司

××××年××月××日

公章作废声明最重要的是说清楚作废公章的编号、新公章信息以及使用旧公章带来的法律责任。

作废声明的写法以简洁为主，最好三言两语将重要信息表达清楚。本例开头直接写原公章作废，然后顺势书写后文。全文的行文逻辑如下：

原公章作废→新公章编号→新公章生效日→旧公章使用责任自行承担

除了公章作废声明，企业中常用的还有营业执照作废声明和合同作废声明，如图 9-1 和图 9-2 所示。

营业执照作废声明

由××经济技术开发区市场和质量监督管理局××××年××月××日核发的营业执照(统一社会信用代码：×××××)正本遗失，现声明作废。

××贸易公司(盖章)

××××年××月××日

受理单位意见：　同意办理(盖章)

经办人(签字): ×××

图 9-1　营业执照作废声明

合同作废声明

甲方______________与乙方______________签订的编号为：____________合同，因最终用户方需求改变，经双方协商决定解除该合同，特此声明。

本声明扫描件或传真件均有同等法律效力（以下无正文）。

甲方：（公章）　　　　　　乙方：（公章）

图 9-2　合同作废声明

这两份声明都对具体的作废物件和作废情况进行了简单叙述，且说明了作废理由，值得一提的是，落款部分与常规内容不太一样。

营业执照作废声明的落款除了发文单位和时间，还列明了作废受理单位的意见以及经办人，更添声明的合法性与严谨性。而合同作废声明的落款则是合同甲乙双方的签字盖章，表示合同作废由甲乙双方共同承认。

4. 免责声明

免责声明，即企业发布的对某事项不承担违约责任的声明。不可抗力、产品或服务本身的自然性质、产品的合理损耗和债权人的过错等都是免责的条件。

范例精讲｜免责声明

范例内容展示

免责声明

对使用本站点信息和服务所引起的后果，××网不作任何承诺。我们只能在此友情提醒：请自行辨别虚拟网络与真实世界的差别。

对由于使用××网网站所产生的任何直接、间接或偶然性的损失或破坏，我们不承担任何责任，无论该损失或破坏是否缘于疏忽、违约、诽谤、侵权甚至电脑病毒。

××网网站

××××年××月××日

范例内容精讲

本例为某网站在其主页发布的免责声明，对网站提供的服务导致的任何损失不承担任何责任。

其实对企业来说，无论提供服务还是提供产品，都有可能会出现使用上的问题，或是产品及服务有些微瑕疵，比如使用者登录网站有可能会遇到网络诈骗、病毒等种种情况，这些都不是网站创建人能够控制的。为了规避不必要的麻烦，对于企业不可控的问题，发布免责声明是最好的风控方式。

本例分两段对免责情况作出说明，并提醒使用者使用网站的基本注意事项。

除此之外，有的企业在员工离职后也会发布免责声明，如下所示：

本公司原销售部人员张××女士于××××年××月份正式离职，自该月起，张××与我司已不存在任何雇佣/劳动关系，她从事的任何业务行为与我公司无关。如发现他人假冒我司名义从事相关业务及咨询活动者，请速与我公司联系。

感谢新老客户对××有限公司一如既往的支持！

联系电话：×××××××

××有限公司

××××年××月××日

该则声明主要强调了两件事，一是员工张××已经从公司离职，二是其从事的任何业务活动与公司无关。随后，声明还将公司的联络信息提供给了新老客户，以便解决有关的业务问题。

声明在结尾处顺便表达了公司的感谢，全文简洁凝练，既说明了发布声明的目的，又赋予了感情。

拓展范本

请柬　　　　祝词　　　　声明

扫码做习题　　　　扫码看答案